A MELHOR EMPRESA
PARA TRABALHAR

B947m   Burchell, Michael.
       A melhor empresa para trabalhar : como construí-la, como mantê-la e por que isso é importante / Michael Burchell, Jennifer Robin ; tradução: Francisco Araújo da Costa ; revisão técnica: Equipe Great Place to Work Brasil. – Porto Alegre : Bookman, 2012.
       xxiv, 208 p. ; 23 cm.

       ISBN 978-85-407-0074-1

       1. Administração. 2. Gestão de pessoas. I. Robin, Jennifer. II. Título.

CDU 658.3

Catalogação na publicação: Fernanda B. Handke dos Santos – CRB 10/2107

REALIZADOR DA PESQUISA ANUAL
"AS 100 MELHORES EMPRESAS PARA TRABALHAR"

MICHAEL BURCHELL
JENNIFER ROBIN

A MELHOR EMPRESA PARA TRABALHAR

COMO CONSTRUÍ-LA, COMO MANTÊ-LA
E POR QUE ISSO É IMPORTANTE

Tradução:
Francisco Araújo da Costa

Revisão técnica:
Equipe Great Place To Work Brasil

2012

Obra originalmente publicada sob o título
The Great Workplace: How do Build It, How to Keep It, and Why It Matters
ISBN 9780470596265 / 0470596260 © 2011 John Wiley & Sons, Inc.

Todos os direitos reservados. Tradução publicada conforme acordo com editora original.

Capa: *Flávia Hocevar*

Preparação de originais: *Susana de Azeredo Gonçalves*

Gerente editorial – CESA: *Arysinha Jacques Affonso*

Editora responsável por esta obra: *Viviane Borba Barbosa* Editoração eletrônica:
Formato Artes Gráficas

Reservados todos os direitos de publicação, em língua portuguesa, à
BOOKMAN EDITORA LTDA., divisão do GRUPO A EDUCAÇÃO S.A.
Av. Jerônimo de Ornelas, 670 – Santana
90040-340 Porto Alegre RS
Fone (51) 3027-7000 Fax (51) 3027-7070

É proibida a duplicação ou reprodução deste volume, no todo ou em parte,
sob quaisquer formas ou por quaisquer meios (eletrônico, mecânico, gravação,
fotocópia, distribuição na Web e outros), sem permissão expressa da Editora.

SÃO PAULO
Av. Embaixador Macedo Soares, 10.735 – Pavilhão 5 – Cond. Espace Center
Vila Anastácio – 05095-035 – São Paulo SP
Fone (11) 3665-1100 Fax (11) 3667-1333

SAC 0800 703-3444
IMPRESSO NO BRASIL
PRINTED IN BRAZIL
Impresso sob demanda na Meta Brasil a pedido de Grupo A Educação.

Os autores

Michael Burchell é vice-presidente de desenvolvimento global de negócios do Great Place to Work Institute, Inc. Como membro da equipe corporativa, Michael supervisiona o desenvolvimento de clientes multinacionais em uma ampla rede de escritórios afiliados, além de supervisionar o crescimento e desenvolvimento desses escritórios ao redor do mundo. Michael já foi lider dos serviços de consultoria nos Estados Unidos. É um dos sócios do Great Place to Work Institute UAE, sediado em Dubai.

Antes de juntar-se ao Great Place to Work, Michael trabalhou na W. L. Gore & Associates e na University of Massachusetts. Michael tem doutorado pela University of Massachusetts Amherst e também tem diplomas da Colorado State University e da University of Southern California. O endereço oficial de Michael é em Washington, D.C., mas ele mora no assento 8A de inúmeros voos ao redor do mundo. Visite seu *site* no endereço www.michaelburchell.com.

Jennifer Robin é pesquisadora do Great Place to Work. Como ex-consultora, Jennifer auxiliava altas lideranças a integrar as culturas das organizações com suas estratégias, alinhando esforços para produzir os melhores locais para trabalhar. Atualmente, Jennifer leciona nos programas de graduação, MBA e profissional do Foster College of Business na Bradley University. Ela atua como consultora do Great Place to Work e conduz pesquisas sobre a importância de valores e histórias para a cultura organizacional e dos comportamentos de líderes que inspiram confiança.

Jennifer tem Ph.D. em psicologia industrial/organizacional pela University of Tennessee e bacharelados em gestão de recursos de humanos e psicologia pela University of Northern Iowa. Ela mora em Peoria, no Estado de Illinois, com seu cachorro Cooper. Nas horas vagas, Jennifer pode ser encontrada em caminhadas, em aeroportos ou em cafés, escrevendo. Visite seu *site* no endereço www.jenniferrobin.net.

O **Great Place to Work** é uma empresa global de consultoria sediada em San Francisco, Califórnia, com filiais em mais de 40 países. Fundado por Robert Levering, autor de *bestsellers* de negócios, e pela Dr. Amy Lyman, consultora organizacional, em colaboração com uma equipe de profissionais comprometidos com o reconhecimento e desenvolvimento de excelentes locais de trabalho ao redor do mundo, a missão do Great Place to Work é ajudar as empresas a transformarem seus ambientes de trabalho e, assim, construir uma sociedade melhor. Para tanto, o Great Place to Work ajuda empresas a melhorar seu desempenho corporativo e a aumentar a qualidade de vida profissional de seus funcionários.

O Great Place to Work trabalha com a revista *FORTUNE*, com o *Economic Times*, com o *Financial Times* e com outras grandes publicações em diversos países, para divulgar e reconhecer as melhores empresas para trabalhar. O Great Place to Work também presta serviços de consultoria e avaliação para organizações, oferece conferências anuais sobre como gerar confiança no local de trabalho e realiza pesquisas contínuas sobre as melhores práticas de empresas ao redor do mundo. Visite o *site* do Great Place to Work em www.greatplacetowork.com.

No Brasil, para a publicação da lista 100 Melhores Empresas para Trabalhar, o Great Place to Work trabalha em parceria com a Revista Época, da Editora Globo.

Este livro é dedicado aos funcionários das melhores empresas para trabalhar ao redor do mundo. Suas palavras e histórias deram forma ao modelo Great Place to Work® e mudaram para sempre o modo como pensamos os locais de trabalho.

Agradecimentos

Acima de tudo, somos gratos às pessoas de todas as organizações que compartilharam conosco seu tempo, suas histórias e seus *insights*. Entrevistamos líderes e funcionários na Camden Property Trust, CH2M HILL, General Mills, Google, W. L. Gore & Associates, Hoar Construction, Holder Construction, Microsoft, PricewaterhouseCoopers LLP, SAS, SC Johnson, Scripps Health e Wegmans Food Markets. Saímos de todas as entrevistas com uma fé renovada na ideia de que podemos mudar o mundo com excelentes locais de trabalho. Essas empresas, e as dezenas de outras citadas neste livro, são grandes exemplos do que isso significa.

Nossos nomes estão na capa deste livro, mas ele é uma conquista de muita gente. Temos o apoio de uma grande equipe, tanto na Jossey-Bass quanto no Great Place to Work Institute. Um muito obrigado para Genoveva Llosa, nossa editora, professora e amiga. Somos escritores melhores por causa dela e aprendemos a apreciá-la com cada conversa. Um agradecimento adicional a Jenna Land Free, cuja simpatia e paciência camuflaram as broncas que deu às primeiras versões. O manuscrito transformou-se em um livro nas mãos competentes de Jenna.

Muito mais gente da Jossey-Bass foi, para dizer o mínimo, incrível. Nunca poderíamos agradecer todo mundo, mas gostaríamos de agradecer Lisa Shannon, que nos abriu o caminho; Gayle Mak e Susan Williams, que apareceram num momento decisivo; Mark Karmendy, que nos auxiliou durante todo o processo de produção; e Carolyn Carlstroem, que ajudou a espalhar nossa mensagem sobre os melhores locais para trabalhar.

Um agradecimento muito especial a Robert Levering e Amy Lyman, os fundadores do Great Place to Work Institute. Sua fé inabalável numa sociedade melhor construída por excelentes locais de trabalho é uma inspiração para os líderes do mundo todo. E vocês também são uma inspiração para nós. Sua filosofia original é a essência deste livro. Temos uma gratidão imensurável pela sua fé absoluta na nossa capacidade de representar suas ideias.

As palavras não são suficientes para elogiar o suficiente nossos colegas adorados no escritório de San Francisco e ao redor do mundo, muitos dos quais leram versões, responderam perguntas, ofereceram *insights* e ajudaram a lapidar nossa mensagem. Além de todos terem nos ajudado a ser líderes melhores, temos orgulho de dizer que são nossos amigos. Somos especialmente gratos a Ricardo Lange por compartilhar nossa visão, a Leslie Caccamese por sua maestria em *marketing*, a Lisa Ratner por procurar nossas redes e amigos, a Sarah Lewis-Kulin por reunir nossos especialistas internos, a Molly Webb e Nicole Petitti por ajudarem a estabelecer conexões e a Palle Ellemann Knudsen e Otto Zell por oferecerem sua perspectiva global.

Michael: Eu gostaria de agradecer ao CEO Global do Great Place to Work, José Tolovi Jr., por permitir que eu pudesse me concentrar no projeto, e a meus colegas na equipe corporativa, que foram incrivelmente pacientes comigo enquanto fazia malabarismo com múltiplas responsabilidades. Agradeço também aos meus pais, James e Carol Burchell, que me ensinaram as primeiras lições de confiança, e a meu irmão Daniel, por seu apoio constante. David Robert aceitou trabalho extra e me apoiou em diversas frentes, assim como várias outras pessoas, incluindo Annie, Peter, Heather, Cheryl, Cathryn e Warren. Muito obrigado pelo incentivo e por preservarem minha saúde e sanidade.

Jennifer: Eu também gostaria de agradecer meus colegas do Foster College of Business por seu apoio enquanto escrevia este livro. Sou grata a Larry Weinzimmer, que estava sempre disposto a ler versões e passagens e a oferecer sua opinião de especialista. Também agradeço ao meu conselho de administração, gente que me incentiva e me mantém com os pés no chão: Stacy, Erin, Suzanne, Stephenie, Angela, Trish, Joy, Heidi e muitas outras. Sua amizade é um presente. Também sou muito grata a Jenny Mandel, a melhor babá de cachorro do mundo. Finalmente, obrigado à minha família em Davenport. Este livro é uma conquista tanto sua quanto minha. Um agradecimento especial à minha sobrinha Matilda, que me lembrou que não sou apenas uma escritora, mas também a "tia passarinho" e sua parceira de dança favorita.

Apresentação à edição brasileira

As melhores empresas para trabalhar impulsionam a construção de uma sociedade melhor

"Construir uma sociedade melhor, ajudando empresas a transformar seu ambiente de trabalho". Esta é a missão do Great Place to Work® e o direcionamento que une centenas de consultores que aplicam pesquisas e desenvolvem projetos de transformação em mais de 40 países em todos os continentes. Apenas em 2010 foram quase 6 mil empresas participantes, representando um fabuloso contingente de 10 milhões de funcionários.

Desde o final de 2008 as principais potências mundiais demonstram fortes sinais de dificuldades econômicas e sociais. O movimento Occupy Wall Street se espalhou por muitas cidades, procurando dar evidência aos problemas de desigualdade e discutir eventuais saídas.

A equipe do Great Place to Work® no Brasil, que traz em seu currículo o lançamento do primeiro guia das Melhores Empresas para Trabalhar no mundo, em 1997, percebeu que esta "ocupação" já vem ocorrendo há muitos anos. Alguns dos endereços ocupados: Rua Sebastião de Oliveira Lima, Dois Córregos/SP; Avenida Santos Dumont, Fortaleza/CE; Rodovia Luiz de Queiroz, Piracicaba/SP; Rua Prudente de Morais, União da Vitória/PR; Mina de Cana Brava, Minaçu/GO; Setor Comercial Norte, Quadra 5, DF; Avenida Rosa e Silva, Recife/PE; Rodovia BR-116, Pelotas/RS; Rua Vinte e Quatro de Outubro, Cuiabá/MT; Avenida Nilo Peçanha, Rio de Janeiro/RJ; Avenida Brig. Faria Lima, São Paulo/SP; Rodovia PR082, Douradina/PR.

Todos estes endereços e centenas de outros espalhado pelo país vêm sendo ocupados por milhares e milhares de funcionários que declaram em nossa pesquisa, de forma totalmente confidencial, que tem orgulho do trabalho que fazem, gostam das pessoas com quem trabalham e confiam nos gestores para quem trabalham. São os próprios funcionários que escolhem empresas tais como Zanzini, Unum, Caterpillar, Pormade, Sama, Laboratório Sabin, Ecosul, Mercatto, Radix, Google, Gazin, como excelentes empresas para trabalhar, independente de seu porte, setor de atividade e geografia.

As empresas no Brasil que ao longo destas duas últimas décadas foram reconhecidas pelos rígidos critérios do Great Place to Work® como as melhores para trabalhar têm muito a ensinar a empresas no mundo todo. Elas sabem que os resultados de negócio são obtidos por meio das pessoas. E por isso sua grande prioridade está em preparar gestores que sabem lidar com gente. Os resultados virão naturalmente. Não por acaso, as melhores empresas para trabalhar são mais produtivas, inovadoras e rentáveis. São empresas que obtêm melhores índices de satisfação de clientes. Em um momento de economia crescente como o que vivemos no Brasil, são empresas que atraem e retêm os melhores profissionais do mercado. Em situações de crise, como poderemos voltar a enfrentar no futuro, contam com o comprometimento de toda sua equipe, o que as faz atravessarem mais rapidamente as tormentas. São empresas éticas e com um compromisso social autêntico. São empresas consistentes em suas práticas, internas e externas, junto aos funcionários, clientes e fornecedores.

Percebemos que o movimento efetivo pela transformação social desceu dos palanques e entrou nas empresas. Quando organizações definem a ética como um de seus valores e componente essencial de sua cultura naturalmente contribuem para eliminar a corrupção e dar o exemplo de excelentes práticas para os relacionamentos e os negócios. O segredo é que não existe uma separação entre ética pessoal, nos negócios ou na política. As empresas, ao formarem e desenvolverem profissionais, estão também moldando valores que serão adotados pelas pessoas em seu dia a dia, dentro ou fora da organização.

As pesquisas do Great Place to Work® no mundo todo demonstram que os funcionários buscam empresas cuja contribuição social seja relevante, garantindo o alinhamento entre seus valores pessoais com os da organização em que atuam. Dirigentes destas empresas não raro são líderes empresariais e comunitários, com voz marcante e capacidade de influenciar eticamente a condução dos negócios e destinos da sociedade. Todas estas posturas estão na base da construção de uma cultura de confiança. Ao mesmo tempo, milhares de outras empresas procuram se inspirar no exemplo das melhores para transformar seus ambientes de trabalho, obter melhores resultados e provocar uma transformação em toda a sociedade.

As ideias aqui expostas são muito simples e óbvias. E exatamente aqui reside a força destes valores. Fazendo qualquer empresa, de qualquer tamanho, em qualquer lugar, se tornar um excelente lugar para trabalhar. E com isso construir uma sociedade melhor. Entramos em um período promissor em nosso país, com perspectivas concretas e imediatas de um posicionamento muito melhor nos cenários econômico e social. Nosso papel é participar ativamente deste processo. Temos por obrigação fortalecer nossas instituições, moldando-as sobre padrões éticos irreparáveis.

Bom exercício de cidadania para todos nós!

Ruy Shiozawa
ruy@gptw.com.br
CEO do Great Place to Work® Brasil

Apresentação

Quando abri o manuscrito deste livro pela primeira vez, me perguntei por que não escrevi algo parecido 20 anos atrás. *A melhor empresa para trabalhar: como construí-la, como mantê-la e por que isso é importante* oferece conselhos práticos a todo líder que deseja transformar a cultura do local de trabalho. Na verdade, ele promete ajudar os líderes a cumprir metas organizacionais, ao mesmo tempo em que tem um impacto positivo na vida profissional dos colaboradores.

Eu questionei por que não escrevi sobre o mesmo tema 20 anos atrás porque foi nessa época que lancei o livro *Um excelente lugar para se trabalhar: o que torna alguns empregadores tão bons (e outros tão ruins)* (Random House, 1988; edição brasileira: QualityMark, 1997). Nesse livro, explico o que diferencia os bons locais de trabalho de todos os outros com base no que Milton Moskowitz e eu observamos na pesquisa de nosso *best-seller* de 1984, *The 100 Best Companies to Work for in America*. Minha definição de excelente lugar para trabalhar tornou-se a base do modelo usado por nossa empresa em seus trabalhos de pesquisa e consultoria, o qual é explicado e analisado em detalhes neste volume. Então, o próximo passo lógico para mim, jornalista profissional e autor de meia dúzia de livros de negócios, seria escrever o belíssimo livro que Michael Burchell e Jennifer Robin colocam aqui em suas mãos.

Lendo o livro de Burchell e Robin, no entanto, percebi que eu não seria o autor certo para este livro. Os dois são consultores experientes e, portanto, estão em muito melhor condição de oferecer conselhos práticos aos líderes.

Antes de entrar para o Great Place to Work Institute, em 2003, Burchell teve experiência direta em um grande local de trabalho. Ele era líder de RH na W. L. Gore & Associates, uma das únicas quatro empresas que apareceram em todas as listas *Fortune 100 Best*® desde 1998 e em nossos livros de 1984 e 1993. No instituto, Burchell trabalhou com dezenas de empresas de todo o mundo para aplicar o modelo Great Place to Work a uma ampla variedade de problemas empresariais. Ex-membro do conselho da seção de Delaware da Society for Human Resource Management, Burchell atualmente está envolvido com a Organization Development Network, além de ter doutorado em diversidade e justiça social pela University of Massachusetts Amherst.

Robin também passou três anos como consultora do Great Place to Work antes de escrever este livro, trabalhando com líderes em uma ampla variedade de organizações para aplicar o modelo Great Place to Work. Robin também ensinou gestão de recursos humanos por três anos nos programas de graduação, mestrado e programas executivos da Bradley University. Ela é apaixonada pela aplicação de políticas e práticas de última geração, como vimos em seu livro anterior, que enfoca questões sobre o equilíbrio entre vida e trabalho, *A Life in Balance: Finding Meaning in a Chaotic World* (em coautoria com Charles Stoner, University Press of America, 2006). Além disso, Robin tem doutorado em psicologia organizacional industrial pela University of Tennessee.

Além das experiências pessoais como consultores e acadêmicos, os dois autores também conduziram entrevistas pessoais em treze grandes locais de trabalho: Camden Property Trust, CH2M HILL, General Mills, Google, W. L. Gore & Associates, Hoar Construction, Holder Construction, Microsoft, PricewaterhouseCoopers LLP, SAS, SC Johnson, Scripps Health e Wegmans Food Markets. Em todos eles, Robin e Burchell entrevistaram o CEO e os altos executivos de RH, além de conduzirem grupos focais com grupos de colaboradores para compreender a sua perspectiva. Este livro inclui estudos dessas empresas, além de várias citações dos funcionários e líderes entrevistados.

Juntos, Burchell e Robin produziram um livro extremamente útil, no mínimo porque está cheio de estudos de caso e de melhores práticas dos melhores locais para trabalhar, como as "declarações de responsabilidade" usadas na Edward Jones, em vez de descrições de cargos; os "dias de visão" da Stew Leonard's; e o curso de reciclagem chamado "de volta às origens" que os funcionários da J. M. Smucker realizam depois de cinco anos na empresa. Mesmo que os líderes não importem diretamente nenhuma dessas melhores práticas para suas próprias organizações, eles sem dúvida serão estimulados a imitarem os tipos de práticas usados por seus colegas nos melhores locais de trabalho.

O que torna este livro especialmente importante é que Burchell e Robin são ótimos em explicar as razões dessas práticas. Os autores oferecem uma estrutura para entender por que as diversas práticas ajudam a criar um excelente lugar para trabalhar, o que, por sua vez, ajuda a organização a ser mais produtiva e a cultivar mais inovação.

A mensagem de Burchell e Robin é simples: qualquer empresa pode ser um excelente lugar para trabalhar, e este livro pode ser seu manual para ser uma dessas empresas.

Robert Levering
Cofundador do Great Place to Work®

Prefácio

Este livro demorou 25 anos para ser escrito.

O Great Place to Work reconhece e estuda os melhores lugares para trabalhar desde o começo da década de 1980. Atualmente, o Great Place to Work opera em mais de 40 países e realiza o maior estudo anual de ambientes de trabalho do mundo. Publicamos listas dos melhores lugares para trabalhar em cada um desses países, além de estudos de *benchmarking*, relatórios, artigos acadêmicos e livros. Além disso, prestamos consultoria a empresas, realizamos conferências educacionais e conduzimos programas de treinamento sobre as lições que aprendemos. Ainda assim, os líderes sempre nos perguntam sobre quando vamos escrever "o livro", ou seja, um texto que apresente um plano prático de como os líderes podem criar um excelente lugar para trabalhar.

Este livro é uma resposta a esses pedidos. Ele tenta descrever a estrutura básica do que é um bom local de trabalho pela perspectiva de um colaborador. Embora a voz dos colaboradores esteja em primeiro plano neste livro, também incorporamos as visões e ideias de líderes, as melhores práticas organizacionais e as histórias e casos do nosso trabalho de consultoria. O texto aproveita a experiência rica e profunda que conquistamos em mais de duas décadas de estudo sobre os melhores lugares para trabalhar. Como você deve imaginar, aprendemos muito durante esse período. Agora queremos compartilhar com você um pouco desse conhecimento.

Nós sabemos e acreditamos, do fundo dos nossos corações, que, ao ajudar empresas a criar excelentes locais de trabalho, é possível construir uma sociedade melhor. Todos saem ganhando – indivíduos, organizações, famílias e comunidades – quando os colaboradores podem dar o melhor de si e quando sabem que a organização vai corresponder. Sim, como veremos, ter um bom local para trabalhar faz sentido em termos financeiros. Em última análise, entretanto, acreditamos que essa também é a diferença entre o certo e o errado.

Nós também sabemos que bons locais de trabalho existem em todos os países e setores da economia e que eles perpassam organizações de todos os tamanhos e modelos de negócios. Excelentes lugares para trabalhar existem em grandes organizações globais, em pequenas organizações sem fins lucrativos e também em agências do governo. Nós acreditamos que o seu local de trabalho pode ser excelente. Este livro pretende ajudá-lo nessa jornada.

Nós sabemos que a experiência dos colaboradores é essencial para entender como criar um bom local de trabalho. É o colaborador que determina se o seu ambiente de trabalho é bom, e não um acadêmico nem um guru da administração. Como autores, sentamos na primeira fila para aprender dessas organizações; acima de tudo, ouvimos as pessoas. Aprendemos que os bons locais para trabalhar são, ao mesmo tempo, simples e complexos. Tentamos escrever este livro com um estilo direto e acessível, mas sem deixar de lado essa complexidade.

Finalmente, nós sabemos que líderes e organizações crescem quando têm o nível certo de desafio *e* o apoio. Este livro tenta oferecer essas duas coisas. O desafio vem do objetivo: criar e sustentar um excelente local de trabalho. Não importa se você coloca essa meta em termos de "ser o empregador preferido", de "ter a melhor empresa para trabalhar", de "ter uma equipe engajada" ou de conquistar um "prêmio de melhor empresa". O desafio fundamental é transformar o local de trabalho. O apoio vem das palavras de colaboradores, de líderes e das melhores práticas das empresas. Segundo nossa experiência, o entendimento sobre o que cria um excelente local de trabalho se aprofunda e ganha nuances. Com o tempo, enxergar suas ações enquanto líder da perspectiva dos colaboradores passa a ser instintivo. Depois de ler este livro, mantenha-o por perto como guia de referência de melhores práticas e histórias. O último capítulo oferece sugestões de como usar as melhores práticas para iniciar sua própria jornada em busca do melhor local para trabalhar. Também incentivamos você a participar de nossa comunidade *on-line*, que apresenta mais dicas, ferramentas, histórias e práticas para apoiá-lo no processo.

Nós dois entramos para o Great Place to Work empolgados com o fato de que todos os anos a nossa empresa determinava centenas de excelentes locais para trabalhar do mundo inteiro, dos quais podíamos aprender. Ainda mais estimulante era saber que, todos os anos, as empresas ficavam melhores. Saber que a sua empresa pode ser a próxima da lista é um estímulo para nós e nos deixa cheios de energia. Boa sorte.

Michael e Jennifer

Sumário

1 O valor de criar o melhor lugar para trabalhar.................................. 1
SAS: cuidando do maior ativo de todos

2 Credibilidade: "Acredito nos meus líderes".. 22
PricewaterhouseCoopers LLP: inspirando excelência
Google: encontrando *googlers* em um palheiro gigante

3 Respeito: "A organização me valoriza"..................................... 50
General Mills: desenvolvendo grandes gestores
SC Johnson: uma empresa familiar

4 Imparcialidade: "Todos jogam pelas mesmas regras"...................... 79
Scripps Health: um por todos e todos por um
CH2M HILL: a propriedade como modo de vida

5 Orgulho: "Contribuo para algo que tem significado".......................... 104
Wegmans Food Markets: orgulho de contribuições às comunidades
W. L. Gore & Associates: uma cultura inovadora e uma
cultura pela inovação

6 Camaradagem: "O pessoal aqui é ótimo!".............................. 127
Camden Property Trust: construindo uma comunidade divertida para colaboradores e moradores
Microsoft: gênios, sejam bem-vindos

7 Perspectivas globais: Os melhores lugares para trabalhar ao redor do mundo.. 151

8 Agindo: Crie seu próprio melhor local de trabalho............................ 167

Anexo – Casos brasileiros 183

Referências e recursos.. 201

Índice 203

Capítulo 1

O valor de criar o melhor lugar para trabalhar

> Noventa e cinco por cento dos meus ativos saem pela porta da frente todas as tardes. Meu trabalho é trazê-los de volta no dia seguinte.
>
> —Jim Goodnight, CEO e fundador da SAS

•••

O que torna excelente um local de trabalho? Não é o que você faz. É como faz.

Se você é um líder, precisa se comunicar, tomar decisões e interagir com pessoas, assim como os líderes de todas as outras empresas. Você pode ser competente. Mas para ser o líder de um excelente local de trabalho, você precisa não só exercer seu papel, mas também incutir certas crenças nas pessoas com quem está lidando. Um bom local de trabalho é aquele no qual as pessoas confiam em seus chefes, se orgulham do que fazem e gostam dos colegas. Como líder, sua missão é criar e reforçar essas crenças em cada comunicação, decisão, interação. Para criar um excelente local de trabalho, você vai precisar trabalhar de um jeito diferente. É preciso um ajuste mental. É preciso ver seus colaboradores do modo como Jim Goodnight sugere na citação que abre este capítulo. Você precisa se conscientizar de que o modo como trabalha faz toda a diferença para os colaboradores.

Pense nas seguintes passagens de colaboradores de excelentes locais de trabalho:

> Temos a cultura na qual as pessoas estão dispostas a falar umas com as outras, a compartilhar o que sabem e a serem proativas em apresentá-lo à pessoa certa.

> Se você é chefe, percebe que não é a pessoa mais importante. O importante é dar autonomia ao pessoal. E sua voz não tem mais peso do que a dos outros. A única maneira [desse estilo de gestão] funcionar é cultivar, cutucar e ajudar a estabelecer essa visão.
> Nossa empresa passou por dificuldades no começo, como todas as outras, mas as pessoas sempre estiveram em primeiro lugar. Eu sei que sou importante na organização, importante mesmo, e é por isso que continuo aqui.

O que as pessoas dizem sobre a sua empresa, divisão ou grupo de trabalho? Que é um ótimo lugar para trabalhar? Se você ainda não tem um excelente local de trabalho, você ainda pode tê-lo. Se você já tem um bom local de trabalho, pode mantê-lo. Este livro mostra como. Ele não entrega uma lista pronta de passos ou iniciativas, apenas o orienta para outra maneira de trabalhar. Não vamos dizer o que fazer, mas como fazer.

❖ A base de conhecimento

O conteúdo deste livro é baseado em muitos anos de pesquisa. Nossa empresa, o Great Place to Work Institute, estuda, desde sua fundação em 1991, excelentes locais para trabalhar. Porém, a pesquisa começou muito antes, no começo da década de 1980, quando o cofundador Robert Levering, em parceria com Milton Moskowitz, foi procurado pela Addison-Wesley Publishing para escrever um livro sobre as melhores empresas para trabalhar nos Estados Unidos. Quando Robert e Milton começaram a entrevistar pessoas em empresas de todo o país em 1980, os resultados do negócio não tinham importância chave nessa pesquisa. Diferentemente, Robert e Milton acreditavam que tratar bem as pessoas era apenas certo e, por isso, eles se concentraram exclusivamente na experiência dos colaboradores. Ainda assim, eles esperavam ver uma relação entre empresas com colaboradores mais felizes e empresas com melhores resultados financeiros. Eles também esperavam encontrar algumas práticas consistentes entre as melhores organizações, aquelas que Robert e Milton consideraram as 100 melhores do país. Dessas práticas consistentes, eles esperavam encontrar uma receita de como criar um excelente lugar para trabalhar, uma fórmula que poderia ser seguida por qualquer líder, em qualquer organização.

Em seu livro de 1984, *The 100 Best Companies to Work for in America*, Levering e Moskowitz descrevem a experiência de colaboradores das 100 melhores empresas para trabalhar dentre as centenas que pesquisaram. O livro entrou para a lista dos mais vendidos do *The New York Times* e inclui histórias informativas sobre todas as 100 empresas, além de destacar diversos aspectos que as organizações compartilhavam como oportunidades, abertura, salário e benefícios. As características dos melhores lugares para trabalhar começaram a originar temas, mas a excelência desses locais não vinha de categorias de práticas ou políticas.

Acontece que a previsão óbvia e intuitiva de que as organizações com as práticas mais criativas e com os melhores resultados financeiros seriam aquelas mais elogiadas pelos colaboradores não era uma verdade universal. Havia algo que transcendia as políticas e práticas das melhores empresas para trabalhar. Não era *o que* os líderes faziam, mas *como*. Para ser mais específico, as práticas das empresas e o dinheiro que os líderes gastavam com os colaboradores nem sempre levavam à excelência do local de trabalho, mas os relacionamentos que construíam no processo sim.

Em seu livro de 1988, *Um excelente lugar para se trabalhar: o que torna alguns empregadores tão bons (e outros tão ruins),* Levering analisa os relacionamentos existentes em alguns bons locais de trabalho e apresenta a definição de "excelente lugar para trabalhar", que abre este capítulo e é recorrente neste livro. Em especial, Levering identifica os relacionamentos entre colaboradores e seus líderes, entre colaboradores e seus empregos e entre os próprios colaboradores, como indicadores de um excelente local de trabalho. Os relacionamentos no trabalho são importantes, e a centralidade desses três influencia a lealdade, o comprometimento e a vontade de contribuir para metas e prioridades organizacionais. Se os líderes implementavam práticas e criavam programas e políticas que contribuíam para os três relacionamentos existentes, os colaboradores tinham uma ótima experiência no local de trabalho. Quais programas, políticas e práticas eram executadas importava muito menos do que elas serem realizadas de um modo que fortalecesse os relacionamentos. O modelo Great Place to Work (ver Figura 1.1) foi desenvolvido durante esse período pelos fundadores da consultoria, Robert Levering e Amy Lyman. Mais tarde, o modelo foi formalizado e hoje tem cinco dimensões. As dimensões foram os capítulos principais deste livro: credibilidade, respeito, imparcialidade (que, em conjunto, formam a confiança); orgulho; e camaradagem.

No final da década de 1990, a revista *Fortune* procurou o Great Place to Work para desenvolver uma lista anual das melhores empresas para trabalhar nos Estados Unidos. Hoje, a lista *Fortune 100 Best Companies to Work For*® é lançada todo o mês de janeiro em uma das edições mais vendidas da revista. Embora a lista da *Fortune* tenda a destacar os benefícios e as vantagens dados aos colaboradores dessas empresas, esses não são o único motivo de essas organizações entrarem na lista. Elas estão lá porque seus líderes são capazes de criar relacionamentos fortes. Elas entram na lista por causa das cinco dimensões.

Figura 1.1 O modelo Great Place to Work.

Além de resistir ao teste do tempo, essas cinco dimensões também se aplicam-se a empresas de todos os tamanhos e de qualquer parte do mundo. A ideia de bons locais de trabalho e do modelo prático logo se espalhou para além dos Estados Unidos. Hoje, em mais de 40 países, o Great Place to Work Institute mostra que as organizações e seus colaboradores crescem e prosperam quando as cinco dimensões são parte integral das ações de sua liderança.

No total, a consultoria entrevista 2 milhões de pessoas e coleta dados sobre as culturas de quase 6 mil empresas ao redor do mundo todos os anos. Nós usamos uma metodologia consistente para decidir se a empresa deve ou não estar na lista, tenha ela 60 ou 6 mil membros, esteja ela na Índia ou no Brasil. Nessas avaliações analisam-se dois aspectos do local de trabalho. O primeiro, mais importante, é a experiência do colaborador. O Great Place to Work administra uma pesquisa chamada Trust Index© para determinar a consistência da confiança, do orgulho e da camaradagem no local de trabalho, e também para ouvir diretamente dos colaboradores de onde vem a excelência do seu local de trabalho.

O segundo aspecto é o conjunto de programas, políticas e práticas que os líderes implementam para os colaboradores. Usando nosso Culture Audit©, consultores experientes analisam cada organização, tomando o cuidado de calibrar as avaliações para as centenas de empresas que candidatam-se à lista todos os anos. Com os Culture Audits, o Great Place to Work coleta milhares de melhores práticas de gestão de pessoas que, assim como as entrevistas dos colaboradores, dão vida aos conceitos de confiança, orgulho e camaradagem. Essas práticas abrangem desde a política do Boston Consulting Group (BCG) de oferecer incentivos para que os colaboradores veteranos e mais experientes almocem com os recém-contratados até o programa Gossip Line da ACUITY, em que o CEO Ben Salzmann compartilha informações e histórias pessoais pelo correio de voz.

O Great Place to Work realiza diversas conferências anuais ao redor do mundo, reunindo os líderes das organizações reconhecidas pela lista para compartilharem suas histórias. Além disso, a consultoria também mantém uma relação de intimidade com os membros da lista, aprendendo com eles em visitas a sedes e a filiais, em entrevistas e grupos focais. Como membros da equipe do Great Place to Work, temos acesso direto a dezenas de melhores práticas e entrevistas com colaboradores que nos auxiliam a ajudar os líderes a desenvolverem relacionamentos mais fortes com seu pessoal. Nós usamos essa ampla variedade de informações em nossas atividades de consultoria, em que somos contratados por empresas que querem melhorar esses relacionamentos dentro das organizações.

Com o tempo, aprendemos um pouquinho sobre como criar excelentes lugares para trabalhar, e a ideia deste livro é compartilhar esse aprendizado. Este livro contém muitos exemplos de melhores práticas das melhores empresas, práticas que ajudam a estabelecer relacionamentos de confiança, orgulho e camaradagem. Muitas delas foram apresentadas pelas próprias empresas em sua candidatura a um lugar na lista das melhores. Em outros casos, conversamos especificamente com líderes e colaboradores para elaborar este livro; perguntando o que eles gostariam que você soubesse sobre criar e manter um bom local de trabalho. Depois de todos esses anos de relacionamento com as melhores empresas, ainda ficamos surpresos com a infinidade de maneiras que permitem construir relacionamentos através das práticas. Suas práticas serão diferentes de muitas das mencionadas neste livro, mas, no processo de criar um excelente lugar para trabalhar, nunca esqueça dos três relacionamentos fundamentais.

❖ Os três relacionamentos

Todos os dias, os indivíduos escolhem como abordar mentalmente o trabalho. Em última análise, quase todo mundo busca alguma mistura de metas financeiras e de realização pessoal, mas todos escolhemos como vamos *pensar* sobre o trabalho. As pessoas veem o trabalho como uma necessidade ou como uma benção, um ônus ou uma oportunidade. A escolha não é tão simplista, mas colocá-la nesses termos nos ajuda a refletir de um modo mais crítico sobre como nossas decisões, como líderes, influenciam o modo como os colaboradores enxergam seu próprio trabalho.

Começamos perguntando aos entrevistados como o local de trabalho determinava sua postura no trabalho em 1980, quando Levering e Moskowitz perguntaram a milhares de colaboradores: "A sua organização é um excelente lugar para trabalhar?" e "Por quê?" Embora o contexto em que as pessoas respondiam tenha mudado muito desde então, as respostas apontam para experiências incrivelmente consistentes. Para ser específico, as pessoas acreditam que os líderes têm credibilidade, demonstram respeito e são imparciais. Elas confiam nos líderes. Além disso, elas também têm orgulho do que fazem e compartilham uma sensação de camaradagem com os colegas. Sem confiança, orgulho e camaradagem, todo e qualquer indicador de sucesso fica prejudicado.

Aqui temos um *insight* crucial. Visto que as relações que você cria são importantes, *você* é a diferença crucial entre uma empresa muito boa e uma excelente. Nas melhores empresas, os líderes de todos os níveis têm um forte comprometimento com a criação de laços fortes entre os colaboradores e a organização. Na verdade, fortalecer a confiança, o orgulho e a camaradagem no local de trabalho é *a* grande missão da liderança eficaz nas organizações modernas.

Confiança

Diz-se que os colaboradores tendem a se apegar a organizações, mas a abandonar seus gestores. Isso nem sempre é verdade, mas muitos colaboradores buscam novas oportunidades quando percebem que têm relacionamentos irreconciliáveis com seus supervisores. Por outro lado, quando um colaborador diz, e realmente quer dizer, "confio nas pessoas para quem trabalho", todos saem ganhando – liderança, colaboradores e a própria organização. Além de reduzir o risco de rotatividade de pessoal, o fluxo de trabalho fica mais fácil e mais gratificante.

Pense, por um instante, nos amigos e familiares em quem você realmente confia e que confiam em você. Você logo percebe que concordar sobre objetivos, comunicar necessidades e problemas e depender dessas pessoas é muito mais fácil e rápido. Às vezes, pessoas que têm relacionamentos baseados na confiança desenvolvem uma espécie de comunicação estenográfica que ajuda a acelerar o fluxo de informações. Além disso, quando surge um problema, os indivíduos que têm esse relacionamento buscam preservá-lo e dar uma segunda chance uns aos outros. Um padrão semelhante emerge em relacionamentos caracterizados pela confiança: não estamos sempre duvidando dos motivos alheios e podemos confiar que os outros vão cumprir seus compromissos.

A confiança também sustenta uma cooperação mais arrojada. Quando estamos em uma equipe em que as pessoas confiam umas nas outras, temos maior probabilidade de incentivar crescimento mútuo, de buscar situações em que todos saem ganhando e de resolver conflitos de um modo mais construtivo. Estamos mais dispostos a nos esforçar ainda mais para terminar o serviço. Em todos esses sentidos, a confiança que o gestor cultiva na equipe é crucial. A confiança é a relação primária.

Isso fica evidente quando os colaboradores entrevistados falam sutilmente sobre confiar nos líderes. Os colaboradores descreveram três qualidades necessárias para uma experiência de confiança, que são as primeiras três dimensões do modelo Great Place to Work. A primeira é a credibilidade, que envolve a noção de que os líderes dão informações apropriadas para os colaboradores, de que são competentes para liderar a organização e de que têm ações e discurso consistentes. A segunda é o respeito, que refere-se à crença de que os líderes apoiam os colaboradores de forma pessoal e profissional, de que querem colaborar com eles com sugestões e em decisões e que importam-se com os colaboradores como pessoas, não apenas como funcionários. O último grupo de percepções é a imparcialidade, que envolve a crença de que os líderes estabelecem um ambiente justo e sem favorecimentos, que tratam todos com justiça e isenção, permitindo que expressem suas preocupações quanto às decisões.

Uma história sobre a Plante & Moran, um escritório de contabilidade de Michigan presente na lista das melhores empresas desde 1999, oferece um bom exemplo sobre as três qualidades mencionadas acima. A empresa afirma ser "relativamente livre de sacanas" na própria declaração de filosofia oficial. A história por trás dessa afirmação é a de que o sócio-fundador, Frank Moran, disse a um colega que a Plante & Moran não contrata gente sacana. O colega respondeu que todo mundo é meio sacana de vez em quando. Frank admitiu que isso era verdade e contentou-se em dizer que a empresa era "relativamente livre de sacanas". Com essa simples frase, a Plante & Moran comunica sua meta de contratar as melhores pessoas (credibilidade), de ter um ambiente de trabalho acolhedor e compreensivo (respeito) e de se comprometer em aplicar o mesmo padrão a todo mundo (imparcialidade). Todos os líderes têm expectativas, mas a Plante & Moran agrega credibilidade, respeito e imparcialidade à sua abordagem. Todas essas âncoras de confiança serão analisadas em capítulos posteriores deste livro.

Orgulho

O segundo dos três relacionamentos encontrados nos melhores locais de trabalho (e a quarta dimensão do modelo Great Place to Work) é aquele entre o indivíduo e seu trabalho. As pessoas experimentam um bom local de trabalho quando sentem que fazem a diferença dentro da organização; seu trabalho tem valor. Elas também têm orgulho das conquistas da equipe e das contribuições que a organização faz à comunidade como um todo. Em geral, o orgulho nasce da crença de que o colaborador contribui para os valores da organização, para os bens e serviços que ela produz e para a filantropia que realiza para melhorar sua comunidade. Apesar de ser um sentimento amplamente internalizado, um orgulho saudável pode ser fortalecido pelas ações da organização.

Muitas dessas ações serão analisadas no capítulo que trata sobre o orgulho, mas por ora podemos pensar no caso da Recreation Equipment Inc. (REI). Apesar de essa empresa ser muito conhecida nos EUA como varejista de vestuário e de equipamento para uso ao ar livre, seus colaboradores sabem que contribuem para uma meta mais elevada. A REI está comprometida com a ideia de promover atividades ao ar livre, de aumentar o acesso a recreações desse tipo e de reduzir seu próprio impacto ambiental. As paredes de todas as lojas têm imagens dos colaboradores em atividades ao ar livre, enquanto o envolvimento dos colaboradores com projetos comunitários é parte da rotina da organização. Talvez a REI atraia indivíduos que já têm certa afinidade por atividades ao ar livre, mas as oportunidades que oferece aos colaboradores aproveitam e multiplicam esse orgulho.

Camaradagem

Os melhores locais de trabalho promovem relacionamentos fortes e saudáveis entre as pessoas. Então, a última dimensão do modelo Great Place to Work é a camaradagem. Em excelentes locais de trabalho, as pessoas são acolhidas desde o primeiro dia, desde as atividades de ambientação formais até as interações profundas com colegas e mentores. Elas sentem que todos estão trabalhando em prol de um objetivo comum e que podem ser autênticas no trabalho. Parte da camaradagem pode ser atribuída a boas práticas de contratação, mas as organizações também agem de modo a gerar um ambiente familiar no trabalho. Elas criam oportunidades para que os funcionários colaborem e interajam fora do trabalho e criam mecanismos para que os funcionários ajudem uns aos outros em momentos de necessidade. Outras organizações celebram os dons especiais dos colaboradores, dons que nunca seriam descobertos no cotidiano da empresa.

A Starbucks, com sua rede mundial de chá e café, é uma empresa que incentiva a camaradagem. Em todas as 15 mil lojas, os parceiros (o termo da Starbucks para funcionários) se conhecem melhor por poderem tomar gratuitamente qualquer bebida da empresa meia hora antes e depois de cada turno. A prática permite que os parceiros interajam fora do horário de serviço e que aproveitem uma boa xícara de chá ou café por conta da empresa.

As cinco dimensões – e os três relacionamentos sob os quais as dimensões estão classificadas – fornecem um vocabulário para você compreender melhor os excelentes locais de trabalho, uma lente pela qual considerar a saúde dos relacionamentos em sua organização e uma estrutura para realizar mudanças sistemáticas no seu local de trabalho. A Figura 1.1 resume o modelo Great Place to Work.

❖ O ajuste de atitude

Para que você não pense que confiança, orgulho e camaradagem são "legais", em vez de essenciais, considere a história de dois líderes, Tony Parella e Chris Van Gorder.

Tony Parella é CEO da Shared Technologies, uma empresa que instala e presta manutenção para equipamentos de telecomunicação de alto nível. A empresa já foi propriedade da WorldCom, da Intermedia e da Allegiance Telecom, todas as quais foram à falência. A equipe foi desmoralizada por desafios financeiros e operacionais. A confiança no local de trabalho estava em baixa. Parella acreditava que havia uma opção melhor. Então, ele e sua equipe iniciaram uma missão difícil: a de reconstruir a confiança. Em apenas quatro anos, Parella conduziu a organização de um processo de recuperação para uma taxa composta de crescimento anual de 45%. Como ele disse na conferência de 2009 do Great Place to Work Institute: "Em 2005, a pesquisa dos colaboradores da Shared Technologies revelou um índice de aprovação de 59%. Em 2007, a mesmíssima pesquisa revelou um índice de 96%. Uma melhoria de 37%. A Shared Technologies cresce 45% todos os anos, enquanto o resto do setor fica, na melhor das hipóteses, abaixo de 10% (...). Quando os colaboradores sentem-se bem com relação à empresa e sua vida profissional, os investidores ganham um desempenho que supera a média do mercado" (Parella, 2008, p. 73-74).

Chris Van Gorder é o CEO da Scripps Health, que enfrentou uma série de desafios organizacionais em 2001. A Scripps estava incorrendo em prejuízos operacionais significativos, tinha adquirido uma unidade de saúde que incorria em prejuízos mensais e estava sofrendo considerável impacto financeiro pelo esforço de cumprir a nova legislação da Califórnia. Além disso, a equipe tinha alto índice de rotatividade, os canais de comunicação não funcionavam e a mão de obra estava em falta. A pesquisa interna da Scripps indicava níveis variáveis de confiança na gerência. Por meio de um esforço consciente para enfocar os objetivos estratégicos da organização, incluindo o desenvolvimento da equipe e medidas de criação de confiança, em quatro anos a Scripps aumentou a rentabilidade para US$ 62 milhões. Além disso, a rotatividade de pessoal, o índice de vagas para cargos difíceis de preencher, os processos trabalhistas e os custos de saúde diminuíram, enquanto os resultados da pesquisa interna foram às alturas.

Nas palavras de Van Gorder: "Queremos evitar a arrogância e sabemos que, no futuro, alguns fatores farão uma pressão tremenda. Mas, se acumularmos bastante credibilidade e se cuidarmos do nosso pessoal, a equipe vai garantir nossa sobrevivência. Se não fizermos isso, vamos fracassar. É para isso que serve um excelente local de trabalho. É um retorno sobre o investimento, que não é necessariamente imediato. E não sei o quanto é concreto. Não acho que seria possível colocar um valor monetário específico sobre isso, mas quando me reuni com os maiores sistemas hospitalares do estado há pouco, e todos não paravam de reclamar do quanto sofriam, fiquei um pouco envergonhado. Não estamos enfrentando esses desafios. E estamos no mercado mais difícil da Califórnia".

A Shared Technologies e a Scripps Health não são especiais. Na verdade, pesquisas sobre as melhores empresas para trabalhar revelam evidências consistentes de sucesso financeiro. O Russell Investment Group realiza uma avaliação anual do desempenho financeiro das empresas de capital aberto na lista das 100 melhores e o compara com o do S&P 500 e do Russell 3000. Por exemplo, de 1998 a 2008, o retorno anualizado das ações das 100 melhores empresas foi de 6,8%, enquanto o do S&P 500 ficou em 1,04% e o do Russell 3000 foi de 1,25%. A Tabela 1.1 destaca essa tendência ao longo do tempo. Estudos relacionados sobre o desempenho financeiro das melhores empresas em outros países, como Dinamarca, Grã-Bretanha e Brasil, também confirmam essa tendência.

Tabela 1.1

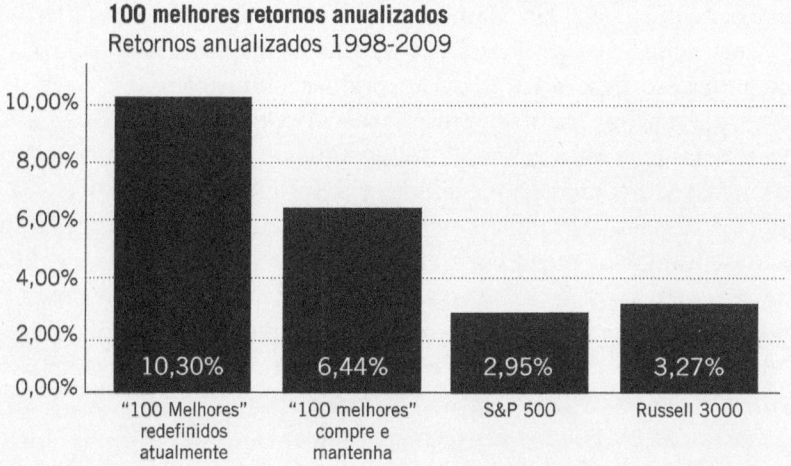

A obra de Alex Edmans, da Wharton School, apresenta mais evidências. Em seu estudo de 2007, Edmans analisou a relação entre o índice de confiança dos colaboradores e o desempenho de longo prazo das ações. Ele utilizou a lista *100 Best Companies to Work For* publicada na revista *Fortune* durante um período de oito anos. Mesmo depois de usar controles estatísticos para outros fatores (como risco ou setor da economia), a pesquisa revelou que o portfólio das 100 melhores empresas obteve o dobro do retorno de mercado até o fim de 2005. Locais de trabalho com altos níveis de confiança têm um desempenho superior consistente em relação àqueles com baixos níveis (Edmans, 2010).

Outras comparações entre os membros da lista e o resto da economia indicam que a confiança tem consequências financeiras mais imediatas. Por exemplo, sabemos que os melhores lugares para trabalhar têm rotatividade menor que os índices nacionais do departamento de estatísticas do trabalho dos Estados Unidos, têm mais candidatos a vagas em aberto e, na Grã-Bretanha, têm absenteísmo menor que as empresas que não são reconhecidas pela cultura do local de trabalho.

Como observa Jim Goodnit, fundador e CEO da SAS, uma empresa de software analítico: "Descobrimos que fazer a coisa certa, tratar as pessoas direito, também é o certo para a empresa". E é mesmo. Em geral, a SAS tem rotatividade de 4% ao ano em um setor com uma média de 20%. As estimativas do professor Jeffrey Pfeffer, da Universidade de Stanford, indicam que a empresa economiza entre US$ 75 e 100 milhões por ano, um valor que é puro lucro. Além disso, equipes de projeto estáveis fortalecem os índices gerais de eficiência, qualidade e relacionamentos de longo prazo com os clientes (para mais informações relativas a retorno sobre investimento e estudos correlatos, acesso o *site* deste livro: www.thegreatworkplaceonline.com).

O que está por trás desses resultados? Às vezes é a *falta* de disrupções desnecessárias e de estresse (como aqueles que ocorrem em ambientes com baixos níveis de confiança), o que leva a sucessos financeiros positivos. Quando as pessoas não confiam nos líderes, quando se sentem presas a um trabalho sem valor, ou quando sentem que não conhecem seus colegas bem o suficiente, então acabam remoendo ideias e perdem o foco. Sem contar que ninguém costuma pular da cama e correr para um ambiente como esse, nem ficar depois do expediente a fim de terminar um projeto importante para o crescimento e sucesso da empresa.

Para compreender as consequências financeiras desse estado mental, pense um pouco sobre o custo, para a empresa, se a carga com seus produtos atrasar, se um equipamento estragar ou se um sistema importante sair do ar. Esses custos têm um valor monetário explícito que quase nunca é ignorado. Temos até um vocabulário para esses problemas, como "tempo morto". Mas pense no custo, para a empresa, se dois colaboradores começam uma discussão pouco produtiva e, depois, voltam para suas estações de trabalho. Eles não conseguem se concentrar nas tarefas do momento, pois ainda estão pensando na interação frustrante que acabaram de ter. Ou pense na consequência de um líder de equipe que não esclarece as metas ou funções para os membros dessa equipe. A equipe avança aos trancos; produtiva na margem, mas completamente ineficaz. Líderes muito inteligentes quase sempre conseguem calcular o custo de um produto com defeito ou de um cliente perdido. Mas e quanto ao custo de todo o tempo perdido por causa de relacionamentos problemáticos no ambiente de trabalho?

Terri Kelly é a CEO da W. L. Gore & Associates, uma empresa inovadora que pesquisa, desenvolve e fabrica produtos baseados em fluoropolímeros, sendo o tecido Gore-Tex˙ o mais conhecido deles. Ela sugere que a maioria das empresas já teve uma equipe de baixo desempenho. Nessa situação, diz ela, "você passa milhares de horas em reuniões, pois ninguém confia em ninguém. Não há um relacionamento, ninguém quer trabalhar com ninguém e todo mundo se fecha. Mal consigo imaginar o buraco negro de produtividade que é esse ambiente". É por isso que a Gore investe desde o primeiro momento para garantir o desempenho da equipe. "É preciso fazer que eles desenvolvam um relacionamento. Os membros precisam investir tempo para conhecer uns aos outros, não apenas suas habilidades técnicas, mas sua essência e a perspectiva que trazem para o grupo", diz Kelly. "Vemos isso como um investimento para desenvolver nossas equipes e aumentar seu desempenho. Os membros têm um nível totalmente diferente de propriedade e responsabilidade em relação à empresa. Nunca tentamos realizar uma mensuração financeira exata, mas sem dúvida o resultado é uma ligação forte que remonta a nossa intenção estratégica".

Os dados podem provar que relacionamentos baseados em alto nível de confiança produzem benefícios financeiros concretos, enquanto relacionamentos negativos afastam os colaboradores, criam um tempo morto para o pessoal e produzem outros custos objetivos e subjetivos. Mas como líder, por mais que você acredite nisso, isso não é o suficiente. É preciso transformar as crenças em ações, algo que os dados e as estatísticas do mundo não podem fazer por você. A Wegmans Food Markets é uma rede de mercadinhos com sede em Rochester, no Estado de Nova York. Danny Wegman, o CEO da empresa, sugere: "Muita coisa acaba impedindo as pessoas de serem apenas seres humanos. Especialmente, relatórios trimestrais e escolas de administração. Creio que tentamos deixar bem claro que o importante é fazer a coisa certa. E, se fazemos a coisa certa, o resto se resolve".

Assim, um dos obstáculos é aprender que, quando os líderes fazem a coisa certa, essa decisão tem um impacto financeiro positivo para a empresa. Mas esse não é o único obstáculo. Você também vai ter que mudar sua filosofia pessoal para aceitar de corpo e alma a ideia de um excelente local de trabalho. Os melhores lugares para trabalhar e seus líderes são absolutamente fenomenais, mas eles não são o resultado de um passe de mágica nem da sorte. Um bom local de trabalho se torna excelente quando líderes como você se concentram, de modo consciente e consistente, em construir confiança, orgulho e camaradagem entre as pessoas da organização. Outros obstáculos são previsíveis: tempo; a mentalidade "se não estragou, melhor não consertar"; e miopia.

Quem tem tempo para isso?

Em um ambiente que não para de mudar, a tendência é reagir sempre à última coisa que aparece. É preciso lidar com uma série de grandes problemas: concorrência, globalização, legislação e desastres naturais. E também temos aqueles problemas mais rotineiros, mas muitas vezes mais urgentes, como rotatividade de pessoal, orçamentos apertados e entregas.

O crescimento nasce do modo como o líder reage às mudanças; ele é, por assim dizer, um subproduto. Se o líder reage com habilidade e maestria, ele considera as necessidades dos colaboradores e cria um ambiente isento e imparcial para todos, e, assim, a confiança sai fortalecida. Mas raramente você vai se preocupar com as consequências relacionais de cada uma das suas decisões. Isso ocorre não porque você não compreende a importância dos relacionamentos, mas porque você precisa apagar o próximo incêndio. É uma qualidade admirável. Um líder quase nunca tem sucesso se não consegue navegar por um ambiente mutante com graça e agilidade.

Mas o que os líderes costumam ignorar é que a habilidade de mobilizar outras pessoas para enfrentar desafios ao seu lado depende do quanto eles próprios são confiáveis. Se as pessoas não confiam em seus líderes, elas hesitam, pesam as consequências da ação e da inação e podem determinar que o mais seguro seja esperar para ver. Por exemplo, você quer que os colaboradores gastem seu tempo e energia em uma oportunidade de marketing que você tem certeza que aumentará as vendas? Se eles não confiam em você, será difícil convencê-los sem recorrer a muita persuasão ou até a ultimatos desagradáveis. Se demorar a convencê-los, você pode acabar perdendo a oportunidade. Se, por outro lado, eles confiam em você, os colaboradores acreditarão na direção que você estabeleceu e estarão dispostos a trabalhar sem demora. Mesmo que seu palpite sobre a oportunidade esteja errado, os colaboradores darão uma margem de erro generosa para o seu trabalho.

Todo e qualquer problema concreto que você está enfrentando provavelmente mudará de novo no futuro, mas a confiança dos colaboradores é o alicerce de tudo. O resultado final é o seguinte: o tempo pode impedi-lo de pensar sistematicamente sobre seus relacionamentos no local de trabalho, mas a falta de tempo é um dos motivos pelos quais é uma boa ideia pensar sistematicamente sobre seus relacionamentos no local de trabalho. Tudo acontece com mais harmonia e com menos solavancos quando os relacionamentos são fortes; e quando o tempo está em falta, essa pode ser a diferença entre o sucesso e o fracasso.

Eu não acho que meu problema seja a confiança.
Se não estragou, melhor não consertar

A estatística diz o contrário. A edição mais recente do Edelman Trust Barometer (2010), uma pesquisa com pessoas em 22 países em cinco continentes que investiga a confiança em líderes, instituições e empresas, determinou que as pessoas confiam mais em informações de colegas, de analistas do setor e de acadêmicos do que nas informações que vêm do CEO. Menos de 30% dos entrevistados nos Estados Unidos acreditam que as informações do CEO têm credibilidade.

O segredo da confiança é que não há um indicador óbvio e imediato de que o ambiente tem baixos níveis de confiança. Se um equipamento está com problemas, ou o índice de defeitos aumenta ou a produção diminui. Se um investimento é problemático, o rendimento diminui. Se vendas ou *marketing* estão com problemas, a participação de mercado diminui. Para muitos problemas, há uma fumaça (quantificável) antes do fogo.

Não é o caso da confiança. Sem confiança, a empresa segue em frente, mas os resultados reais não representam todo o potencial do negócio. Em outras palavras, sem confiança as pessoas ainda vão trabalhar, ainda cumprem suas tarefas e ainda repassam o trabalho para colegas. Embora suas contribuições estejam longe do que seriam capazes de fazer em um ambiente de confiança, a produção ainda pode ser alta o suficiente que você nem nota que tem um problema. À medida que a confiança vai desaparecendo dentro da organização, ou à medida que ela nunca surge, pode demorar até os líderes perceberem o problema. Como todo relacionamento, a confiança costuma ser difícil de construir, especialmente depois de quebrada. É muito mais fácil cultivar a confiança que você já conquistou do que gerá-la do zero.

Por outro lado, as pessoas trabalham *anos* em ambientes em que a confiança está presente e é cultivada. A rotatividade é baixa, o que aumenta a eficiência e reduz os custos de recrutamento e contratação. Em ambientes com altos níveis de confiança, as pessoas não apenas fazem seu trabalho, mas também estão sempre em busca de maneiras de melhorá-lo e assumem riscos calculados que beneficiam a organização. Nesses ambientes, as pessoas se conhecem bem; elas trabalham em equipe para produzir resultados maiores, ao mesmo tempo em que constroem relacionamentos fortes que maximizam o desenvolvimento e fazem todos sentir que participam de algo maior.

Mais uma vez, o motivo para você não enfocar os relacionamentos é exatamente a razão pela qual deveria enfocá-los. Você pode não estar focado em relacionamentos porque não vê os sinais de deterioração, mas os sinais não vão aparecer até a empresa ter consequências graves. Preste atenção neles agora, antes que seja tarde demais.

Meu foco não deveria estar no negócio?

Sim... e não. Sim, você deveria focar no negócio. Não, você não deveria fazer isso *em vez de* enfocar os relacionamentos. Pura e simplesmente, é impossível enfocar apenas o negócio, mesmo que você tente. O modo como você toma toda e qualquer decisão afeta seus relacionamentos com o pessoal, quer queira ou não. A soma total dos três relacionamentos que estamos discutindo pode ser considerada a cultura da organização; você ajuda a criar a cultura com cada aquisição que supervisiona, com cada colaborador que contrata e com cada problema que resolve.

É verdade que, na maior parte do tempo, os problemas enfrentados pelas empresas quase não têm relação com o lado "pessoal". Ainda assim, a solução dos problemas contribui para a cultura. Na Gore, por exemplo, os líderes reconheceram desde cedo que precisariam preservar o espírito empreendedor para terem sucesso no mercado. A empresa poderia ter resolvido o problema de várias maneiras, mas escolheu dar o máximo de flexibilidade para os colaboradores. As pessoas são contratadas para um determinado cargo, mas escolhem os projetos nos quais querem trabalhar. Os colaboradores são responsáveis pelo seu comprometimento com os projetos, e a Gore aproveita os benefícios da maior energia, criatividade e empreendedorismo que vêm com a escolha pessoal. O problema de sustentar o espírito empreendedor foi resolvido com o respeito pelas necessidades dos colaboradores e, logo, pela criação de respeito.

As empresas também enfrentam problemas claramente relacionados com o lado pessoal, problemas como atrair, reter, envolver e fortalecer o desempenho dos colaboradores. Muitas empresas de tecnologia, incluindo a Microsoft e a SAS, percebem que o *pipeline* de talento no setor começa com alunos do ensino fundamental. Ambas têm programas para envolver e inspirar esse grupo, e talvez até plantar a semente para futuros colaboradores! A Microsoft tem o dia DigiGirlz e tem acampamentos de verão para ensinar as meninas do segundo ano do ensino médio sobre carreiras em tecnologia e para derrubar os estereótipos do setor. Os cofundadores da SAS fundaram uma escola secundária, a Cary Academy, para integrar a tecnologia ao processo de aprendizagem. Cada empresa escolheu enfrentar o problema de uma maneira, mas ambas combinaram sua solução com seus valores e paixões para criar uma cultura organizacional ainda mais forte.

Independente de ser um problema da empresa ou um problema pessoal, a cultura é um subproduto de uma solução de sucesso. Quando um equipamento estraga ou um investimento de capital é necessário, a confiança surge quando você envolve os colaboradores na decisão, quando fornece o treinamento adequado e quando agradece a ajuda no sucesso da transição. Quando cortes de custos são necessários, a confiança surge quando você envolve o pessoal no processo de encontrar economias, quando sofre o ônus junto com os colaboradores e quando usa demissões apenas como último recurso.

Por outro lado, é difícil avançar muito se, para criar cultura, você tenta gerar um conjunto de iniciativas ou projetos em um mundo independente dos desafios operacionais e oportunidades da empresa. Quando os líderes defendem mudanças culturais que não resolvem problemas concretos, ou que existem fora do contexto do ambiente operacional da empresa, o resultado é sempre o fracasso. Elas viram o temível "sabor do mês" que os colaboradores aprendem a ignorar logo que acaba o alvoroço do lançamento. Assim, criar novas iniciativas é menos importante do que mudar o modo como você executa as coisas que ajudam a organização a ter sucesso. Então, sim, foco no negócio.

Há um problema no pressuposto de que relacionamentos de confiança, orgulho e camaradagem são irrelevantes em comparação com a prioridade de investimentos operacionais, financeiros e urgentes. Não argumentamos sobre a sabedoria de focar tempo, energia e recursos no negócio, mas apenas que a escolha entre a atenção neles ou na cultura é falsa. A solução desses problemas *se torna* a cultura, e nem toda a compartimentalização dos problemas da empresa e dos problemas pessoais muda esse fato. Os problemas da empresa são problemas pessoais, e os problemas pessoais são problemas da empresa.

Apesar de termos analisado três obstáculos comuns e previsíveis, eles, sem dúvida, não são os únicos. As atitudes acumulam-se no longo prazo e mudá-las não é fácil. Mas os benefícios da mudança são inúmeros. Se as pessoas confiam em seus chefes, elas se dispõem a correr mais riscos, a seguir em tempos de incerteza e a assumir que os líderes são bem intencionados. Se elas têm orgulho do que fazem, a qualidade do trabalho ganha importância pessoal, e as pessoas passam a falar sobre suas experiências com vizinhos e amigos, o que, por consequência, melhora a reputação da organização. Se as pessoas gostam de seus colegas de trabalho, elas se dispõem a ajudá-los em momentos de crise e acolhem os recém-contratados superando expectativas e os integram à empresa desde o começo. Acima de tudo, ajuste sua atitude. Veja os relacionamentos como aspectos importantes do sucesso da empresa. Aja sempre com confiança, orgulho e camaradagem.

❖ Começando a jornada

Para começar, lembre-se que tudo começa com você. *Você* é a pessoa que vai fazer essas mudanças acontecerem na organização. A mudança não é um programa, uma iniciativa ou uma política. "Tentamos ter cuidado na hora de falar sobre iniciativas e programas. É fácil ficar sobrecarregado de iniciativas", diz Michael Fenlon, um líder de capital humano da empresa de serviços PricewaterhouseCoopers LLP. Ele continua: "às vezes, quando falamos sobre um programa ou iniciativa, ele é algo (...) que faz parte da cultura, da essência, do DNA do lugar". Fenlon fala sobre o desenvolvimento dos colaboradores como um exemplo de elemento cultural que não depende apenas de programas formais. Na verdade, o desenvolvimento nasce do comportamento de cada líder. "O alto desempenho depende de ter altas expectativas *e* de criar um ambiente rico em *feedback*, de reconhecer e celebrar conquistas, de inspirar objetivos e significados e de investir em desenvolvimento. Na equipe de engajamento, nós damos ênfase ao *coaching*, com *feedback* imediato e em tempo real. Então, apesar de investirmos em programas formais de desenvolvimento que também promovem *networking* e o sentimento de comunidade, nossa abordagem fundamental é a de integrar o desenvolvimento com outros engajamentos e com nosso processo de sustentar o alto desempenho das equipes".

Nós gostamos de brincar que ser consultor seria muito mais fácil se pudéssemos ajudar os líderes a implementar uma "política de confiança". Basicamente, seria um decreto que, daquele dia em diante, todos confiariam em todos. Por um lado, gerar confiança é mais fácil do que gerar uma política, pois basta mudar o comportamento. Por outro, no entanto, gerar confiança é infinitamente mais difícil. É preciso considerar o impacto de cada decisão sobre os relacionamentos, moldar e apoiar políticas e procedimentos organizacionais que posicionam os gestores para fazer o mesmo e criar um sistema de confiança autossustentável junto aos colaboradores.

Além disso, nenhum excelente local de trabalho é igual ao outro; a única maneira de determinar o melhor para a sua empresa é implementar práticas que deem *feedback* sobre o que dá certo ou errado. O resto deste livro está cheio de exemplos, ideias e melhores práticas para criar relacionamentos fortes. No entanto, você é a única pessoa que pode determinar como cada um desses ficaria na sua organização. O Capítulo 8 oferece sugestões de como fazer essa análise.

O importante, de qualquer forma, é começar a jornada fazendo as coisas de um jeito diferente. Concordamos com os vários líderes quando dizem que é mais fácil usar ações para descobrir uma nova maneira de pensar do que usar pensamentos para descobrir uma nova maneira de agir. No entanto, por mais importante que seja dar o primeiro passo, também é importante lembrar que a jornada é demorada. Se você e sua equipe de liderança ainda não consideram os relacionamentos um fator crucial em suas decisões, começar agora pode parecer uma tarefa impossível. Alguns líderes têm mais sucesso quando começam pequeno. Uma primeira opção seria trocar as reuniões semanais, nas quais a comunicação é de mão única, por reuniões em que todos trabalham em equipe para resolver um problema urgente. Em certa ocasião, trabalhamos com um líder que mudou o local de suas reuniões individuais do próprio escritório para a sala dos colaboradores, o que demonstrou respeito pelo tempo dos colaboradores e sinalizou que valorizava cada um enquanto indivíduo. Outro líder começou a mandar mensagens de voz que misturavam itens pessoais e profissionais, com o intuito de aumentar sua acessibilidade. Com o tempo, o que os líderes aprendem com essas pequenas mudanças acaba alicerçando uma revolução cultural que inclui mudanças em políticas organizacionais, desenvolvimento de liderança e procedimentos operacionais. Você lerá sobre algumas dessas mudanças e muito mais nos capítulos subsequentes.

Nos próximos capítulos, vamos analisar os *comportamentos* associados à construção de relacionamentos no ambiente de trabalho. E esses comportamentos são embasados na experiência dos colaboradores. As duas escolhas são conscientes. A primeira porque muitas vezes os líderes não sabem para onde começar, e os comportamentos são a única coisa que você controla. E segundo porque enfocar o resultado, a experiência dos colaboradores, permitirá que você veja como colocar os conceitos em prática. Mas mudar o comportamento não é um fim em si mesmo, é apenas o catalizador de um processo maior pelo qual alteramos atitudes e relacionamentos e, em última análise, cultura organizacional.

Estudo de caso

SAS: cuidando do maior ativo de todos

RESUMO

- Desenvolvedora de *software*.
- Sediada em Cary, Carolina do Norte.
- Fundada em 1976.
- Capital fechado.
- Com 5.566 colaboradores nos Estados Unidos e 11.055 em escritórios ao redor do mundo.
- Presente na lista dos Estados Unidos desde 1998, com reconhecimento no livro de 1993; reconhecida internacionalmente 48 vezes.

A SAS é famosa por ser um excelente lugar para trabalhar. Na verdade, muitos membros da lista citam a SAS como inspiração para suas próprias instalações, programas de bem-estar e benefícios. Mesmo hoje, mais de 34 anos depois da sua fundação, a lista de benefícios que a SAS oferece aos colaboradores é estarrecedora. Alguns dos mais especiais incluem:

- Um centro de saúde local com 56 funcionários, sem custos adicionais para os colaboradores ou seus dependentes cobertos pelo plano. O provedor de serviços pediátricos da SAS está disponível para consultas telefônicas à noite, nos feriados e nos fins de semana, para responder às preocupações de mães lactantes e pais de crianças pequenas.
- Uma creche local, na sede, com capacidade para 600 crianças, afiliada à American Montessori Society. Todos os colaboradores que trabalham em tempo integral e com pelo menos um ano de serviço têm direito a se candidatarem para uma vaga na creche. Quando surge uma lista de espera, a aceitação é baseada no tempo de casa na empresa, não na posição do colaborador. Nas regionais, os pais recebem um subsídio equivalente ao benefício da creche local.
- Recursos para cuidados de idosos, incluindo oportunidades para criar redes de apoio, consultores, orientação profissional para diretivas de cuidados avançados e um "armário do carinho" cheio de cadeiras de rodas, muletas, assentos de chuveiro, etc.
- Uma área de recreação e fitness de mais de 6.000 m², com horários semelhantes aos de uma academia comunitária. Além disso, a SAS também oferece turmas especiais como, por exemplo, uma liga de natação interna, uma aula de dança moderna e uma equipe de remo *indoor*.
- Programas e aulas de bem-estar e saúde como, por exemplo, o Eco-family Challenge (no qual famílias ganham pontos por atividades ecológicas),

o Tween/Teen Culinary Camp (um acampamento de culinária para adolescentes), aulas de iatismo e *skate*, bailes para pais e filhas, seminários de jardinagem na primavera e muito mais.

É importante observar que a SAS não tenta ser a melhor em termos de benefícios. Ela tenta apenas ser a desenvolvedora de *software* mais criativa e inovadora do mercado. Segundo Jennifer Mann, a vice-presidente de recursos humanos da empresa: "A criatividade é especialmente importante para a SAS, pois o *software* é um produto da mente. A criatividade não aparece sob demanda. Todo mundo fica inspirado em um momento diferente. Na SAS, nós criamos um ambiente de trabalho estimulante e flexível no qual os colaboradores podem trabalhar quando se sentem mais inovadores e produtivos. Confiamos neles para fazerem seu trabalho. Desde o primeiro dia, a SAS sempre utilizou uma abordagem bastante orgânica para desenvolver seus programas e benefícios. O foco está no colaborador. Os benefícios ocorrem quando há uma necessidade, e não por causa de uma força-tarefa ou de iniciativa pessoal". Dizem que o Dr. Jim Goodnight, fundador da SAS, ele mesmo um desenvolvedor de software, queria criar um lugar onde gostaria de ir trabalhar todos dias.

Sua visão de um local de trabalho excelente ecoa junto aos colaboradores. A SAS tem um índice de rotatividade de 4%, em comparação com a média de 20% do setor. Os colaboradores prezam a longevidade dos colegas de trabalho. Um deles nos disse o seguinte: "Sou advogado aqui e meu trabalho é proteger nossa propriedade intelectual. Posso depositar pedidos de patente, registrar marcas, registrar *copyright*, mas não posso proteger o que está na cabeça das pessoas. A recompensa da empresa por ter uma boa cultura é que ficamos com boas pessoas. Ninguém pula de emprego em emprego levando tudo que inventou. Além disso, não estamos sempre re-treinando o pessoal. Tudo isso deixa nossa vida muito mais fácil". Outro colaborador disse: "Essa longevidade se traduz em relacionamentos fortíssimos com nossos clientes em termos de vendas, consultas e suporte técnico. Temos um sentimento de propriedade profundo em termos do que a empresa faz como um todo".

Mas, acima de tudo, os colaboradores sentem que são importantes enquanto indivíduos. Falando sobre o prazer da licença paternidade que seu líder na SAS o incentivou a tirar, um colaborador disse: "Nunca vou esquecer isso. É tão diferente do 'por que você tirou um dia de folga?' que ouvi em outra empresa. Na SAS, parece que os líderes entendem que vou ficar aqui por muito tempo. Estou aqui há dez anos, que diferença faz duas semanas? Parece bobagem, mas para mim foi essencial". A filosofia do Dr. Goodnight é que "se você trata os colaboradores como se fizessem a diferença para a empresa, então eles farão a diferença para a empresa". As instalações, os benefícios e as regalias dão a entender que os colaboradores fazem a diferença. Na SAS, os colaboradores sempre voltam no dia seguinte.

Capítulo 2

Credibilidade

"Acredito nos meus líderes"

> Acho que a parte mais divertida do meu trabalho é sair por aí e conversar com os colaboradores. Temos vários fóruns. É um barato para mim, pois venho e converso com cem ou duzentas pessoas ao mesmo tempo e compartilho minhas opiniões. Mas mais do que isso, eles também compartilham suas perspectivas. É música para meus ouvidos saber como eles estão animados com o trabalho em seus projetos e observar a cultura em ação. É muito motivante, pois [a cultura] não é apenas uma teoria; a gente a vê na prática.
>
> — Terri Kelly, CEO da W. L. Gore & Associates

> Posso estar em uma sala com Terri Kelly e discutir sobre uma diferença de opinião sem medo da repercussão por causa desse tipo de comportamento. Na verdade, esse é o comportamento esperado. Temos a oportunidade de nos comunicar sempre que precisamos, para enfrentar o problema ou oportunidade do dia, seja ele qual for.
>
> — Colaborador da W. L. Gore & Associates

No último capítulo, escrevemos bastante sobre a confiança no relacionamento colaborador-líder. A credibilidade é o primeiro grande pilar de uma relação de confiança. Então, vamos estreitar o foco e analisar o que ela significa. Como mostram as citações acima, a credibilidade não tem mão única. No entanto, é você, o líder, que inicia o relacionamento.

Se você leu qualquer livro ou artigo sobre liderança na última década, você leu sobre credibilidade. Muito mencionada como uma característica básica da liderança eficaz em textos de divulgação, a credibilidade refere-se à confiabilidade, ao conhecimento e à autenticidade do líder. Os líderes conquistam credibilidade quando estabelecem um plano, apoiam os colaboradores e ajudam a organização a alcançar suas metas, sempre com uma atitude honesta e acessível.

Quando analisamos a credibilidade de um líder pela lente do modelo Great Place to Work, estamos avaliando três fatores: o quanto ele compartilha informações com o pessoal (comunicação de duas vias), a capacidade de demonstrar conhecimento especializado e de ainda continuar aberto e acessível para os colaboradores (competência) e o quanto as ações dele são coerentes com suas palavras (integridade).

Depois de construir credibilidade, você pode gastar mais tempo com coisas que são importantes. Depois de estabelecer a direção da empresa, de esclarecer as expectativas e de comunicar tudo o que deveria, você gasta menos tempo espiando por cima dos ombros alheios ou corrigindo erros. Além disso, as outras pessoas podem tomar decisões sem confirmar a abordagem usada, mesmo que a situação que estejam enfrentando seja inédita. Pense nos colaboradores da Nordstrom, uma loja de moda especializada com filiais por todos os Estados Unidos. A empresa resumiu suas expectativas a uma única frase: "Use o bom senso em todas as situações". Ela mostra aos colaboradores o que isso significa por meio de comunicações consistentes e por mostrar modelos de comportamentos. Um vice-presidente da Nordstrom explica: "Sei que as pessoas que comandam a empresa vão trabalhar tanto quanto eu, até mais. Os mesmos princípios que estavam aqui quando cheguei ainda vão estar vivos depois que me aposentar. Isso é estimulante. Eu gosto muito disso, mesmo. É impossível ensinar uma cultura. É preciso vivenciá-la, compartilhá-la, demonstrá-la".

Imagine se todos os seus colaboradores, sem exceção, tratassem a vida profissional como parte do próprio negócio. É a situação que os líderes da Nordstrom vivem. E é por isso que eles têm o tempo e a energia para fazer o trabalho de liderança, ou seja, de antecipar tendências e melhorar as vendas, em vez de monitorar cada movimento dos colaboradores.

Depois de conquistar credibilidade, as pessoas o seguem porque acreditam em você, porque sabem que você levará tanto elas quanto a organização ao sucesso. Como veremos no Capítulo 2, a credibilidade economiza tempo e aumenta a produtividade. Acima de tudo, atuar com credibilidade transforma você em um líder. Sim, claro, existem outras maneiras, aparentemente mais rápidas, de fazer que os colaboradores sigam suas ordens. Eles cumprem seus deveres pela força da sua autoridade e por sua capacidade de distribuir recompensas e punições. Mas é o relacionamento que você constrói com seu pessoal que gera o comprometimento necessário para ir além do mero cumprimento dos deveres cotidianos.

❖ Comunicação de duas vias

Comunicação de duas vias, competência e integridade são todos elementos importantes para a credibilidade. No entanto, a comunicação é especialmente importante. Mais do que influenciar a percepção do colaborador sobre sua credibilidade, a comunicação influencia toda a *experiência* do local de trabalho. Na verdade, quando trabalhamos com organizações, quase sempre recomendamos melhorias na área de comunicação antes de enfrentar qualquer outro problema. Por quê? Quando conversamos com os colaboradores nos melhores lugares para trabalhar sobre suas experiências, eles sempre enfatizam o quanto prezam a comunicação. Quando não falam explicitamente sobre a importância da comunicação, eles analisam aspectos do ambiente de trabalho que dependem de uma comunicação saudável entre líderes e colaboradores. Quando uma comunicação de duas vias sincera é estabelecida, ela pode ser usada como um meio para apoiar outros membros da equipe, para colaborar com eles e para sinalizar que os envolvidos se preocupam uns com os outros (relevante no Capítulo 3). Além disso, quando as pessoas têm as informações que precisam para compreender as decisões, mesmo que as decisões não sejam sempre favoráveis, elas tendem a considerar o ambiente de trabalho sem favoritismos (tratado no Capítulo 4). Se você precisasse trabalhar em um único aspecto de um excelente lugar para trabalhar, você deveria fazer melhorias de longo alcance para fortalecer a comunicação de duas vias.

Quando perguntamos o que torna um local de trabalho excelente, os colaboradores costumam falar sobre dois aspectos principais. Primeiro, eles falam sobre comunicações *informativas*. Essas ocorrem quando os líderes fornecem as informações necessárias para esclarecer as expectativas e para que os colaboradores façam seu trabalho. Você talvez pense nisso como o grupo de comunicações que flui do líder para os colaboradores. Francamente, quando a maioria dos líderes pensa em comunicação, eles pensam apenas nessa metade da equação. Mas a comunicação informativa não é tudo. Os colaboradores também falam das comunicações *acessíveis* como uma característica marcante dos melhores locais de trabalho. Isso significa que os líderes dão respostas claras e diretas às perguntas e que os colaboradores acreditam que podem abordá-los. Você talvez pense na comunicação acessível como os modos pelos quais os colaboradores podem moldar e esclarecer as mensagens do líder. Juntas, as duas compõem a comunicação de duas vias. Entretanto, vale a pena analisá-las uma a uma.

Comunicação informativa

Em excelentes locais de trabalho, os colaboradores recebem comunicações informativas de vários veículos diferentes. Por parte dos líderes, vemos reuniões com altos índices de participação, vemos *blogs* e colunas em boletins internos e vemos atualizações na forma de *webcasts* e de correio de voz em massa. Também encontramos apresentações criativas e energizantes de informações, como nos dois exemplos a seguir:

- O Google, a empresa de buscas na internet sediada em Mountain View, Califórnia, é famosa pelas reuniões às sextas-feiras em que os fundadores Larry Page e Sergey Brin dão uma prévia informal da próxima semana, recapitulam tudo que aconteceu na anterior e respondem perguntas da equipe (o que, por acaso, também aumenta a percepção sobre a acessibilidade dos líderes entre os colaboradores). Uma das crenças básicas de Larry e Sergey é que os colaboradores têm o direito de saber o que está acontecendo com a empresa. Essas reuniões, chamadas de TGIF (sigla de Thank's God, it's Friday) são transmitidas ao vivo via internet para o mundo todo e arquivadas para as equipes em fusos horários diferentes.
- Na JM Family Enterprises, uma empresa do setor automotivo com sede em Deerfield Beach, Flórida, as unidades individuais realizam reuniões de 20 minutos com os colaboradores, batizadas de "eventos mensais ao vivo". O presidente e os membros da direção da unidade conduzem cada reunião, com aparições frequentes do CEO da JM Family. As reuniões são filmadas e, às vezes, relacionadas a um tema mensal como, por exemplo, determinado feriado. A reunião começa com as atualizações sobre o setor e segue com um breve resumo sobre a unidade. O resto do programa inclui notícias positivas, nas quais os membros podem ver fotos de festas e feriados recentes. Os eventos concluem com "fatos divertidos" relativos ao negócio, um

coro de feliz aniversário para os aniversariantes do mês, as boas-vindas para novos colaboradores e uma rifa com diversos prêmios. Os vídeos são postados na intranet da empresa para referência futura dos colaboradores.

Às vezes, os líderes acham que comunicações de alto nível desse tipo consomem muito tempo e que o valor de comunicações tão amplas, para tanta gente, acaba se perdendo. Nós discordamos. A alta liderança estabelece a direção do trabalho realizado na organização e dá ao pessoal uma ideia de sucesso e significado. Entretanto, também simpatizamos com o sofrimento dos líderes. Em alguns casos, recomendamos que os líderes *tragam* os colaboradores para dentro de suas conversas em vez de *saírem* pela empresa para se comunicar. Por exemplo, o Boston Consulting Group (BCG), uma consultoria estratégica e gerencial, transmite a reunião bianual dos sócios via internet, de modo que toda equipe possa aprender diretamente com as conversas. Nas reuniões, os sócios avaliam a situação vigente, apresentam ideias revolucionárias uns aos outros e aprendem com palestrantes convidados. Além de economizarem o tempo necessário para resumir e comunicar as reuniões, os sócios fortalecem a percepção, entre os colaboradores, de que todas as informações necessárias estão disponíveis e sem cortes.

O exemplo do BCG diz respeito a uma maneira tecnológica de informar a todos sobre conversas de alto nível, mas o mesmo princípio é aplicado quando a diretoria convida um pequeno grupo de colaboradores para suas reuniões, com a compreensão de que o grupo comunicará o que descobriu para o resto da organização, formal e informalmente. Essa técnica não substitui as comunicações diretas, mas recomendamos seu uso como uma das muitas maneiras dos líderes trabalharem as comunicações informativas. Ela é um meio de reduzir o gasto de tempo e fortalece a percepção de que os colaboradores recebem as informações necessárias para fazerem seu trabalho.

Na construção de um excelente local de trabalho, a comunicação não é responsabilidade apenas da direção. Nas melhores organizações, os colaboradores recebem comunicações informativas *tanto* da alta liderança *quanto* dos gestores de grupos de trabalho. A comunicação dos gestores de grupos de trabalho pode ser de uma natureza mais tática, oferecendo uma direção para o dia, semana ou mês, dependendo da frequência das reuniões. Em algumas organizações, espera-se que todos os gestores façam comunicações para o grupo de trabalho. Em outras, eles recebem apoio e ferramentas adicionais para se comunicarem diretamente com os colaboradores. Em ambos os casos, as comunicações de gestores devem estar alicerçadas nas comunicações informativas da direção.

- No escritório de advocacia Alston & Bird, sediado em Atlanta, todos os departamentos administrativos e grupos de trabalho participam de uma conversa diária de dez minutos chamada TE Time, em que TE significa Top Echelon (alto escalão). O TE Time ajuda os membros da equipe a definirem um plano de ação e uma meta para o dia. O TE Time de cada dia também enfoca uma mensagem diferente de padrão de excelência em serviço a ser incorporada aos hábitos de trabalho diários da firma como um todo.
- A Wegmans prepara os gestores para comunicações diretas com a equipe sobre questões que afetam toda a organização com as reuniões denominadas Meeting in a Box. As "caixas de reunião" incluem frases, vídeos, FAQs e ferramentas para coletar a opinião dos colaboradores. Mensagens da família Wegman e da alta liderança sobre o *core business* ou outras questões, como benefícios ou o estado da empresa, são temas recorrentes nessas reuniões.
- A Microsoft lançou o portal do gestor como parte do foco da empresa em apoio aos gestores. O *site* da intranet foi projetado para ajudar na comunicação com colaboradores e oferecer informações abrangentes sobre assuntos de importância crucial, de modo que os gestores pudessem responder todas as dúvidas e preocupações dos colaboradores.

O maior erro que vemos os líderes cometerem quando trabalham a área da comunicação informativa é que eles simplesmente comunicam-se *com mais frequência*, sem considerar os melhores veículos nem o tipo de informação comunicada. Por exemplo, em hospitais e lojas de varejo, em que ninguém tem tempo para parar, sentar e ler, os colaboradores se beneficiam de comunicações mais rápidas e simplificadas. Reuniões de pé e em pequenos grupos são comuns nas melhores empresas desses setores. Mandar um memorando a colaboradores nesses ambientes ou marcar reuniões longas é, na melhor das hipóteses, um esforço inútil; e, na pior, uma grande frustração. Nos melhores locais de trabalho, os líderes levam o público em consideração quando escolhem os métodos de comunicação. Na Microsoft, além de aparições pessoais e grandes reuniões gerais, um líder se comunica com a equipe de vendas da empresa (distribuída por mais de 90 países) por meio de vídeos trimestrais distribuídos digitalmente, aproveitando a tecnologia para manter contato com um grupo de colaboradores espalhado por vários fusos horários.

Além disso, os colaboradores buscam informações que sejam relevantes para eles, mas muitas vezes o trabalho de traduzir as comunicações para suas próprias funções na organização não é intuitivamente óbvio. Recomendamos que os gestores traduzam os resultados da empresa para a unidade de trabalho de cada departamento. Poderíamos traduzir as vendas – um indicador de desempenho que costuma ser fácil de mensurar – para o número de pedidos realizados para um departamento de atendimento ao cliente, para o número de caixas carregadas no depósito e para o número de transações postadas em contas a receber. Os gestores muitas vezes estão na melhor posição possível para tornar as informações relevantes para os colaboradores.

Os líderes de todos os níveis devem prestar atenção ao significado, à quantidade e ao formato de suas comunicações. É claro que as maneiras mais eficientes e poderosas de se comunicar também incorporam o segundo aspecto da comunicação nos melhores lugares para trabalhar: acessibilidade.

Comunicação acessível

Quando você é um líder realmente acessível, algumas coisas ocorrem, segundo a experiência dos colaboradores. Pode ser útil tentar responder duas perguntas.

Primeiro, os colaboradores se sentem confortáveis perto de você? Isso acontece quando acham que ouvirão respostas às perguntas que fizerem e quando percebem que você está realmente prestando atenção. A comunicação não verbal é muito útil nesse aspecto. Quando um colaborador o procura, você sorri? Vira o corpo na direção dele? Responde com frases completas?

Certa ocasião, trabalhamos com uma gestora que nos mostrava com orgulho o modo como reorganizara seu escritório. Ela transferira o computador para um canto da mesa e com isso ela podia ver as pessoas se aproximando de sua sala quando a porta estava aberta. Ela também podia observar sua caixa de correio enquanto conversava com as pessoas. "Mas o que acontece quando chega um *e-mail* e alguém está diante de você, no escritório?", perguntamos. Com orgulho, ela nos informou que, ao mesmo tempo, mantinha um olho na tela e outro diretamente no colaborador. Ela tinha uma boa intenção – estar disponível para todo mundo –, mas dividir sua atenção desse jeito deixava os colaboradores desconfortáveis na hora de abordá--la. Falamos com a gestora sobre como os colaboradores prestam atenção ao quanto você está disponível para eles, não apenas física, mas também emocional e cognitivamente. Também falamos sobre maneiras de fazer os colaboradores relaxarem, visitando-os em suas estações de trabalho em vez de convidá-los para virem ao escritório, um local repleto de distrações, como *e-mails* e telefonemas. Enquanto reflete sobre como vai se tornar mais acessível, considere fazer mudanças que aumentem o conforto dos colaboradores ao abordá-los.

Enquanto prestar atenção à comunicação não verbal pode ser uma maneira desafiadora de dar uma resposta afirmativa à questão do "conforto", outra maneira é apenas se divertir junto com os colaboradores. Por exemplo, o CEO da Quicken Loans usa o sistema de alto-falantes internos para manter a equipe informada sobre as últimas notícias. No entanto, esse sistema é normalmente usado para distribuir ingressos para shows e eventos esportivos. Durante a "quinta-feira da bilheteria", o CEO usa os alto-falantes para convidar os colaboradores a ligar para seu ramal para ganhar ingressos. Assim como em um concurso de rádio, o ouvinte número "x" ganha e é entrevistado pelo CEO no sistema de alto-falantes. Ouvir os líderes nessas interações francas e frequentes com os colaboradores cria uma ideia de acessibilidade.

Agora, a segunda pergunta: os colaboradores sentem que você é honesto e (aqui está o grande desafio) adequadamente vulnerável? Se você compartilha apenas os fatos, os colaboradores podem não considerá-lo tão acessível quanto poderiam. Compartilhar opiniões, emoções e esperanças convida indiretamente os colaboradores a fazerem o mesmo. Além disso, essa atitude aumenta o nível de acessibilidade inerente à comunicação.

Pense no seguinte fato: "Os lucros mantiveram-se estáveis neste trimestre". Agora pense em como o líder poderia comunicá-lo de modo a aumentar sua acessibilidade. "Os lucros mantiveram-se estáveis neste trimestre. Eu adoraria que tivéssemos conquistado um pouco do crescimento que planejamos para este ano, mas estou contente com os números. Nosso setor foi muito afetado e sei que todos estão fazendo o possível para superar os desafios do mercado. Nossa meta para este ano não mudou, mas nosso novo processo de produção inspira um otimismo cauteloso de que chegaremos lá. Vamos precisar trabalhar muito, eu e vocês". Apesar de esse líder ter realizado uma comunicação de mão única até esse ponto, ele preparou o terreno para uma conversa honesta com o pessoal, pois compartilhou suas reações à notícia e suas esperanças e expectativas para o futuro.

Muitos líderes realizam cafés da manhã ou almoços com os colaboradores para criar uma atmosfera informal, na qual as conversas podem acontecer com naturalidade. Mas, com ou sem refeição, quando os líderes dão respostas diretas a perguntas difíceis, eles ficam vulneráveis e dão uma prova irrefutável de sua acessibilidade. Nas reuniões gerais com os colaboradores da sede e no final de seus vídeos, Jim Weddle, sociodiretor da Edward Jones, responde perguntas ao vivo. "Jim trabalha com um formato de microfone livre durante as sessões de perguntas e respostas. Nenhum sociodiretor poderia ser mais corajoso", diz Beth Cook, sócia responsável por relacionamentos com colaboradores. "O pessoal tem um veículo para fazer perguntas difíceis. Nem todo mundo ouve a resposta que quer, mas o mundo dos negócios é assim mesmo. Qualquer assunto está aberto para discussão. Ele pode não estar aberto a mudanças, a abandono ou a implementação, mas ainda está para discussão. Acho que é o máximo que podemos esperar".

A comunicação informativa e acessível não é fácil, mesmo nos ambientes mais favoráveis. Os líderes de organizações relativamente pequenas, com uma única sede, não têm uma jornada fácil em termos de melhorar as comunicações. Os líderes de grandes organizações, com múltiplas instalações, têm uma missão ainda mais difícil. Os líderes que dominaram a comunicação de duas vias em grandes organizações usam diversas técnicas para garantir que todos os colaboradores, independente de local ou função, estejam bem informados.

Percebemos em organizações geograficamente dispersas a utilização do recurso da gravação e da transmissão ao vivo de informações e sua disponibilização para o pessoal assim que possível. Uma segunda constatação é a tendência proativa de levar comunicações e reuniões a nível local ou de departamento. A seguir, apresentamos alguns exemplos de comunicações fortes em empresas com múltiplas instalações:

- Depois que a Adobe anuncia os resultados financeiros trimestrais, os altos executivos se reúnem com a comunidade financeira para falar sobre o desempenho da empresa e o potencial do próximo trimestre. A conversa é transmitida ao vivo pela internet para todos os colaboradores e para outras partes interessadas. Uma gravação de áudio do evento é disponibilizada por tempo limitado na intranet Inside Adobe para que os colaboradores possam ouvi-la quando acharem conveniente.
- Para promover o acesso à alta liderança, a eBay, líder em comércio móvel e maior mercado *on-line* do mundo, desenvolveu as "conversas com o CEO". Com transmissão pela intranet, o evento é assistido ao vivo e sob demanda por milhares de pessoas nos Estados Unidos

e ao redor do mundo. Em um formato descontraído de *talk show*, com plateia no estúdio, a direção conversa sobre as prioridades do próximo ano. E para enfrentar assuntos controversos, o apresentador do programa mostra manchetes provocantes relativas ao negócio e desafia os líderes a darem respostas francas e honestas. Depois de uma hora, os executivos continuam o diálogo com uma conversa sem restrições com os 200 membros da plateia. Para alcançar o maior público possível, a sessão é sempre realizada em uma instalação diferente da eBay ao redor do mundo.

- Todas as unidades da The MITRE Corporation, uma consultoria de TI sediada em McLean, no Estado da Virgínia, têm estilo exclusivo de comunicação, dependendo de suas necessidades. Os colaboradores do Center for Connected Government (CCG), por exemplo, estão dispersos pelas organizações dos clientes. Assim, o CCG designou as sextas-feiras como dia extraoficial da "sala de chamada", dia em que o CCG também patrocina dois fóruns técnicos opcionais: o "fórum de integração de programas", que foca em informações e notícias dos clientes do programa, e o "marmitas", palestras técnicas durante os lanches com foco em temas sobre o "estado da tecnologia". O gestor local também organiza demonstrações frequentes dos fornecedores no laboratório Enterprise Technology do CCG.

A comunicação de duas vias é talvez a dimensão mais importante do modelo Great Place to Work. Ela não é o único elemento necessário, mas é fundamental para as percepções de credibilidade, respeito, imparcialidade, orgulho e camaradagem entre os colaboradores. Ela afeta todos os aspectos, incluindo o próximo a ser analisado: a competência. Pense no seguinte: os líderes das organizações quase nunca são incompetentes. O mais comum é que os líderes considerados incompetentes *falhem ao se comunicar*. Como acreditar que os líderes são competentes quando ninguém faz ideia do que eles estão fazendo?

❖ Competência

A percepção de competência é a crença, entre os colaboradores, de que os líderes sabem o que estão fazendo. Mas o que significa "saber o que está fazendo"? Para começar, os colaboradores acreditam que líderes competentes coordenam os recursos da maneira adequada, o que inclui práticas de contratação apropriadas. Eles acreditam que os líderes deixam todo mundo trabalhar sem microgestão. E eles acreditam que os líderes usam sua visão para definir o caminho do futuro. Se os colaboradores não acreditam que os líderes sabem para onde vão, a probabilidade de segui-los é mínima, pelo menos no longo prazo. Enquanto líder, você precisa demonstrar a competência que traz para a empresa e, no processo, conquistar a confiança dos colaboradores.

Coordenação

Quando os colaboradores comentam sobre a capacidade dos líderes de coordenar, eles discutem três tópicos principais. O primeiro é a contratação. Obviamente, os colaboradores se importam com os altos líderes contratados, pois esses podem ter um impacto enorme na sua experiência de trabalho. Mas os colaboradores também se importam com os processos e as filosofias que garantem excelentes práticas de contratação em *toda* a empresa.

Na Zappos.com, uma loja *on-line* com sede no Estado de Nevada, os líderes reconhecem que as pessoas que não se adaptam à cultura da empresa escapam pelas frestas do processo de contratação. Como é importante ter a pessoa certa em todos os cargos, a Zappos.com faz o que é chamado de "a oferta" durante o processo de quatro semanas de treinamento de lealdade do cliente. Ao final da segunda semana do treinamento pelo qual todos os novos colaboradores passam, os recém-contratados podem pedir demissão e receber uma indenização de US$ 2 mil. A Zappos.com não quer que as pessoas se sintam obrigadas a ficar no cargo por motivos financeiros. A empresa só quer colaboradores que amem seu trabalho. Ao oferecer uma indenização de US$ 2 mil depois que o novo colaborador vivencia a Zappos.com por algum tempo, os líderes esperam que os recém-contratados avaliem se a Zappos.com é mesmo a empresa certa para eles. A liderança acredita que "a oferta" é mais benéfica para os colaboradores que não aceitam o dinheiro, pois garante que todos têm um comprometimento forte o suficiente para desistirem de US$ 2 mil fáceis para continuarem a trabalhar na empresa.

O segundo tópico da boa coordenação é quando tudo ocorre sem grandes problemas, ou seja, quando os líderes alocaram e coordenaram recursos de um modo inteligente, tanto em termos financeiros quanto pessoais. Quando se trata de coordenação, as melhores práticas dependem de comunicação e do envolvimento direto das pessoas responsáveis por fazer o trabalho. Às vezes, a responsabilidade do líder é a de tomar a decisão; às vezes, é implementar as sugestões dos colaboradores.

A Milliken, uma fabricante de têxteis, tapetes e produtos químicos, sediada no Estado da Carolina do Sul, tem um processo de segurança que é "propriedade" absoluta dos colaboradores de produção, não da gestão. Os colaboradores que trabalham na linha de produção planejam as reuniões de segurança, realizam auditorias de segurança e recomendam melhorias à liderança. A única função da gestão é apoiar essas recomendações e remover os obstáculos que impedem a criação de um ambiente de trabalho seguro.

Não importa se a empresa é uma fábrica ou uma loja, são os colaboradores que sofrem com processos ineficientes ou ineficazes, com falta de mão de obra ou com desalinhamento de recursos. Ajudar os colaboradores a entender as decisões de alocação contribui para construir percepções de competências. Melhor ainda, como no caso da Milliken, ela pode confiar na experiência dos colaboradores para tomar decisões.

O terceiro tópico da capacidade de coordenação de um líder é um bom processo de tomada de decisões. Os colaboradores observam a proficiência dos líderes ao tomar decisões para o negócio e ao oferecer liderança clara para todos. Em grande parte, as empresas reconhecidas como excelentes lugares para trabalhar têm sucesso financeiro, e por um bom motivo. Os colaboradores das melhores empresas sempre falam sobre a saúde da empresa, financeira e em geral, e sobre o papel dos líderes nesse sucesso como um aspecto de um bom local de trabalho. Para os colaboradores, o sucesso da empresa corresponde à competência do líder. Mas os líderes podem ser considerados competentes mesmo quando as finanças estão passando por maus momentos. Nessa situação, os colaboradores acreditam que os líderes são competentes quando são capazes de explicar o que está acontecendo e por que está acontecendo, além de articular um plano para o futuro.

Supervisão

Nas melhores empresas, os colaboradores sentem que seu trabalho tem valor. Em parte, é uma questão de enquadramento: os líderes se comunicam de maneira a permitir aos colaboradores verem o trabalho como parte de algo maior. Mas também é uma questão tática. Quando as pessoas acreditam que os líderes estão distribuindo responsabilidades significativas, elas precisam sentir que têm a autonomia para realizar trabalhos importantes. Como disse um colaborador da Hoar Construction: "Sinto que os líderes da organização dão o treinamento necessário para que você faça o trabalho melhor do que o esperado; depois, eles nos deixam em paz. Eles deixam você trabalhar. É uma grande motivação, pois você sente que tem a capacidade de tomar decisões dentro da sua alçada. Ninguém está sempre cuidando de tudo que você faz e controlando cada detalhe. Eles confiam na gente. Quando eles dão esse tipo de responsabilidade, você se sente bem em saber que merece essa confiança".

Na maioria das empresas, a noção de propriedade é criada quando os líderes oferecem uma direção clara, treinamento e apoio em toda a organização. Na ausência de qualquer um desses fatores, as pessoas podem não ter uma sensação saudável de autonomia. Entretanto, o supervisor imediato também pode ser o culpado quando os colaboradores sentem que são vigiados e que não têm a confiança do gestor. Além de reduzir o tempo que os líderes passam com questões de foco estratégico, a microgestão prejudica a confiança dos colaboradores em seus supervisores diretos. Nas melhores empresas, os gestores aprendem a encontrar um equilíbrio entre apoiar e controlar os colaboradores. Práticas e valores organizacionais reforçam esse equilíbrio.

Por exemplo, vários anos atrás, a Edward Jones abandonou a ideia de descrições de cargos pelos gestores e adotou a de "declarações de responsabilidade" (parte de uma filosofia chamada de gestão baseada em responsabilidade), gerada pelos próprios colaboradores. Nesse sistema, os colaboradores praticamente controlam suas carreiras: em vez de baseá-las em suas atividades diárias, eles elaboram suas próprias declarações de metas em torno de resultados mensuráveis que eles mesmos definem. O conteúdo dessas declarações não é um segredo. Todas são públicas. "Não dizemos aos colaboradores exatamente o que têm que fazer, quando têm que fazer nem como têm que fazer", diz o diretor Jim Weddle. "Em vez disso, garantimos que todos tenham um entendimento claro do que precisa ser realizado e de quais precisam ser os resultados ou produtos do trabalho de cada colaborador. Acreditamos que, dando as ferramentas, o treinamento e um entendimento claro do que precisa ser feito, bons profissionais terão sucesso." E completa: "Com a gestão baseada em responsabilidade, as decisões são tomadas pelos especialistas, pois eles é que fazem o trabalho. Assim, ficamos mais ágeis, mais capazes de tomar boas decisões com rapidez. Ficamos mais satisfeitos com nosso trabalho, pois assumimos a responsabilidade por ele".

Visão

O último aspecto da competência, a visão, trabalha a capacidade do líder de comunicar o caminho em que vai a empresa. Nós ficamos mais inspirados quando os colaboradores falam sobre os valores de sua organização (e do papel do líder na defesa desses valores) enquanto também falam sobre as prioridades imediatas da empresa. Os colaboradores se sentem embasados nos valores da empresa e motivados a conquistar as metas operacionais do momento.

As declarações de valores não são raras nas organizações. Aliás, arriscamos dizer que a *maioria* das empresas tem algo semelhante a declarações de valores que ajudam a descrever suas culturas e abordagens. Mas algo diferente ocorre nas melhores empresas: as pessoas entendem como os valores se manifestam no contexto do seu trabalho, um entendimento que nasce por causa de histórias, recompensas e porque os líderes inspiram determinados comportamentos. As lideranças usam os valores para explicar seus processos de tomada de decisão e recompensam os colaboradores por viverem os valores.

Na The J.M. Smucker Company, uma empresa de alimentos dos Estados Unidos, o treinamento em valores e cultura não é apenas para os recém-contratados. Um programa de treinamento específico, o "de volta às origens", serve de reciclagem para os colaboradores com cinco anos ou mais de experiência na Smucker. Como parte do programa, colaboradores mais graduados são incentivados a compartilhar "histórias tribais" sobre os valores e a filosofia da empresa em ação, de modo a transmitir lições importantes para a próxima geração. As histórias mantêm vivos aqueles momentos em que uma simples ação de um colaborador se transformou em algo excepcional e inspirador. Fornecer esses exemplos reais para os novos colaboradores ajuda a estabelecer uma ligação com a cultura e a tradição da Smucker.

Depois que os colaboradores desenvolvem um entendimento forte e completo dos valores da empresa e de como se aplicam ao trabalho da organização, eles têm a autonomia e a capacidade para agirem de acordo com esses valores. Nas lojas de alimentos Stew Leonard's, a política de autonomia influencia todas as ações da liderança. A autonomia é uma política simples, mas é a que dá mais orgulho aos membros da equipe. Na Stew Leonard's, todo mundo, do presidente à equipe dos carrinhos no estacionamento, tem a autonomia para fazer o que considerar necessário para garantir a satisfação do cliente. Responder perguntas dos clientes, substituir itens danificados, rejeitar entregas de mercadorias que não estão à altura dos padrões da empresa, enfim, todos os membros da equipe, sem exceção, têm a autoridade para tomar decisões em sua função sem solicitar a aprovação de instâncias superiores.

Visão significa que os colaboradores têm ajuda na hora de entender as prioridades mais táticas da organização, bem como sua função em realizá--las. A Whole Foods Market promove o "dias de visão", um evento anual e regional para a liderança, líderes de equipe e representantes dos membros de equipe de cada região. Os membros de equipe do ano são convidados, bem como os com muito tempo de casa e outros colaboradores reconhecidos em premiações. Os participantes do "dias de visão" revisam e reconhecem as conquistas do ano que passou, além de desenvolverem e chegarem a um acordo sobre a visão e as metas do próximo ano. Algumas regiões alternam seus "dias de visão" com um evento chamado "busca do futuro", um evento regional para definir metas de mais longo prazo.

A competência é fundamental para a credibilidade do líder. No entanto, é importante lembrar que não basta que você e a equipe de liderança sejam competentes. Você precisa *demonstrar* competência. Você distribui e coordena os recursos de maneira inteligente, envolvendo as pessoas quando possível e explicando suas decisões em detalhes. Você e seus gestores apoiam o pessoal sem cair na microgestão. E você sempre volta aos valores e visão da organização para ajudar a dar aos colaboradores uma ideia clara da direção em que estão avançando.

❖ Integridade

A integridade é tão essencial para a credibilidade quanto a comunicação de duas vias e a competência, mas é especialmente difícil de purificá-la a um conjunto de comportamento para os líderes. Mais do que os outros conceitos, a integridade é criada pela soma de todos os comportamentos do líder e por uma intuição sobre suas intenções. A ideia de cada colaborador sobre a integridade da empresa fica óbvia na resposta à pergunta: "Meus líderes são éticos e confiáveis?"

Quando se trata de integridade, os líderes nunca têm um caminho fácil pela frente. A ideia geral de que os líderes cumprem suas promessas e agem de modo coerente com suas palavras parece simples. Mas, muitas vezes, as promessas são implícitas. Enquanto líder, talvez você só perceba que fez uma promessa quando quebrá-la! Ou considere outro aspecto da integridade: a crença dos colaboradores de que os líderes só demitem colaboradores em última instância. As demissões têm consequências pessoais e emocionais tão fortes que pode ser difícil enxergar um motivo lógico por trás delas, mesmo quando são a última instância. Finalmente, a percepção de integridade é a ideia de que os líderes se comportam de uma maneira ética e honesta. Mais uma vez, é quase tudo uma questão de fé, ainda que uma fé baseada em experiências positivas e construtoras de confiança com o líder.

Como os líderes criam tais percepções? Além de serem impecáveis com a palavra e de aterem-se a um alto padrão ético de comportamento, os líderes ainda têm algumas opções ao seu dispor. Os grandes líderes criam a sensação de que um sistema de pesos e contrapesos avalia seu comportamento e respondem com *feedback*. Eles se esforçam ao máximo para garantir que as mensagens internas correspondem às externas. E eles nunca douram a pílula. Em nossas consultorias, muitas vezes tentamos convencer os líderes de uma coisa: "É impossível resolver com palavras uma situação que você criou com comportamentos". Os colaboradores precisam observar que o comportamento corresponde às palavras, às promessas ou a um padrão ético geral. E, muitas vezes, é preciso observar essas correspondências várias vezes até que um relacionamento de confiança seja estabelecido.

Confiabilidade

Nos melhores lugares para trabalhar, os líderes certificam-se de que quem eles são no mercado corresponde a quem eles são dentro da empresa, o que cria uma experiência coerente. E também se certificam de que as pessoas têm um canal para fazer perguntas ou comentários quando estão confusas sobre a integridade de uma decisão. Esses líderes garantem que suas palavras não são vazias, mas sempre apoiadas por comportamentos e decisões explícitos por parte da empresa. Os líderes garantem a correspondência entre o que a organização é e o que ela faz. Duas grandes empresas dão exemplos de como ser excelente nesse aspecto:

- O eBay usa *feedback* para criar uma comunidade dentro e fora da organização. Uma parte essencial de qualquer transação no *site* é a capacidade de oferecer *feedback* aos compradores e de disponibilizá-los para todos os outros membros da comunidade *on-line*. O processo fortalece a comunidade e permite que ela regule a si mesma. Não por acaso, os colaboradores da organização são estimulados a manterem a força de sua cultura interna por meio de *feedback* aberto e honesto. Os colaboradores são orientados pelos valores e principais comportamentos do eBay, e todos estão cientes da responsabilidade de dar e receber *feedback* quando tais valores e comportamentos não estão sendo respeitados. Os valores estão impressos nos crachás; os colaboradores sempre reportam-se a eles quando dizem aos colegas o que pensam sobre seus comportamentos. Apesar de não ser público, a expectativa, dentro do eBay, de que os colaboradores darão *feedback* uns aos outros se torna ainda mais forte e mais importante porque este é o mesmo processo que a empresa usa com sucesso no mercado.

- Os líderes da Starbucks estabeleceram um processo de revisão de missão para serem proativos e incentivarem os parceiros a declararem publicamente suas preocupações quando acreditam que os programas, políticas ou práticas da empresa são inconsistentes com a "Declaração de missão e princípios orientadores" da empresa ou mesmo quando querem apenas oferecer sugestões de como ela poderia melhorar. Os líderes recebem milhares de contatos de parceiros todos os anos, e todos recebem uma resposta pessoal de um especialista no assunto ou de um membro da equipe de revisão de missão.

Líderes confiáveis se comunicam com honestidade, mesmo quando as notícias são ruins. Eles também se esforçam bastante para manter seu pessoal empregado quando a empresa passa por maus momentos financeiros. Demissões são consideradas um último recurso, e os líderes trabalham junto com os colaboradores para evitá-las a qualquer custo. Como disse um gestor da SC Johnson: "Apesar dos meus novos colaboradores estarem aqui há um ano, eles ainda não estão bem integrados à empresa e vivem me pedindo para explicar a cultura. É muito difícil parar um instante e verbalizá-la. Os novos colaboradores vêm de empresas de capital aberto, nas quais, sempre que a economia entra em recessão, eles têm amigos que perdem seus empregos e nas quais há vários cortes. Eles ficam chocados com o tom dos gestores por aqui como, por exemplo, o de que estamos todos no mesmo barco, o de que temos que trabalhar mais, todo mundo, sem descanso. Não houve demissão. É isso que mostro e digo 'Essa é a cultura. Não posso descrever nada mais do que vocês estão vendo e vivenciando'. É muito interessante enxergar tudo isso pelos olhos deles, pois eu mesmo nunca trabalhei em outro lugar". Com esse nível de confiança no comprometimento dos líderes com a ideia de cuidar dos colaboradores, todos se sentem seguros e capazes de enfocar o esforço de superar a recessão; ninguém precisa se preocupar com a segurança do seu emprego ou com o trabalho adicional que precisará fazer quando um colega for demitido.

Honestidade

Os líderes de excelentes lugares para trabalhar são honestos, em alguns casos exigindo de si mesmos um padrão de honestidade que deixa as equipes de RP de cabelo em pé. Nos melhores lugares para trabalhar, os líderes contam toda a verdade, não apenas aquilo que é tecnicamente verdadeiro ou que não pode prejudicar a organização. A honestidade costuma ser testada quando a empresa se depara com um desafio. Por exemplo, quando os líderes da Nike enfrentaram a cobertura negativa da imprensa sobre práticas abusivas, trabalho infantil e salários irrisórios em algumas de suas fábricas terceirizadas, a empresa respondeu com relatórios públicos de responsabilidade social que incluíam uma lista completa de todas as fábricas terceirizadas que atendem a Nike. Hoje, a empresa se compromete com a melhoria das condições de trabalho nas fábricas e se dedica a produzir um impacto social e ambiental positivo.

Ou pense nas ações de Patrick Charmel, presidente do Griffin Hospital de Danbury, Connecticut. Nos últimos meses de 2001, o Griffin Hospital foi palco do quinto caso de morte por inalação de antraz nos Estados Unidos. Charmel recebeu muita pressão do FBI para não revelar a informação aos colaboradores, pois a agência estava preocupada com a possibilidade de o público descobrir o ocorrido. Mas Charmel decidiu compartilhar os detalhes do que acontecera com a equipe diurna. "Não tive dúvidas sobre minha decisão de contar aos colaboradores sobre o ocorrido, apesar de ter sido pessoalmente difícil, pois eu estava em conflito com gente do alto escalão do FBI. Eu nunca poderia violar ou arriscar o relacionamento de confiança que o Griffin e eu temos com nossos colaboradores e com a comunidade". Tanto na Nike quanto no Griffin, os líderes enfrentaram decisões difíceis, e o fato de as tomarem de um modo honesto e visível aumentou sua credibilidade junto aos colaboradores. Assim, honestidade e integridade são uma filosofia de liderança, e comportamentos observáveis nascem do compromisso com comportamentos honestos.

❖ Imperativos dos líderes

O fato de fazer sentido focar na credibilidade não significa que o trabalho seja fácil. Antes de encerrarmos a conversa sobre credibilidade, gostaríamos de lembrar seus deveres como líder e fornecer um *checklist* de comportamentos para gestores. Ao trabalhar com credibilidade, lembre-se:

Função antes da forma

Recomendamos que as equipes da liderança reflitam bastante sobre si mesmas antes de tentarem melhorar os relacionamentos dentro da organização. Você e a equipe precisam ser capazes de articular para aonde a empresa está indo e como chegar lá. Você precisa ter certeza de que os recursos estão sendo alocados de maneira apropriada, precisa investigar as promessas implícitas e explícitas feitas aos colaboradores e garantir que estão sendo cumpridas. Depois de confirmar esses elementos básicos, você pode começar a se comunicar abertamente com os colaboradores e garantir que está *demonstrando* sua competência e integridade. Até então, todo e qualquer esforço em termos de relacionamentos entre líderes e colaboradores não passa de "enrolação". Direção estratégica legítima, conhecimento de causa e integridade são pré-requisitos para construir a credibilidade dos líderes em sua organização.

Prepare-se para a persistência

A partir do momento que você começa a demonstrar credibilidade haverá um tempo até aparecerem os benefícios resultantes. Prepare-se. A maioria das organizações exige resultados de curto prazo para justificar os recursos que você utiliza, mas a credibilidade é um investimento de longo prazo. Quanto maior a visibilidade dos líderes e quanto mais eles cumprem as promessas comunicadas e demonstram sua competência, mais as pessoas respondem. Mas nada disso acontece da noite para o dia. Criar credibilidade exige comprometimento e persistência.

Comece pelo topo

Antes de começar a construir credibilidade, pense um pouco sobre a alta liderança. Em nossas consultorias, perguntamos aos líderes coisas como "vocês confiam uns nos outros?", ou seja, "vocês acreditam que os outros membros de sua equipe de liderança têm credibilidade e são respeitosos e imparciais?" Embora as perguntas sobre a dinâmica de equipe da alta liderança possam parecer irrelevantes para o colaborador médio, você ficaria surpreso com quanto este sabe sobre o alto escalão. Problemas de alinhamento estratégico ou de valores na alta liderança resultam em mensagens confusas e pouco confiáveis aos colaboradores. Recomendamos que você gaste algum tempo determinando em que pontos sua experiência de equipe é positiva e negativa e dê passos coletivos para criar um excelente ambiente de trabalho em equipe com o qual possa aprender e para o qual possa servir de exemplo. As percepções sobre sua credibilidade ficarão muito melhores quando sua experiência de trabalho em equipe e seus esforços estiverem alinhados com as ações executadas em nível organizacional.

A responsabilidade não passa daqui

Na maioria das equipes de liderança, há uma pessoa que assume a responsabilidade. Se uma decisão sobre finanças está em jogo, todos podem dar sua opinião, mas é o CFO que assume a responsabilidade. Se uma nova campanha publicitária está sendo lançada, o diretor de *marketing* tem as cartas na mão, mas todos são responsáveis pela credibilidade. Devido à estrutura especial de tomada de decisão nas equipes mais graduadas, duas situações são muito comuns. A primeira é que o RH acaba sendo responsável pela credibilidade. Como vimos anteriormente, a credibilidade não pode ser construída apenas com um programa ou com uma política de pessoal. É possível lançar programas para criar um ambiente de trabalho melhor, mas ele só é bem-sucedido se *todo mundo* se engaja e participa do projeto. A segunda situação é que ninguém fica responsável. Como a credibilidade não se encaixa perfeitamente com a função de ninguém, ninguém defende o conceito nas reuniões, e a cultura de credibilidade, quando sobrevive, evolui independente de questões com relevância estratégica. Nas duas situações, todos os esforços de criar um excelente lugar para trabalhar caem por terra. Antes de se envolver com o trabalho de construir credibilidade, avalie a dinâmica da equipe de liderança e entenda como garantir que o modo de trabalho construirá confiança, independente das decisões do momento.

Dê o exemplo

Os gestores cujos líderes se envolvem em comunicações de duas vias têm maior probabilidade de se comunicarem com o próprio pessoal. Os gestores logo enxergam o benefício dessa atitude e compreendem melhor como executar a comunicação de duas vias dentro da organização. Do mesmo modo, quando os gestores sentem que seu potencial está sendo utilizado ao máximo, aumenta a probabilidade de eles tentarem utilizar todo o potencial de seu pessoal, e assim por diante. Nas melhores empresas, os líderes não pedem que ninguém faça algo que eles mesmos não fariam; às vezes, eles levam suas ações ao extremo para sinalizar sua importância para a empresa. Ray Davis, o CEO do Umpqua Bank, considera que seu trabalho é ser acessível ao pessoal. Ele promete responder os *e-mails* de colaboradores no mesmo dia em que são enviados e realiza reuniões externas importantes com as portas abertas, interrompendo-as quando vê que um colaborador quer falar ele. Davis também está disponível por meio de um telefone prateado (um aparelho fica na recepção de cada agência) que oferece uma linha direta com o CEO. Qualquer pergunta, seja ela de um cliente ou de um colaborador, é aceitável e incentivada. Um gestor Umpqua Bank tem muito mais dificuldade de evitar as perguntas dos colaboradores quando o CEO responde a todas até o final do dia.

Seja previsível

Quando os colaboradores sabem por que você age de determinada maneira e entendem como sua perspectiva leva ao sucesso nos negócios, melhora a produtividade individual dos membros da equipe. Quanto mais previsível você é, menos tempo os colaboradores passam tentando prever suas decisões ou reações às decisões deles, e mais trabalho é realizado. Pense em um grupo de diretores com o qual nos reunimos antes de eles trabalharem com seus chefes, ou seja, com a direção da empresa. Os diretores deram vários exemplos da dificuldade de trabalhar com a equipe sênior, pois ela precisava aprovar quase todas as decisões dos diretores e suas opiniões eram absolutamente imprevisíveis. Algo que era uma boa ideia ontem, talvez não fosse mais hoje. As opiniões da alta liderança sobre o que levaria ao sucesso pareciam reações aos números do dia anterior, não uma direção clara ou um conjunto de valores estáveis. Além de prejudicar as percepções sobre a própria credibilidade, a alta liderança também estava causando um impacto negativo na produtividade dos diretores. Previsibilidade pode parecer sinônimo de chatice, mas, na verdade, ela permite que os colaboradores façam o bom trabalho que levará sua empresa ao sucesso. A produtividade individual melhora quando os líderes demonstram que têm credibilidade.

❖ *Check-list* de atitudes de credibilidade

Como foi enfatizado, produzir confiança, de maneira geral, e credibilidade, em particular, é um processo demorado. É fundamental: promover comunicações regulares, demonstrar competência e agir de modo íntegro e confiável. Os comportamentos a seguir também são essenciais:

Comunicação de duas vias
- Acolher e responder ativamente as perguntas da equipe.
- Compartilhar livremente informações com as pessoas para ajudá-las a fazerem seu trabalho.
- Dar uma ideia clara do que se espera de cada um.

- Fazer um esforço para falar de modo informal com as pessoas todos os dias.
- Compartilhar regularmente informações sobre o setor, operações e finanças.
- Quando comunicar informações gerais sobre o setor ou a empresa às pessoas, também explicar o significado desses fatos.

Competência

- Estar ciente das habilidades e das capacidades das pessoas que trabalham no departamento e grupo de trabalho e garantir que elas tenham missões desafiadoras e cargas de trabalho razoáveis.
- Responsabilizar as pessoas pela qualidade do seu trabalho.
- Deixar as pessoas do departamento trabalharem sem microgestão.
- Tomar decisões rápidas.
- Compartilhar abertamente sua visão do futuro e sugerir maneiras de alcançar metas em conjunto.
- Tentar distribuir responsabilidades significativas, não triviais.
- Compreender a missão, a visão e os valores da organização e usar essas informações para tomar e comunicar decisões.
- Tomar o cuidado de contratar pessoas que são qualificadas e se encaixam bem na cultura organizacional.

Integridade

- Cumprir promessas, tanto as grandes quanto as pequenas.
- Atualizar as pessoas sobre o progresso de decisões e planos de ação.
- Ser um exemplo do comportamento esperado das pessoas em nossa organização.
- Administrar o departamento de modo justo e imparcial e tentar atenuar quaisquer consequências negativas das decisões que precisam ser tomadas.
- Sempre tentar garantir que o que faz é coerente com o que diz.
- Ter ações coerentes com os valores da organização e com suas próprias declarações públicas.

Estudo de caso

PricewaterhouseCoopers LLP: inspirando excelência

Resumo

- Serviços profissionais.
- Sediada na cidade de Nova York.
- Fundada em 1865.
- Capital fechado e 2.200 sócios.
- Com 29 mil colaboradores nos Estados Unidos e 160 mil em escritórios ao redor do mundo.
- Presente na lista dos Estados Unidos desde 2005; reconhecida internacionalmente 20 vezes.

A PricewaterhouseCoopers (PwC) é uma empresa de gente de sucesso. Ela contrata os melhores e os mais inteligentes. O presidente e sócio sênior, Bob Moritz, admite, sem hesitar, o desejo de que parte de seu legado seja "uma empresa que nossos clientes buscam regularmente, muito mais do que buscam a concorrência". Muitos dos colaboradores que entrevistamos também têm orgulho da posição da PwC no mercado. Um deles nos disse: "Quando conto que trabalho aqui, todo mundo sabe imediatamente onde trabalho. Eu vejo a reação positiva no rosto das pessoas. É um reflexo do respeito pela marca. Tenho muito orgulho de estar associado a ela". Em uma cultura tão orientada a resultados, seria de esperar uma competição interna acirrada e um foco exclusivo nos lucros. Mas na PwC não é assim.

Por trás da corrida por resultados, a cultura da PwC está baseada em valores e comportamentos. Valores fortes e comportamentos basilares são o modo como os colaboradores sabem para aonde a empresa está indo e como todos chegarão lá. A PwC é uma cultura de trabalho em equipe e colaboração, de propriedade e responsabilidade e de relacionamentos. Sim, eles são competitivos, mas os líderes da PwC também se importam com o modo como competem. As pessoas se importam umas com as outras, com seus clientes e com a comunidade. Os líderes comunicam mensagens coerentes aos colaboradores. Os membros da equipe cooperam uns com os outros e criam laços fortes apesar da composição das equipes mudar bastante. O próprio Moritz posiciona seu legado como um esforço de toda a equipe PwC. Ele fez questão de dizer: "Não sou eu. É a equipe de liderança, ou os sócios. Sou apenas parte do conjunto". E ele continua: "Os nossos sócios estão bastante envolvidos. A cultura e as pessoas são responsabilidade de todos. Não podemos ser apenas sócios.

Se você analisar nosso modelo de negócios, vai ver que a maior parte das interações dos colaboradores durante os primeiros anos não é necessariamente com o sócio, mas com seu supervisor imediato. Então, se o sócio está fazendo tudo certo, mas o supervisor não está engajado, aquela pessoa vai embora".

Os valores e comportamentos basilares também transparecem na experiência dos colaboradores, pois eles sempre mencionam excelência e esforço quando falam em confiança e trabalho em equipe. "Temos uma cultura muito centrada na equipe", diz um colaborador. "Quando todos compartilham um objetivo comum enquanto equipe, você forma laços com as pessoas. Quem só pensa em trabalho e mais nada não tem sucesso por aqui. Mas quando as pessoas se conectam umas às outras enquanto indivíduos, quando dão bola umas para as outras e se tornam parte da equipe, quando não estão apenas correndo atrás de um prazo, quando tentam conhecer umas às outras e ajudar quem está por baixo, elas tem sucesso aqui na empresa. Como eu descreveria meu relacionamento com meus colegas de trabalho? Eles são meus amigos".

Quando analisamos as conquistas da PwC, enxergamos todos os comportamentos (investir em relacionamentos, compartilhar e colaborar, colocar-se no lugar dos outros e agregar valor) e os motivos pelos quais seus colaboradores têm orgulho de seu lugar no mercado e da cultura que os líderes ajudaram a criar:

- A iniciativa "conectividade dos sócios" pede que cada sócio da PwC, incluindo os seniores, adotem até 15 colaboradores para conhecê-los pessoal e profissionalmente, incluindo suas famílias, suas metas pessoais, seus hobbies e seus interesses. Não se trata apenas de *coaching*, mas de construir relacionamentos e estabelecer laços uns com os outros.
- Os comportamentos da PwC são integrados ao desenvolvimento e *coaching* de desempenho. Por exemplo, durante todo o ano, todos os colaboradores recebem *feedback* verbal e por escrito com base em seu desempenho nas equipes de atendimento ao cliente. O *feedback* é estruturado de modo a incluir observações específicas sobre os comportamentos da PwC, incluindo pontos fortes e áreas que precisam de melhoria. Os colaboradores se reúnem com seu *coach* todo trimestre para revisar o *feedback* e identificar maneiras de aperfeiçoar os pontos fortes e crescer profissionalmente.
- As comunicações da empresa, das mensagens gerais de Bob Moritz aos informes para mercados locais e equipes específicas, enfatizam os comportamentos da PwC e tentam usar exemplos inspiradores para dar vida a esses valores. As reuniões gerais e de equipe incluem debates e enfatizam o uso de narrativas e diálogos sobre os comportamentos da PwC.

- O reconhecimento dos colaboradores está alinhado com comportamentos, das bonificações ocasionais ao programa nacional Chairman's Award, que destaca exemplos de indivíduos e equipes que vivenciaram os comportamentos da PwC para prestar serviços excepcionais aos clientes. Os vencedores ganham reconhecimento nacional e local enquanto fontes de inspiração.
- Mesmo os "detalhezinhos" reforçam os comportamentos. O cabeçalho de e-mail da PwC inclui ícones que refletem os valores e comportamentos da empresa. Todos os sócios e membros da equipe podem escolher uma entre várias novas opções de cabeçalho e assinatura, incluindo o cabeçalho Inspire e várias mensagens de assinatura "verdes", que são ecologicamente corretas. É uma maneira pequena, mas muito poderosa, de sempre lembrar a si mesmo e a todos com quem o pessoal da PwC se comunica, dentro e fora da empresa, o que ela representa e como todos inspiram uns aos outros.
- Inspirada pelas palavras do Dr. Martin Luther King, a PwC acredita que os esforços em torno de direitos humanos básicos nunca podem tirar folga. Assim, a empresa considera o aniversário do Dr. King, feriado nacional nos Estados Unidos, um dia de trabalho. Um dia para todos agirem e reconhecerem que o progresso é sua responsabilidade. Por exemplo, nesse dia, em vários escritórios da empresa, a PwC recebe estudantes talentosos do ensino médio de mercados locais e apresenta o amplo conjunto de oportunidades de carreira disponíveis, não apenas em serviços profissionais, mas no mundo dos negócios em geral.

A PwC é uma cultura vencedora, mas ela se importa com a maneira como vence. Para vencer, a PwC se conecta com outras pessoas e organizações, se coloca no lugar do cliente e usa o trabalho em equipe para agregar valor. A consistência da liderança da PwC informa a equipe sobre a direção da organização e inspira confiança em todos os níveis.

Estudo de caso

Google: encontrando *googlers* em um palheiro gigante

Resumo

- Tecnologia da informação: busca.
- Sediada em Mountain View, Califórnia.
- Constituída em 1998 por Larry Page e Sergey Brin.
- Capital aberto, ações negociadas com o símbolo GOOG
- Com 20 mil colaboradores em 60 escritórios em 20 países.
- Presente na lista dos Estados Unidos desde 2007; reconhecida internacionalmente 35 vezes.

Quando as pessoas pensam sobre o local de trabalho do Google, elas pensam nas histórias sobre o Googleplex e os benefícios dos colaboradores. Os *googlers* (colaboradores do Google) não diminuem a importância das regalias, mas são os primeiros a dizer que a cultura e os sucessos da empresa não têm nada a ver com essas vantagens. Claire Johnson, vice-presidente de vendas *on-line* globais, diz: "A melhor coisa em trabalhar no Google é poder conhecer e me conectar com equipes talentosas ao redor do mundo. Não importa se estão em Mountain View ou em Dublin ou São Paulo, é óbvio que ter pessoas excelentes e uma missão comum é o segredo de se atrair outras pessoas motivadas e talentosas e do sucesso da nossa missão".

Quando uma empresa cresce como o Google (em 2008, a organização informava que a receita tinha crescimento anual de 31%), a contratação e o treinamento de novos colaboradores torna-se essencial para manter a cultura da organização e seu *status* de empregador desejado. Ainda que o ambiente de trabalho especial atraia colaboradores potenciais, um dos maiores atrativos de todos é a possibilidade de trabalhar ao lado de pessoas espertas, interessantes e de sucesso. Segundo um colaborador: "Esse é o grupo mais inteligente com o qual já convivi desde que era estudante de pós-graduação no departamento de matemática de Stanford. O pessoal aqui tem uma inteligência bastante ampla. Eles sabem muitas e muitas coisas diferentes. Não são apenas grandes engenheiros. Alguns gostam de yôga, outros gostam disso, outros gostam daquilo. Se faço uma pergunta no Google Miscellaneous sobre qualquer assunto, recebo três respostas até o fim do dia. A empresa concentra uma quantidade enorme de inteligência, o que é muito divertido".

É divertido, mas também é um negócio. A cultura empreendedora do Google funciona porque a empresa contrata os melhores e dá autonomia para todos. "Todos têm a mesma voz na mesa de reunião. Tudo se baseia no poder da sua ideia, não em quanto tempo você tem de casa ou no seu cargo ou em sei lá o quê", diz um colaborador com anos de experiência na empresa. "Na minha primeira semana, fiquei chocado quando descobri que a gerente do produto no qual eu estava trabalhando era recém-formada. Ela estava tomando decisões sobre atrasar o produto. Em todas as outras empresas nas quais eu trabalhara, seria preciso passar por três níveis de vice-presidência antes de atrasar o cronograma. O nível de autonomia é incrível".

O processo de contratação do Google encontra pessoas que, além de serem brilhantes, estão equipadas para trabalhar dentro da cultura heterodoxa da empresa. Alguns dos principais aspectos desse processo de contratação são:

- Um sistema de candidatura *on-line* que analisa milhões de currículos recebidos para identificar aqueles com potencial. A abordagem científica e baseada em dados do Google ao processo de filtragem ajuda a empresa a identificar os candidatos com a maior probabilidade de terem bom desempenho e a canalizar os candidatos para as áreas funcionais mais adequadas.
- Além de avaliar as habilidades do candidato e sua adequação à função, o processo também avalia sua capacidade de trabalhar dentro da cultura da empresa. Os candidatos são avaliados na sua capacidade de trabalhar em uma organização plana e em equipes pequenas e na de responder a um ambiente rápido e que não para de mudar. Os candidatos de sucesso são apaixonados, estão dispostos a atacar problemas com estilo e criatividade e têm um forte entusiasmo pelo desafio de tornar o mundo um lugar melhor em vez de fazer o mal. Uma pessoa Google é ética, se comunica abertamente e sabe ser séria sem estar de terno e gravata.
- Sempre orientado a dados, o Google busca fazer da experiência de se candidatar a vagas algo positivo para os candidatos. Para tanto, a empresa usa uma pesquisa chamada VoxPop, uma abreviação da expressão latina *vox populi*. A organização que faz o recrutamento usa o *feedback* dessa pesquisa para melhorar a experiência dos candidatos e oferecer mais treinamento aos entrevistadores e recrutadores.
- No entanto, não seria o Google se o processo de contratação também não fosse divertido. A empresa procura estudantes universitários por meio de um concurso chamado Google Code Jam, no qual programadores globais competem entre si para resolverem desafios de programação complexos em prazos apertados. Nem todos os participantes estão atrás de um emprego no Google (mas vários estão), e os 25 melhores visitam a sede do Google em Mountain View e participam de uma última rodada. Desse modo, além do Google se manter a par das criações dos programadores mais talentosos do mundo, a empresa também usa um programa exclusivo pra formar um banco de currículos cheios de potencial.

Os líderes do Google sabem que investir tempo e trabalho na contratação das pessoas certas compensa de várias maneiras diferentes. É claro que a boa contratação sempre traz gente boa que pode contribuir para o sucesso presente e futuro da empresa. Mas o Google também sabe que contratar as pessoas certas, com diversas habilidades diferentes, é o que preserva o sucesso no mundo mutante da tecnologia. Um colaborador resumiu muito bem a filosofia do Google na área de contratação: "Não procuramos muita experiência, pois nunca estamos atrás da peça certa para encaixar em um quebra-cabeça. Não estamos atrás de um *interbases* para o time de beisebol. Estamos atrás de gente com habilidades atléticas, com bons pulmões e com coordenação motora, pois, na maioria das vezes, vamos pedir que joguem um esporte que ainda não foi inventado. Já vi gente ser contratada para trabalhar em anúncios e, de repente, quem imaginaria que entraríamos num negócio diferente? É preciso ser versátil. Você só pode contratar generalistas com algumas habilidades ou atributos. Estamos atrás de inteligência e de esperteza, em um nível bastante amplo, de curiosidade e de um conjunto bastante amplo de interesses. Se você aparece e diz que é campeão mundial de origami ou campeão mundial de aeróbica, isso é muito importante, pois mostra que é bom em alguma coisa e que tem paixão e intensidade".

Nem todo mundo pode trabalhar no Google, mas muita gente quer. Os líderes do Google sabem que prestar atenção na contratação ajuda o sucesso da empresa e preserva seu título de uma das melhores empresas para trabalhar.

Capítulo 3

Respeito

"A organização me valoriza"

> Nem todas as minhas sugestões foram implementadas, mas sempre senti que fui ouvida e que tenho autonomia para dar minha opinião. Aliás, eu basicamente criei meu cargo atual e o anterior porque vi uma questão que precisava ser trabalhada. Nas duas vezes, um departamento que ainda existe nasceu por causa disso.
>
> — Colaboradora da SAS

...

Visite o *site* de qualquer empresa e procure a seção "valores". Você com certeza verá "respeito" na lista. Mas, se parar e ler o que alguns escrevem sobre respeito, logo encontrará muita variação na definição dada pelas equipes de gestão. Por exemplo, uma empresa define o valor como "nos comunicamos com respeito mútuo e reconhecemo-nos como membros importantes da equipe, independente de cargo ou profissão". Outra diz que "todos os colaboradores merecem ser tratados com respeito e devem tratar os outros da mesma maneira. A empresa está comprometida com a criação de um ambiente de trabalho baseado em respeito mútuo e dignidade". Tudo isso diz muito, mas também não diz nada.

A maioria das organizações entende que criar um ambiente de trabalho respeitoso e responsabilizar os indivíduos pela manutenção de tal ambiente é necessário para a rentabilidade da empresa. Quando estabelecem um ambiente de respeito, as organizações conquistam melhor o comprometimento dos colaboradores com a tarefa ou com o trabalho em equipe em um projeto. Logo, não é surpresa que as organizações falem muito sobre locais de trabalho respeitosos e aspirem tanto a criá-los.

Mas nos melhores lugares para trabalhar, o respeito é mais do que um pré-requisito. Se você quer saber quais áreas de uma organização que *realmente* sinalizam respeito, a citação de uma colaboradora da SAS no começo deste capítulo é um bom lugar para começar. O comentário daquela colaboradora mostra como o respeito se manifesta nos melhores locais de trabalho. Primeiro, respeito não significa sempre fazer tudo do seu jeito, mas significa ter suas ideias e necessidades reconhecidas e consideradas. Mesmo quando a colaboradora não consegue o que deseja, ela sabe que pelo menos foi ouvida, o que promove um espírito de cooperação e colaboração. Segundo, a colaboradora tem a autonomia necessária para correr riscos, inovar e criar em nome da empresa. Ela tem a capacidade de fazer opções e de se envolver com um trabalho que tem valor. O resultado é que ela foi capaz de se estender, de crescer e se desenvolver profissionalmente e de agregar um valor significativo à organização.

O verdadeiro respeito, aquele do tipo descrito pela colaboradora da SAS, é essencial. E ele também é o segundo dos três pilares da confiança que apresentamos no Capítulo 1. Sem respeito, é impossível ter confiança; sem confiança, é impossível ter um excelente local de trabalho. Os líderes dão o tom de como os colaboradores e suas contribuições são percebidas, o que é a essência do respeito. Os melhores locais de trabalho, mais do que ver o cargo específico de um colaborador, valorizam as necessidades deles, considerando o "indivíduo inteiro". Um local de trabalho respeitoso exige que os líderes demonstrem interesse sincero pelos trabalhadores como indivíduos, não apenas como colaboradores. Por exemplo, talvez possa se agradecer ao colaborador por um trabalho bem feito – do modo como *ele* mais valoriza ser apreciado.

Como líder, seu desafio é pôr em prática o que é e o que não é respeito no local de trabalho e, então, começar a remover obstáculos e alavancar as oportunidades existentes para criar um ambiente respeitoso. O objetivo deste capítulo é levá-lo da ideia geral de "respeito" até o modo como ele opera nas melhores empresas e mostrar como influenciar o desenvolvimento do respeito dentro da sua organização. O respeito não é algo "legal"; é uma necessidade absoluta no ambiente de negócios contemporâneo.

É fácil pensar em um gestor que é competente como negociador, mas não tem empatia ou a capacidade de trabalhar com outras pessoas. Provavelmente, também conseguimos pensar em um gestor muito simpático que não saiba administrar a empresa. O sucesso gerencial depende de ser habilidoso dos dois lados. Uma colaboradora de um de nossos clientes contou que, em um antigo empregador, ela tinha medo de sair da cama de manhã e sempre chegava ao estacionamento da empresa com uma enxaqueca fenomenal. Ela sentia que a empresa sempre queria que ela fracassasse e que o gestor não dava importância para o seu sucesso. Conseguir que o gestor autorizasse o treinamento necessário para ela completar o trabalho era dificílimo; ele transferia as responsabilidades dela sem avisar ou sem pedir sua opinião. Ele nunca disse "oi", quanto mais perguntou como ela estava. E ela trabalhava com atendimento ao cliente. A colaboradora era profundamente infeliz. Imagine como os clientes se sentiam.

Por outro lado, garantir que os colaboradores recebam todo o treinamento necessário e envolvê-los em decisões que impactam seu trabalho cria, ao mesmo tempo, competência e comprometimento. Como clientes, sempre gostamos quando a pessoa com quem estamos interagindo pareça competente e disposta a nos auxiliar. Empresas como a Nordstrom e a Four Seasons são famosas pelo nível exemplar de atendimento ao cliente. Ambas são excelentes lugares para trabalhar. Não é coincidência; dentro delas, os gerentes se esforçam para demonstrar um alto nível de respeito pelo pessoal, que, por sua vez, entende o que significa demonstrar respeito pelos clientes. A FedEx resume isso muito bem com sua filosofia "Pessoas, Serviço, Lucro". Cuide dos seus colaboradores e eles vão prestar serviços excelentes para os clientes, o que gerará bons lucros. Para que isso se transforme em um círculo virtuoso, é necessário que os gestores demonstrem um respeito sincero pela equipe.

No entanto, o respeito tem outros impactos, além da satisfação do cliente. A criatividade e a inovação se expandem e prosperam quando as pessoas têm um envolvimento ativo com *brainstorming*, pensando em conjunto e tomando decisões, e quando são responsáveis por dar seguimento às suas ideias. Quando as pessoas sabem que podem correr riscos calculados em nome do negócio e que o gestor vai apoiá-las mesmo quando cometerem um erro honesto, a inovação aumenta ainda mais. E os benefícios do respeito não param por aí. O envolvimento dos colaboradores com o processo de tomada de decisões aumenta o entendimento sobre as decisões e ajuda a equipe a entender melhor as responsabilidades decisórias dos gestores. Os colaboradores desenvolvem uma sensação mais plena de propriedade em relação ao trabalho e de responsabilidade pela implementação de sucessos das mudanças, pois agora participam das decisões sobre como realizar o trabalho.

Todos esses benefícios são importantes. Demonstrar respeito pelos colaboradores produz dividendos para o líder, pois ele se beneficia de uma equipe mais alinhada, conectada, engajada e comprometida.

Há três aspectos principais que afetam a percepção dos colaboradores quanto ao respeito na organização. A primeira é o apoio. O apoio se manifesta no modo como os gestores apoiam o valor profissional dos indivíduos, oferecendo treinamento e capacitação profissional e garantindo que todos tenham os recursos necessários para fazer seu trabalho. O apoio também assume a forma de apreciar os esforços adicionais dos colaboradores e de reconhecer suas conquistas. O segundo aspecto é a colaboração ou o envolvimento em decisões que impactam o trabalho dos colaboradores. E o terceiro é a sensação de que os líderes realmente se preocupam com os colaboradores. Vamos explorar em mais detalhes as ideias de apoio, colaboração e preocupação.

❖ Apoio

Nas melhores empresas, o apoio normalmente se concentra em garantir que os colaboradores tenham oportunidades para crescer e se desenvolver, que tenham os recursos necessários para realizarem seu trabalho, que suas contribuições sejam reconhecidas e apreciadas e que erros honestos não sejam usados contra eles. Quando falamos com os colaboradores dos melhores lugares para trabalhar, eles dizem coisas como:

- Os donos são bastante envolvidos, muito mais do que em qualquer outra empresa em que já trabalhei. Eles se esforçam bastante para mostrar que prezam os colaboradores e contribuem com os colaboradores e com a comunidade.
- Sinto que a empresa realmente se preocupa com os colaboradores e reconhece seus esforços.
- Recebo os recursos antes mesmo de saber que vou precisá-los. Eles nos preparam para ter sucesso.

Apoiando o valor profissional

Com nossos clientes de consultoria, falamos muito sobre "preparar as pessoas para o sucesso". Para tanto, os gestores podem escolher dois modos fundamentais: (1) realizar uma reflexão abrangente sobre o tipo de desenvolvimento que a pessoa precisa e (2) dar as ferramentas, os equipamentos e outros materiais que a pessoa precisa para completar as tarefas que lhe foram alocadas ou conquistar as metas escolhidas. Quando os gestores trabalham dessa maneira, aumenta a probabilidade dos colaboradores sentirem que seu trabalho tem significado e suas contribuições profissionais são valorizadas.

Gestores de todos os níveis compreendem o valor de treinar e capacitar seu pessoal. Na maioria das organizações para as quais prestamos consultoria, o foco está em treinar os colaboradores para realizar um trabalho, uma tarefa ou atender a um requisito de projeto específico. Nos melhores locais de trabalho, esses elementos básicos são cobertos, mas os gestores também apoiam o desenvolvimento da carreira de seus colaboradores. Eles compreendem que, com o crescimento do negócio, vão precisar de colaboradores prontos para fazer o trabalho de amanhã, o que é muito melhor do que tentar desenvolver as habilidades necessárias de improviso, contratar gente de fora ou, simplesmente, perder uma oportunidade de mercado. O melhor é compreender as esperanças, os talentos e os sonhos dos membros da equipe e, então, trabalhar ativamente para alinhar esses interesses com as necessidades de negócios futuros. Os gestores podem utilizar uma ampla gama de atividades para apoiar esse tipo de desenvolvimento, incluindo aulas externas e programas acadêmicos, conferências profissionais, programas *on-line*, *coaching*, *mentoring*, certificação e estágios internos e externos.

Alguns exemplos desses programas na prática:

- Durante seu segundo mês na Microsoft, os colaboradores participam de um segundo curso de orientação no qual conversam sobre suas experiências até então, realizam uma revisão financeira e passam por um processo de gestão de talentos. O curso, junto com uma entrevista, tenta ajudar os recém-contratados a compreenderem seu ritmo de aprendizagem, a estrutura do negócio, os processos de análise de desempenho e as oportunidades de plano de carreira. O curso ajuda-os a contextualizar quaisquer altos e baixos emocionais pelos quais podem estar passando.
- O programa "de enfermeira prática licenciada a enfermeira registrada" foi criado e implementado pela primeira vez no Scripps Memorial Hospital na cidade de Encinitas. Ele permite que os colaboradores completem módulos de autoestudo para obter diplomas de enfermagem, ao mesmo tempo em que trabalham meio turno ou turno integral na organização. O programa evoluiu e hoje oferece uma abordagem sistêmica, com foco especial em educação clínica, que inclui programas de reembolso de

mensalidades, bolsas de estudo, parcerias com faculdades locais e programas de empréstimo, para ajudar os membros da equipe Scripps a se tornarem enfermeiros, profissionais de saúde em geral ou a exercerem outras atividades nas quais há escassez de mão de obra. Por exemplo, o programa de bolsas Scripps Clinical Education Loan Scholarship oferece auxílio financeiro aos colaboradores em troca de dois anos de serviço em cargos difíceis de preencher. O programa de cada local apoia uma filosofia de "criar os nossos próprios" talentos e oferece aos colaboradores as oportunidades acadêmicas que precisam para crescer na profissão. A ideia beneficia a Scripps e os colaboradores ao mesmo tempo.

Essas empresas sugerem várias ideias específicas, mas ainda há mais. Já vimos gestores indo além do que a empresa ou comunidade local disponibiliza. Eles conversam pessoalmente com os colaboradores sobre seus sonhos e planos de carreira, analisam as atividades de aprendizagem do processo de treinamento e ajudam os membros da equipe a aplicar seus novos *insights* aos desafios.

Os gestores podem ser proativos e procurar oportunidades para que os colaboradores apliquem suas novas habilidades, desenvolvam suas carreiras e busquem promoções. Na W. L. Gore & Associates, parte da função dos patrocinadores (a Gore não tem chefes nem gestores) é analisar as vagas internas para colaboradores e sugerir novas oportunidades. Os gestores podem realizar programas do tipo "almoce e aprenda", nos quais os membros da equipe leem um artigo ou livro relevante e conversam sobre suas consequências para um projeto ou uma equipe. Mas por trás de todas essas maneiras criativas de apoiar as carreiras dos colaboradores está o fato de que, além de implementar práticas apoiadoras, os gestores dedicam seu próprio tempo e energia ao sucesso dessas práticas.

Um colaborador da Gore (vamos chamá-lo de John) dá um exemplo incrível do que pode acontecer quando os gestores observam uma capacidade de liderança natural em funcionários do baixo escalão e ajudam a transformar essa habilidade em um cargo formal. John é um cara humilde e inteligente que se tornou um líder e uma pessoa de confiança em seu período na Gore. Desde que entrou para a empresa, John aprendeu algumas lições valiosas sobre como ser um líder. Ele conta uma lição importante que descobriu sobre apoiar o crescimento alheio:

> Quando comecei, eu atuava na manutenção. Minha rotina era limpar e manter tudo arrumadinho. Eu trabalhava durante a folga dos outros. Tinha

um líder na minha área que sempre dizia: "A produção é onde você quer estar. Depois de terminar o trabalho, quando tiver um tempo livre, passe no chão de fábrica e faça uma amizade. Veja como a coisa funciona. Observe os processos na prática". E eu fazia isso. Encontrei uma amiga que trabalhava com produção. Quando eu terminava de limpar, ia para lá sem fazer nada, conversava e olhava-os trabalhando. Um dia, ela me colocou para trabalhar. Ela disse: "Se vai ficar aí parado conversando comigo, melhor trabalhar com esse equipamento!" Isso era antes dos computadores, então ela me fez assinar a papelada e tudo mais. Um dia eles fizeram uma reunião operacional e alguém perguntou: "Quem é JJ? A gente vive recebendo essa papelada assinada JJ, mas não tem ninguém na produção com esse nome!" No final, vieram me procurar e disseram: "Podemos conversar? Temos alguns equipamentos sendo trabalhados por um JJ e você é o único JJ que conhecemos". Expliquei o que acontecera, sobre como recebera a oportunidade de trabalhar. Mais tarde, quando abriram algumas vagas para a produção, o líder me procurou e disse: "Você vai se candidatar, certo?" Conversamos um tempão e eu finalmente me candidatei. E ganhei o emprego. Fiquei na manutenção por uns dois anos e agora trabalho com produção na área de tecidos há 19. É ótimo quando as pessoas olham para você e enxergam alguma coisa, quando dão uma chance e apontam para o caminho certo. É ótimo.

John não tem um papel passivo nessa história. Apoiar o desenvolvimento dos colaboradores não significa entregar a próxima promoção de mão beijada, mas realmente apoiar os colaboradores em seu *próprio* crescimento e desenvolvimento. No exemplo, John estabeleceu relacionamentos com outras pessoas e continuou aberto à aprendizagem, a ajustes e ao crescimento. Mas ele tinha o apoio da liderança, que estava ciente da sua trajetória na hora de preencher uma nova vaga. Nas melhores empresas, a história de John não tem nada de especial. Os líderes dos melhores lugares para trabalhar antecipam oportunidades para o seu pessoal. Eles compreendem que cultivar os colaboradores significa cultivar a organização e que, na economia global moderna, as empresas que não crescem ativamente, na verdade, estão diminuindo.

Além do treinamento formal, outro aspecto do apoio é o de dar aos colaboradores espaço para criar e inventar. O setor de tecnologia da informação conta com inúmeros exemplos:

- No Google, o projeto dos 20% é um programa exclusivo que incentiva os engenheiros a passarem 20% do seu tempo em projetos externos. O projeto permite que os engenheiros concentrem suas

energias em ideias com potencial de beneficiar a empresa. Incentivar a inovação contínua permite que os colaboradores recarreguem suas energias criativas, ao mesmo tempo em que ampliam a base de conhecimento.
- A criatividade e a inovação são importantes na cultura da Microsoft. Para garantir que todos os colaboradores tenham a oportunidade de explorar seu lado criativo, a Microsoft criou os *Mashup Days*. A iniciativa oferece aos colaboradores a oportunidade de compartilhar ideias criativas sobre os produtos. O evento consiste em sessões de *brainstorming* divertidas e criativas nas quais todos podem dar sua opinião e todas as ideias são anotadas. Além de gerar ideias, os colaboradores também usam os Mashup Days para buscar *feedback* sobre produtos em fase de teste.

Em muitas das melhores empresas, os programas de "desenvolvimento de vida" acompanham os programas tradicionais de plano de carreira. Eles dão aos colaboradores a oportunidade de saber mais sobre questões específicas que impactam suas vidas fora do trabalho. Por exemplo:
- Durante o "desafio de 45 dias para o equilíbrio da vida" da Quicken Loans, os membros da equipe passam por um processo de autodescoberta em um período de um mês e meio. O programa foca no desenvolvimento pessoal e convida cônjuges e parceiros a participar. No programa, deveres de casa diários e seminários semanais ajudam os participantes a se avaliarem em quatro áreas principais: mentalidade, carreira, relacionamento e energia. Os membros da equipe enfrentam um programa desafiador, difícil e cheio de recompensas à medida que crescem em suas carreiras e relacionamentos.
- A Milliken, uma indústria de produtos têxteis sediada em Spartanburg, Carolina do Sul, dá aos colaboradores as ferramentas que precisam para gerenciar suas vidas e empregos. Uma aula ensina os colaboradores a maximizarem sua renda mensal e a reduzir gastos por impulso, usando um sistema de três passos. Os participantes também aprendem a quitar dívidas pessoais e a traçar estratégias para um futuro financeiro mais forte.

A característica comum em todos esses exemplos é o respeito que as empresas demonstram pelos colaboradores: respeito por talentos e interesses, respeito por sonhos e esperanças e respeito pelo indivíduo como um todo. Os líderes das melhores empresas entendem que desenvolver a equipe produz dividendos importantes para a empresa. Quando, além da aprendizagem e desenvolvimento necessários para ter sucesso em seus empregos, os colaboradores recebem oportunidades para crescer em suas carreiras e aprendem habilidades importantes para administrarem a própria vida, o nível de envolvimento, lealdade e competência da equipe aumenta.

Apoiando esforços individuais

Os colaboradores vão ao trabalho com duas perguntas básicas sobre suas carreiras, que desejam ver respondidas pelos gestores. A primeira é "onde estou?" e a segunda, "para onde vou?". Nas melhores empresas, os gestores respondem a essas perguntas regularmente. O treinamento e desenvolvimento, do tipo trabalhado na seção anterior, responde a segunda pergunta. No entanto, vamos pensar um pouco sobre a primeira: "onde estou?". Os colaboradores querem saber como estão indo, o que exige *feedback* contínuo sobre seu desempenho. Uma das maneiras usada pelos gestores das melhores empresas para satisfazer essa necessidade é "pegar os colaboradores fazendo algo de certo". Na verdade, os gestores nessas empresas tentam criar um clima de apreciação, um contexto em que tentam sempre reconhecer trabalhos de alta qualidade e esforços adicionais e no qual prestam atenção ao processo de reconhecimento. Apreciação e reconhecimento sinceros são uma parte importante do respeito pelos colaboradores. E, quando um colaborador comete um erro honesto, ajudá-lo a aprender com o erro em vez de culpá-lo pelo que aconteceu sinaliza o apoio profissional sincero por parte da liderança.

Como líder, mostra onde você investe seu tempo e atenção representa um grande modelo do que os colaboradores consideram importante e significativo. Quando fazemos *coaching* com líderes, nossa experiência é que, quando eles focam seu tempo e atenção nos comportamentos de sucesso do pessoal, os colaboradores respondem com energia e comprometimento redobrados. O reconhecimento público do sucesso também demonstra para os outros colaboradores o que é de fato um desempenho de sucesso. Assim, transformar o reconhecimento em um hábito diário beneficia a todos, não apenas ao colaborador reconhecido. Como consultores, observamos que a maioria dos líderes e a maioria das organizações não pratica reconhecimento suficiente. Honestamente, se você perguntasse "eu agradeço *demais* no trabalho?", a resposta quase sempre seria não. A maioria das pessoas não recebe agradecimentos em número suficiente por suas contribuições; pelo contrário, elas quase nunca são elogiadas pelo esforço adicional e pelo bom trabalho que realizam.

Em termos do processo de reconhecimento, nossa experiência mostra que, nas melhores empresas, os líderes consideram *o que* está sendo reconhecido (por exemplo, desempenho, serviço, filantropia), *os meios* do reconhecimento (formais, informais, programas de colegas) e as *recompensas* em si (cartões, presentes, incentivos financeiros).

As melhores empresas reconhecem os colaboradores por irem muito além dos deveres, por suas contribuições ou conquistas ou por seus aniversários e tempo de serviço. Elas também tendem a reconhecer comportamentos alinhados com os valores da organização. E a maioria delas oferece reconhecimento em áreas como satisfação do cliente, novas ideias de produtos ou serviços, indicações de novas contratações e esforços de voluntariado. Por exemplo, Tom Folliard, CEO da CarMax, tem uma lista de reconhecimento mensal chamada *Tom's Top Ten*. Todos os meses, Tom manda um *e-mail* no qual anuncia as dez melhores lojas do mês anterior. As filiais podem conquistar a honra por excelentes resultados de venda ou por melhorias significativas em alguma área (por exemplo, número de avaliações, novo recorde de pedidos de crédito, maior conversão de clientes, etc.). Além do *status*, os vencedores recebem uma festa com um "sanduichão" para todos os colaboradores, um prêmio especial assinado por Tom e um reconhecimento em *On the Road*, o boletim trimestral da Carmax.

Os líderes das melhores empresas também consideram em detalhes os meios usados para reconhecer os colaboradores. Eles tentam responder "que mensagem estou tentando mandar?" e "para quem é essa mensagem?". O resultado é que, às vezes, o reconhecimento é público ou formal, como em cerimônias de premiação ou reuniões. No entanto, o mais comum é ver os líderes oferecerem reconhecimento informal ou espontâneo. Em algumas das melhores empresas, não é raro ser surpreendido por um bilhete ou cartão de agradecimento do gestor ou uma mensagem de voz do CEO. Os líderes também podem incentivar os colegas a reconhecerem uns aos outros; na verdade, programas de reconhecimento pelos colegas são comuns nas melhores empresas. Na IKEA, a rede de lojas de móveis sueca, algumas filiais oferecem oportunidades para que os colaboradores digam "obrigado" ou "muito bem" uns aos outros. Os corredores têm murais chamados Tack ("obrigado", em sueco) nos quais os colaboradores podem deixar mensagens para os colegas e dizer "obrigado" ou "parabéns".

Nas mãos dos gestores, os programas de reconhecimento permitem que as pessoas sejam reconhecidas na hora por um bom trabalho, em vez de esperarem pelo processo formal de avaliação e bonificação. Para dar ainda mais valor ao reconhecimento e à recompensa, muitas empresas incentivam os gestores a adaptar o prêmio à personalidade dos colaboradores. Esses prêmios personalizados e imediatos costumam ser injeções de confiança. Por exemplo, a Genzyme, uma empresa de biotecnologia sediada em Cambridge, Massachusetts, distribui o prêmio VP, um programa de bonificações imediatas em dinheiro que os gestores podem usar como bem entenderem ao longo do ano. O prêmio é debitado diretamente do orçamento operacional do gestor. O prêmio VP pode ser um pequeno "obrigado" simbólico ou, no caso de projetos ou conquistas especiais de uma equipe ou indivíduo, algo mais significativo.

Finalmente, os líderes das melhores empresas consideram o prêmio em si. Em algumas, as recompensas podem ser generosas e inusitadas, mas isso não é necessário. Como observa a consultora Cindy Ventrice, no livro *Make Their Day! Employee Recognition That Works* (2009): "Em uma pesquisa internacional de 2007, descobri que 57% dos reconhecimentos mais significativos não custam um único dólar (...) os colaboradores querem significado, não coisas" (p. 12). Um agradecimento verbal sincero pode ser mais do que suficiente. Outros programas, como folgas, festas e a possibilidade de se beneficiar com o desempenho da empresa, como a participação nos lucros, podem completar os tipos de reconhecimento oferecidos à equipe.

❖ Colaborando com os funcionários

Embora apoiar os colaboradores seja um passo importante para a construção do respeito, o mesmo vale para a colaboração. Amy Lyman, cofundadora do Great Place to Work, observa: "As ideias estão por toda parte. Ideias individuais, ideias que foram pensadas, consideradas, debatidas, descartadas ou ignoradas. Ideias não faltam. Ter acesso a ideias, selecioná-las e desenvolvê-las e colocar as melhores em prática, ou seja, tomar decisões, escolher entre alternativas, esses são os verdadeiros desafios". Nas melhores empresas, os líderes demonstram respeito conquistando acesso às ideias dos colaboradores, desenvolvendo-as e garantindo que os colaboradores saibam como suas contribuições foram utilizadas.

As ideias estão mesmo por tudo, e os gestores das melhores empresas estão sempre em busca de sugestões para problemas. Eles querem entender o impacto provável das decisões na experiência dos colaboradores. Eles empregam duas habilidades, muito básicas, mas muito importantes: perguntar e ouvir. Eles investem muito tempo e energia para garantir que estão fazendo as perguntas certas, pois a qualidade das respostas depende disso. Em vez de fazer perguntas casuais e improvisadas, esses gestores refletem bastante sobre o que precisa ser descoberto. Na verdade, nas melhores empresas, os gestores recebem "perguntas úteis" para utilizar em reuniões com os colaboradores, ou então reúnem-se para conversar sobre quais seriam as perguntas. Por exemplo, a Baptist Health Care implementou a prática de "rondas", na qual os gestores caminham pelos corredores para tentar responder várias perguntas cruciais e, depois, reúnem-se para revisar suas descobertas.

Outro exemplo de troca de ideias colaborativa é o da varejista Eileen Fisher (EF). A rede formou um sistema de liderança batizado de "Leadership Forum", no qual 21 dos principais líderes da empresa reúnem-se, a cada três semanas, por quase um dia, para compartilhar informações, debater questões importantes, tomar decisões e fazer recomendações. Em 2007, o Leadership Forum criou novas maneiras de fazer perguntas à comunidade Eileen Fisher. Uma delas foi incluir "convidados" nas reuniões do fórum. Os convidados (quatro a cinco pessoas) de várias equipes EF eram considerados membros integrais do fórum no dia da reunião – eles participavam do processo de *check-in*, faziam comentários e davam opiniões durante todas as conversas do dia. Além dos convidados aprenderem mais sobre a empresa, as reuniões ajudam a estabelecer relacionamentos fortes entre os líderes e o resto do pessoal. Observe a semelhança entre essa prática e aquela da BCG descrita no capítulo anterior. Ambas as empresas convidam os colaboradores para reuniões da alta liderança. Buscar ideias também ajuda a criar uma percepção de credibilidade por meio de comunicação de duas vias.

Nossa experiência com clientes diz que, em geral, os gestores evitam buscar opiniões e contribuições, pois não sabem o que fazer com os dados que recebem. Como processar todas essas informações? Como dar sentido a elas? Um dos primeiros passos é dar a gerentes e colaboradores as habilidades, estruturas e oportunidades certas para se envolverem com um processo coletivo de tomada de decisão. Segundo Amy Lyman "duas habilidades específicas que, quando bem executadas, podem aprimorar a capacidade dos indivíduos de trabalhar bem em conjunto são a prática de dissenso positivo e críticas construtivas". Incentivar o dissenso positivo significa oferecer uma contestação fundamental à ideia proposta, normalmente com base em valores ou metas maiores. A meta da crítica construtiva, por outro lado, é fornecer àquele que decide (seja ele um líder ou um membro da equipe) críticas que o ajudem durante o processo. Quando os líderes têm essas habilidades, eles entendem melhor como ouvir as ideias alheias, pois sabem que podem discordar positivamente quando os colaboradores dão suas opiniões e que podem criticar ideias construtivamente quando não são eles quem tomam a decisão do momento.

Muitas das melhores empresas oferecem treinamento específico em como oferecer *feedback* e críticas construtivas, o que por sua vez permite que os líderes melhorem suas habilidades de colaboração. Robert W. Baird oferece treinamento em "conversas fundamentais", enquanto o Boston Consulting Group tem diversos cursos para gestores sobre como dar *feedback*. Todos os colaboradores da W. L. Gore & Associates passam por um programa de comunicação que destaca o uso de "I messages" no processo de *feedback*. De todas essas maneiras, as melhores empresas equipam os colaboradores com as ferramentas e com o conhecimento que precisam para se envolverem, enquanto os colaboradores se sentem respeitados por seu conhecimento e contribuição.

Muitas das melhores empresas têm estruturas que incentivam a colaboração. Por exemplo:

- A W. L. Gore & Associates estabeleceu um conjunto de princípios que representa um meio de reforçar o processo de tomada de decisões. Os colaboradores voltam-se para os princípios (comprometimento, liberdade, imparcialidade e nivelamento) sempre que é preciso tomar uma decisão. Quando novos conceitos de patentes são propostos, esses são revisados com perguntas como: Quem vai guiá-los? Os colaboradores adequados estão livres para participar? A decisão é justa para a equipe afetada e para o negócio? Ela vai afetar algum segredo comercial? Assim, os princípios produzem a estrutura necessária para a colaboração e o sucesso na tomada de decisões.
- A QUALCOMM é uma empresa de tecnologia de comunicação sediada em San Diego, Califórnia, e a inovação é uma parte crucial de sua cultura. Foi por isso que a empresa criou o programa QUALCOMM Innovation Network, um "sistema de gestão de ideias" baseado na *web*, cujo objetivo é acelerar o empreendedorismo interno e transformar a criatividade dos colaboradores em ideias de produtos valiosas. A iniciativa global inclui ferramentas de colaboração (como fóruns que coletam *feedback* sobre as ideias), palestras, recursos (artigos, pessoas, mecanismos de pesquisa e muito mais) e

networking profissional. A última inovação é um concurso amigável que convida todos os colaboradores a apresentarem planos de negócios para serem avaliados por uma equipe de executivos. Ao criar uma iniciativa global, a QUALCOMM manda aos colaboradores a forte mensagem de que eles têm ideias inovadoras e a organização quer ouvi-las.

- O Google também oferece uma série de ferramentas aos gestores e colaboradores para incentivar a colaboração e inovação. No *site* Google Ideas, os *googlers* apresentam ideias sobre melhorias de produtos ou sugestões de como melhorar a situação na empresa. Depois de apresentadas, os colegas podem dar sua opinião com comentários e com um sistema de avaliação que vai de 0 (perigosa ou prejudicial se implementada) a 5 (ótima ideia! Implemente). Os gestores prestam bastante atenção e respondem às questões que os *googlers* consideram importantes o suficiente para discutirem nas listas de mensagens internas. Às vezes, conversas que começaram nessas discussões por *e-mail* se tornam tema de um debate maior numa TGIF, a reunião geral semanal do Google.

As melhores empresas fazem perguntas aos colaboradores e incorporam suas ideias. Mas essas atitudes não são suficientes quando se trata de colaboração. A terceira característica consistente nas melhores empresas são os gestores que "fecham o círculo" com os colaboradores. Independente dos colaboradores participarem do evento de decisão ou não, os líderes das melhores empresas estimulam um processo para garantir que os colaboradores compreendam a decisão, os motivos por trás dela e o modo como a opinião da equipe foi aproveitada e considerada. Além disso, as melhores empresas tentam conquistar o apoio dos colaboradores para a decisão. Como observa Patrick O'Brien, presidente de mercados desenvolvidos da SC Johnson: "[Prender-se às] filosofias fundamentais permite a flexibilidade para transferir os programas ou novos produtos e para tomar as decisões. Creio que, na minha função, é muito importante garantir que as pessoas entendem os valores e as filosofias quando estão apresentando novas ideias como, por exemplo, o que vamos investir no longo prazo. Acabamos de criar uma tonelada de novos produtos este ano, numa das piores recessões da história, mas não são investimentos para hoje. São investimentos para que possamos nos fortalecer nos próximos cinco a dez anos. Eu trabalho para garantir que todos entendam essa filosofia".

❖ Consideração com os colaboradores

A terceira e última parte do respeito é se preocupar com os membros da equipe. Quando entrevistamos colaboradores e pedimos que identifiquem a maneira como os gestores demonstram respeito, a grande maioria fala de como sentem que a organização se preocupa com eles. Embora o conceito de preocupação possa parecer além de uma definição comportamental, nossa experiência mostra o contrário. Em nossa consultoria, observamos que os gestores demonstram interesse pelo bem-estar do pessoal por criar um ambiente de trabalho seguro e saudável e por oferecer benefícios que apoiam a vida dos indivíduos fora do local de trabalho. Gestores preocupados estão cientes do impacto que o trabalho tem na vida pessoal dos colaboradores. Como diz um colaborador da Wegmans: "Quando penso nos líderes da empresa e nos gestores com quem trabalho, penso em palavras como *carinho*, *franqueza* e *confiança*. São essas coisas que alicerçam nossos relacionamentos".

Ambiente de trabalho

Instalações seguras que contribuem para um bom ambiente de trabalho são uma demonstração importante de respeito. Mas, além disso, os líderes das melhores empresas entendem algo que é elementar: o comportamento é uma função da pessoa que interage com seu ambiente. Logo, para moldar níveis de desempenho o líder deve cuidar, além do indivíduo, do ambiente. Em nossas visitas às melhores empresas dos Estados Unidos e do mundo, percebemos que essas empresas levam a regra às últimas consequências. Na sede da Microsoft, a maior parte do prédio consiste em diversos tipos de salas de reuniões. Algumas salas lembram uma sala-de-estar residencial, outras se parecem com uma loja para tomar café. O prédio tem salas de conferência e salas de aula, claro, mas o foco é ajudar os colaboradores a se reunirem em espaços que fazem sentido para o projeto ou questão em pauta.

A mensagem de respeito que um bom ambiente físico comunica é ainda maior quando os líderes envolvem a equipe no planejamento do espaço. Durante o processo de planejamento de um novo prédio, a DreamWorks Animation realizou reuniões com cada departamento para ouvir opiniões sobre tudo, das configurações do espaço de trabalho ao tamanho das mesas. Com isso, a equipe de *design* fez várias modificações importantes que economizaram dinheiro para a empresa e que ajudaram a criar um ambiente mais funcional e esteticamente mais belo. A oportunidade de ser parte do processo de tomada de decisão também deu aos colaboradores uma sensação maior de propriedade e de controle em relação ao ambiente físico.

Numa visita ao *campus* da SAS em Cary, Carolina do Norte, ao *campus* do Google em Mountain View, Califórnia, ou ao *campus* da Microsoft em Redmond, Washington, você nota que eles realmente lembram um *campus* universitário. Todos são locais de trabalho que envolvem e inspiram, em vez de apenas oferecer espaço para as pessoas trabalharem. Mesmo em cidades grandes, sem tanto espaço para um *campus* gigante, as melhores empresas criam ambientes de trabalho físicos que respeitam os indivíduos dentro dos prédios. No Genzyme Center, a sede global da Genzyme em Boston, o prédio inteiro foi desenhado "de dentro para fora", tendo em mente o conforto e eficácia dos colaboradores. Todos os atributos do prédio, do átrio central de doze andares com iluminação natural aos enormes jardins internos, foram projetados para criar um ambiente de trabalho ideal para os colaboradores. A estrutura do prédio incentiva reuniões informais em espaços comuns, nos jardins e no refeitório da cobertura, que é cercado pela paisagem urbana de Boston. As diversas sacadas, cantos e passarelas têm decorações projetadas para incentivar conversas informais. Os escritórios são pequenos, mas a quantidade de espaço comum por colaboradores é significativamente maior do que o padrão em prédios de escritórios americanos. Essas características ajudam a promover um alto nível de interação, colaboração e criatividade.

Outro fator exclusivo do ambiente da Genzyme é que a sede recebeu um certificado de platina (o maior possível) do U.S. Green Building Council, a maior autoridade dos Estados Unidos na área de práticas de construção ambientalmente responsáveis. O Genzyme Center é um dos maiores prédios de escritórios do país a conquistar a certificação. O prédio usa 32% menos água do que outros do mesmo tamanho, e a eletricidade custa 38% menos. Mais de 50% de todos os materiais incluem conteúdo reciclado, e mais de 90% de todo o entulho da construção foi reciclado. Por esses e outros motivos, é um lugar para o qual os colaboradores gostam de ir trabalhar. Um dos aspectos fundamentais das quatro empresas mencionadas é o alinhamento das instalações com os valores básicos de cada organização. No caso da Genzyme, inovação, transparência, colaboração e espírito empreendedor são todos valores representados na estrutura física dos prédios.

Equilíbrio entre vida e trabalho

Como líder, você também pode incentivar um equilíbrio adequado entre vida e trabalho e destacar a importância de tirar folga quando necessário, a fim de demonstrar respeito e preocupação pelas vidas pessoais dos colaboradores. A diferença entre um local de trabalho bom e um excelente é que o primeiro tem práticas de equilíbrio entre vida e trabalho (horários flexíveis, compressão da semana de trabalho, teletrabalho, escritórios rotativos, espaço de trabalho virtual, compartilhamento de cargos, aposentadoria gradual, etc.), e no segundo você consegue usar todos esses benefícios e é até incentivado a usá-los! Como líder, simplesmente ter as práticas "no papel" não comunica respeito. Incentivar os colaboradores a tirarem folgas depois de completar um projeto grande, cansativo ou intenso ou a responderem com criatividade às suas necessidades domésticas tem maior probabilidade de produzir um colaborador engajado e com baterias recarregadas do que forçá-los a trabalhar sempre a toda velocidade. Algumas empresas dão broncas carinhosas na área de equilíbrio entre vida e trabalho, como a farmacêutica com sede na Cidade do México que, literalmente, "apaga as luzes" ao final do expediente. Para incentivar os colaboradores a equilibrarem suas vidas pessoais e profissionais e também para que aproveitem melhor seu tempo pessoal, todas as luzes da empresa são apagadas às 18h30min, exceto em dias de fechamento de vendas. Visto que os colaboradores não têm a opção de acendê-las de novo, então eles vão para casa ou usam a academia do local. Mas sua organização não precisa ser assim tão prescritiva. A atenção e energia do líder nessa área costumam ser os maiores indicadores da capacidade dos colaboradores de encontrarem um equilíbrio entre vida e trabalho.

A SAS oferece um ótimo exemplo de promoção do equilíbrio entre vida e trabalho. A SAS tem mais de 125 colaboradores efetivos (não terceirizados), cuja função principal é desenvolver, apoiar e executar programas contínuos de creche local, acampamentos, cuidado de idosos, educação e apoio a pais, educação financeira, academia completa, serviços de saúde no local e bem-estar. Além disso, os cronogramas flexíveis e o ambiente de trabalho em geral contribuem para a satisfação e a paz de espírito dos colaboradores da SAS. Os membros da equipe sabem que estão contribuindo para uma empresa comprometida com seu sucesso no longo prazo e eles, por sua vez, se comprometem com o sucesso de longo prazo da empresa. O centro de saúde local tem uma equipe de 56 profissionais, e não há custos para consultas nem pagamento para os colaboradores e seus dependentes cobertos pelo plano da empresa. O centro de recreação e *fitness* local também fornece acesso gratuito a colaboradores, familiares e parceiros. Os centros oferecem aulas de natação, aeróbica e atletismo, organiza ligas internas em diversos esportes e organiza viagens e atividades familiares e individuais na SAS e na comunidade. A empresa paga a mensalidade da academia para os colaboradores de escritórios regionais que moram longe demais para aproveitar o *campus* central.

A SAS é uma empresa grande. No entanto, mesmo as menores entre as melhores investem em programas e políticas que incentivam o equilíbrio e o bem-estar dos colaboradores. A Lincoln Industries é uma pequena indústria sediada em Lincoln, no Estado do Nebraska. O respeito da empresa pelo "indivíduo como um todo" é parte integral da empresa e se manifesta nos benefícios especiais que oferece à equipe. A empresa tem um programa de bem-estar reconhecido nacionalmente pelo Wellness Council of America; quando conquistou o Platinum Award pela primeira vez, em 2003, a empresa foi uma de apenas 12 em todos os Estados Unidos. O programa trabalha para tornar o bem-estar algo divertido, com concursos, eventos especiais e atividades que permitem aos colaboradores praticarem hábitos saudáveis, o que contribui para uma empresa mais saudável. Embora o programa tenha um espírito divertido, a empresa leva-o a sério. A Lincoln obriga todos os membros da equipe a passarem por uma avaliação trimestral de peso, gordura corporal, flexibilidade e pressão arterial. As metas pessoais são estabelecidas em conjunto com o gestor de bem-estar, monitoradas durante todo o ano e incluídas no processo de avaliação de desempenho. Enquanto a empresa tem foco organizacional no bem-estar e uma equipe dedicada à saúde, os gestores têm um papel importante em incentivar os colaboradores a se manterem envolvidos e ativos. Os próprios gestores servem de modelo dos tipos de comportamentos de equilíbrio e bem-estar esperados de todos.

Interesse sincero

Em nossa pesquisa Trust Index, percebemos que o colaborador entende a empresa como um excelente lugar para trabalhar quando ele percebe que o gestor tem um interesse sincero pelo colaborador como indivíduo. Nesse momento, é bom lembrar que a perspectiva dos colaboradores é importante. Não basta que você se importe com os colaboradores, é preciso que *demonstre* que se importa.

Bob, um colaborador da Wegmans, conta: "Lembro de vir para cá há 29 anos. Eu era caixa. Pegava minha gaveta e ia até a mesa para ver aonde ia.

Mas antes disso sempre tinha um minuto de conversa do tipo 'Como é que vai? Como está a escola? Tudo certo com os horários aqui?' Acho que esse tipo de preocupação começa pelo topo. Se recebemos visitas da liderança corporativa, tudo sempre começa com perguntas pessoais. E sempre termina com perguntas pessoais. E entre os dois, os negócios. Então, fazemos tudo isso excepcionalmente bem na Wegmans e é por isso que continuamos". Nas melhores empresas, os gestores "criam 60 segundos extra" para falar com o pessoal, conhecer a equipe e lembrar detalhes sobre a vida pessoal de cada um.

Alguns anos atrás, na W. L. Gore & Associates, o casal Bill e Vieve Gore, fundadores da empresa, visitava as fábricas regularmente. Porém, antes da visita, eles sempre recebiam um álbum com a foto e o nome de todos, para saber com quem iriam conversar. Os colaboradores da Gore nunca deixavam de impressionar. Compare esse fato com as histórias que ouvimos em outras empresas, as quais você provavelmente conhece muito bem, de colaboradores que encontram os líderes nos corredores e não recebem nem um "oi", nem um sorriso.

Como líder, saber mais sobre seu pessoal e lembrar-se de perguntar sobre o time do filho de um colaborador pode ser muito relevante. Como diz um gestor da SC Johnson: "Quando entrei nesse novo grupo, uma das primeiras coisas que fiz foi marcar entrevistas pessoais como todos os membros do meu departamento. Acho que eles responderam muito bem à iniciativa e acharam uma boa novidade. Você tem um novo emprego, e a primeira coisa que o gestor faz é conversar com todo mundo, conhecer todo mundo. Eu queria conhecer as pessoas individualmente. É algo que aprendi com esta empresa".

Benefícios especiais e exclusivos

Apesar de vermos muitas diferenças entre as melhores empresas, um dos pontos em comum é a sensação entre os colaboradores de que a sua empresa é especial e única. E um dos modos pelo qual o colaborador tende a vivenciar essa sensação de ser único e especial é por receber benefícios que ele talvez descreva como "isso só existe aqui". Alguns exemplos:
- A Green Mountain Coffee Roasters, uma empresa de médio porte sediada em Waterbury, no Estado de Vermont, oferece aos colaboradores uma viagem com tudo pago a um país produtor de café. Vinte por cento de todos os colaboradores haviam feito a viagem na época que a empresa entrou para a lista das melhores empresas pela primeira vez. Na volta, os colaboradores compartilham imagens,

memórias e histórias sobre a viagem. O objetivo das viagens é estabelecer e manter relacionamentos entre a empresa e seus fornecedores. Nas palavras de um líder: "Nada melhor do que colher grãos de café nas colinas da floresta tropical para ajudar um colaborador a entender o trabalho que dá cultivar um bom café".

- A REI oferece "bolsas de desafio" aos colaboradores. As bolsas dão até US$ 300 em equipamento e vestuário com a marca REI aos colaboradores, para ajudá-los a alcançar suas próprias metas de recreação ao ar livre, como competir em um triatlo ou escalar uma montanha. O benefício foi projetado para estimular a exploração de ambientes ao ar livre, que é a base do varejo da REI.

Na sua base, esses programas tratam de uma *preocupação* com o indivíduo e a comunidade. Eles existem no contexto da cultura de cada empresa e comunicam aos colaboradores: "vocês são parte de nós". No final das contas, isso é o que as pessoas querem ouvir de você: que elas importam.

❖ Imperativos dos líderes

Primeiro, uma história. Jack DePeters, vice-presidente sênior de operações da Wegmans, narra uma história que reúne vários temas importantes relativos ao respeito. "Uma vez, Bob Wegman pediu que nossas lojas cortassem e apresentassem os frios de uma determinada maneira. No entanto, as coisas não estavam ocorrendo do jeito que ele imaginara. Em todas as lojas que ia, o pessoal da fiambreria não estava conseguindo colocar em prática o que ele pedira. Uma colaboradora de meio-turno, chamada Beth, procurou o gerente da loja e disse 'Acho que sei o que ele quer. Posso tentar?'. Naquela época, ela estava passando por dificuldades financeiras e tinham cortado o aquecimento na casa dela. É frio aqui em Rochester. Um dos colegas de trabalho passou na frente da casa dela, por acaso, viu que estava escura e fez algumas perguntas. Finalmente, Beth começou a chorar e disse que não podia pagar a conta de luz e de gás. O gerente da loja descobriu, passou um cheque do nosso Spirit of Giving Fund e pagou a conta. Quando Bob Wegman apareceu da próxima vez, a fiambreria estava bem do jeito que ele queria. Ele ficou muito animado e agradeceu ao gerente da loja, que apresentou Beth para ele. Bob deu-lhe um grande abraço, e ela disse 'Obrigado, Bob, por tudo que você fez'. Ele respondeu 'Beth, estamos quites'".

Crie um clima de respeito mútuo

Lembra-se do pré-requisito de realmente se preocupar e ser autêntico? O gestor respeita seu pessoal. Beth quis ser relevante e fazer a diferença no trabalho, e seu gerente deu a oportunidade. O trabalho tem algum nível de colaboração e, em última análise, ele a apoia nas alterações necessárias. Mais ou menos ao mesmo tempo, o gerente descobriu o que estava acontecendo na casa de Beth e não ficou parado. Ele viu uma necessidade e a atendeu. E quando o proprietário, Bob Wegman, foi reconhecê-lo, ele não ficou com o crédito e apresentou a pessoa que mereceu o agradecimento de verdade. O gerente mostrou respeito por Beth como colaboradora e pessoa; ela, por sua vez, fez um esforço adicional no trabalho. Assim cria-se um círculo virtuoso de respeito.

Seja realista

Assim como na credibilidade, a capacidade dos gestores de demonstrar respeito deve ser sustentada por uma preocupação genuína pelos colaboradores. Se os colaboradores acreditam que os gestores os enxergam como "capital humano", como despesas das demonstrações de resultado do exercício da organização, e não como pessoas completas e dignas de investimento, poucos verão o relacionamento entre colaboradores e empresa como fundamentalmente respeitoso. Uma ética de preocupação pode soar "subjetiva", mas se preocupar e respeitar as necessidades dos colaboradores não é nada fácil. Como o comportamento humano não é sempre racional, mas muitas vezes bastante emocional, não é difícil culpar os gestores por tentarem desviar do caminho nebuloso dos sentimentos. Mas em nossos trabalhos de consultoria, passamos bastante tempo ensinando os líderes a trabalharem com esse desconforto em vez de fugirem da complexidade do apoio, colaboração e preocupação. Com o tempo, eles aprendem a cultivar uma preocupação autêntica por seus colaboradores.

Assuma o ponto de vista do colaborador

Nas melhores empresas, os líderes sabem o que é respeito (ou falta dele) de acordo com a perspectiva dos colaboradores. Eles tomam cuidado para se colocar na posição dos colaboradores e os tratam como gostariam de ser tratados. Como diz Rob Burton, CEO da Hoar Construction: "Lembro de um líder que trabalhava aqui e era um empreiteiro fenomenal. Era um senhor mais velho que estava na empresa há muitos anos, enquanto eu era só um menino. Um dia, procurei por ele e perguntei: 'Como você justifica que a empresa tem um avião?' Ele respondeu: 'Não é da sua conta!' Em outra ocasião, houve uma emergência numa obra e eu estava tentando ajudar. (...) Perguntei: 'Vocês conseguem cuidar disso sozinhos ou querem que eu ajude?' Ele ficou furioso e gritou comigo. 'Claro que podemos nos virar sozinhos!' Eles reclamaram de mim. Eu sei como é ser um colaborador da empresa. Tive todos esses empregos e fui tratado de vários jeitos diferentes por várias pessoas diferentes. Sei o que funciona e o que não funciona. Acho que decidi muito tempo atrás que, se um dia fosse um CEO, tudo seria diferente".

Lembre-se de que as pessoas vão ao trabalho de corpo e alma

Assim, é preciso trabalhar as necessidades profissionais e as que não têm relação alguma com o trabalho. Isso não significa que o gestor precisa aconselhar os colaboradores sobre questões familiares, mas que precisa entender que outros aspectos da vida do indivíduo podem afetar seu foco no trabalho e que esses aspectos precisam ser trabalhados proativamente. Eleita a melhor empresa para trabalhar em 2000 no Brasil, a Fiat tem cartazes na entrada de suas fábricas com semáforos pintados. Quando os colaboradores chegam ao trabalho, eles assinam seu nome junto a "onde estão" naquela manhã: perto da luz verde, caso estejam presentes e prontos para trabalhar; perto da luz amarela, caso estejam presentes, mas não de todo engajados; perto da luz vermelha, caso algo esteja acontecendo com eles, ou seja, se estão física, mas não mental ou emocionalmente presentes. Os gestores e profissionais de recursos humanos revisam o cartaz e tiram de suas estações de trabalho indivíduos que tenham assinado na área vermelha. Eles conversam com esses profissionais e tentam descobrir se há algo que podem fazer para ajudá-los. Como você deve imaginar, um colaborador precisa ter muita confiança para colocar seu nome junto à luz vermelha. No entanto, mais de 80% fazem isso pelo menos uma vez por ano. Se o gestor puder intervir com esse colaborador de modo que ele possa passar para a luz verde ou amarela, então a Fiat conseguiu aumentar a dedicação daquele colaborador ao trabalho.

Seja um exemplo

Como líder, é essencial que você seja um exemplo dos comportamentos que deseja encontrar no local de trabalho. Você precisa dar o tom para que todos, líderes e colaboradores, reconheçam esforços adicionais, compreendam erros honestos, colaborem com um espírito de aprendizagem e solução de problemas e se preocupem com seus colegas enquanto indivíduos. O resultado pode ser dividendos significativos para a organização. Essas atitudes são a marca de um ambiente de trabalho respeitoso; você, o líder, tem um papel de destaque na criação desse ambiente.

❖ *Check-list* de atitudes respeitosas

Leia a lista de comportamentos a seguir e analise como seus comportamentos de liderança se alinham com o modo como os colaboradores vivenciam o respeito.

Apoio

- Permitir que as pessoas recebam o treinamento e o desenvolvimento que precisam para terem sucesso em suas carreiras.
- Oferecer *feedback* honesto e direto.
- Conhecer os "próximos passos" da carreira de cada indivíduo que supervisiono e criar oportunidades para que eles obtenham a experiência para alcançar seus objetivos profissionais.
- Certificar-se de que as pessoas têm os recursos que precisam para fazerem seu trabalho.
- Reconhecer que cometer erros é uma parte necessária de fazer negócios.
- Apoiar pessoas na hora de testar suas ideias, mesmo que elas tenham um efeito negativo temporário na produtividade.
- Conversar regularmente sobre o crescimento e desenvolvimento de cada indivíduo, e não apenas na hora de fazer avaliações de desempenho.
- Dizer às pessoas que fizeram um bom trabalho ou que se esforçaram mais do que o normal em uma tarefa.

Colaboração

- Pedir que os membros da equipe coletem a opinião do pessoal, no seu departamento e em outros, antes de tomar decisões.
- Criar oportunidades para decidirem juntos qual o melhor plano de ação.
- Voltar a procurar pessoas que compartilharam ideias e *feedback* com você.

- Certificar-se de que as pessoas afetadas estão envolvidas em suas decisões.
- Buscar opiniões, sugestões e ideias da equipe.

Preocupação

- Permitir que as pessoas tirem folga quando precisam.
- Prestar atenção no estresse coletivo do grupo de trabalho, sejam as causas pessoais, financeiras ou relativas à gestão do tempo.
- Incentivar as pessoas a equilibrarem a vida pessoal com a profissional.
- Entender os benefícios que a organização oferece e ajudar as pessoas a entenderem qual a melhor maneira de aproveitá-los.
- Saber o que as pessoas em seu grupo de trabalho gostam de fazer fora do ambiente de trabalho.
- Dar o exemplo de equilíbrio saudável entre vida e trabalho.
- Quando possível, trazer as habilidades e paixões pessoais das pessoas ao dia de trabalho.

Estudo de caso

General Mills: desenvolvendo grandes gestores

Resumo

- Indústria: produtos alimentícios.
- Sediada em Minneapolis, Minnesota.
- Fundada em 1866, constituída em 1928.
- Capital aberto, ações negociadas com o símbolo GIS.
- Com 30 mil colaboradores.
- Presente na lista dos Estados Unidos oito vezes, com reconhecimento adicional nos livros de 1984 e 1993; reconhecida internacionalmente 15 vezes.

Na General Mills, o desejo de oferecer oportunidades de aprendizagem e de desenvolvimento aos colaboradores não se resume a uma série de programas e eventos. Os colaboradores, os gestores e o CEO falam com prazer sobre sua importância diariamente. Mike Davis, vice-presidente sênior de recursos humanos globais, enfoca a produção de excelência entre os gestores graças, em parte, a uma epifania. Ele reflete: "Quando fui promovido, escrevi para quatro pessoas contando que fora promovido e agradecendo por tudo que fizeram. Depois pensei: 'Que estranho. Escrevi para quatro pessoas. Por que não para mais? Percebi que tivera treze chefes e escrevera cartas para quatro'. Conclui que aqueles quatro gestores eram excelentes e que fizeram a diferença. Fiquei curioso com a ideia de excelência entre gestores e investigamos um pouco sobre isso com nossa pesquisa de clima organizacional. Descobrimos resultados inacreditáveis que explicavam uma infinidade de fatores, desde esforços discricionários até intenção de deixar a General Mills, tudo com base na força dos gestores de cada um. Então, estamos trabalhando essa área. Queremos que todos os gestores sejam a pessoa que os colaboradores escolhem quando refletem sobre seu melhor chefe; alguém que ouve, que conhece seu pessoal, que os torna melhores e os ajuda nos momentos difíceis".

Ficamos impressionados que Davis pegou sua reflexão pessoal sobre gratidão e transformou-a em uma missão profissional. Esse é apenas um exemplo de como os líderes da General Mills criaram um ambiente no qual o desenvolvimento profissional se torna um valor pessoal importante. É difícil imaginar um lugar onde os planos de carreira não acabam prejudicados por disputas políticas ou pela incapacidade de enxergar que erros são oportunidades de aprendizagem, mas esse lugar existe e é a General Mills.

Quando entrevistamos os gestores da General Mills, eles falaram sobre sua filosofia em relação aos colaboradores mais jovens. Um deles nos contou: "Tentei dizer ao pessoal no meu grupo: 'Tudo que eu queria era vê-los chegar aos altos escalões desta empresa. Um dia vocês podem ser meus chefes e não vejo problema nisso'. Acho que quando as pessoas percebem isso elas se esforçam ainda mais". Outro gestor nos contou que segue o exemplo de um ex-gerente seu: "Percebi que um ex-gerente ainda fala bem de mim, que ainda quer saber como estou. Isso é algo comum na General Mills e algo que eu também comecei a fazer". E para honrar o papel dos erros enquanto grande ferramenta de aprendizagem, o CEO Kendall Powell dá o tom. "Nós dizemos: 'Vá em frente. Você vai cometer erros. Tente cometer erros pequenos. Você não quer aprender tudo do jeito mais difícil, mas esses momentos pedagógicos são espetaculares'".

É inspirador ver como o apoio cotidiano e a participação na aprendizagem fortificam esse aspecto da cultura da General Mills, mas os líderes também criaram programas e práticas para expandir o desenvolvimento do pessoal:

- Os "Planos de Desenvolvimento Individual" são uma pedra fundamental do desenvolvimento na General Mills. Mais do que simples planos de ação, os PDI incluem ferramentas e recursos. Tutoriais *on-line* ajudam os recém-contratados a aprenderem o processo PDI e ajudam profissionais experientes a identificarem as melhores ferramentas para suas situações específicas. Os colaboradores aprendem a considerar

seu conjunto pessoal de metas, motivações, fase da carreira, pontos fortes, necessidades e pré-requisitos de trabalho. O tutorial também ensina os colaboradores a avaliarem a qualidade de um PDI e explica como evitar os obstáculos mais comuns.
- No General Mills Institute, as aulas e o material didático são atualizados todos os anos para refletir as prioridades e necessidades de desenvolvimento no interior da organização. O desenvolvimento de lideranças, educação de novos colaboradores e eficácia individual e de equipe recebem ênfase especial. O General Mills Institute também une pessoas de todas as partes da organização. A alta administração ensina parte das matérias e, depois das aulas, painéis de discussão ajudam os participantes do treinamento a se conhecerem.
- Para acelerar o desenvolvimento de indivíduos e integrá-los a cargos de liderança, a General Mills circula o pessoal por uma série de cargos em diversas divisões e organizações. Planos de carreira interfuncionais são estimulados e apoiados por um programa ativo de rotação na maioria das áreas da General Mills. A abordagem sistemática leva a milhares de promoções internas e transferências laterais todos os anos.

A General Mills tem uma rica tradição, inúmeras marcas famosas e um orgulho quase físico. Os colaboradores têm tanto orgulho de sua cultura quanto da presença da empresa na comunidade; aprendizagem e desenvolvimento representam um aspecto do qual gostam de se gabar. "Minha parte preferida da General Mills é o comprometimento com as pessoas e a aprendizagem", diz um colaborador. "Sempre é preciso se atualizar, aprender algo novo. Nosso comprometimento com isso é muito, muito forte".

Estudo de caso

SC Johnson: uma empresa familiar

Resumo
- Indústria: produtos pessoais e domésticos.
- Sediada em Racine, Wisconsin.
- Fundada em 1886.
- Capital fechado de propriedade da família Johnson.
- Com 12 mil membros em 70 países.
- Presente na lista dos Estados Unidos dez vezes, com reconhecimento adicional nos livros de 1984 e 1993; reconhecida internacionalmente 51 vezes.

Nos melhores lugares para trabalhar, não é raro ver uma cultura criada internamente com as mesmas características que a identidade criada no mercado. Mas o fenômeno nunca é tão óbvio quanto na SC Johnson. Uma concorrente feroz no mercado, a empresa também é consciente e coloca a família entre suas maiores prioridades. A qualidade chega a ser palpável entre os colaboradores. Mais do que um mero *slogan*, a ideia de família é uma âncora da cultura SC Johnson.

Os valores familiares começam pelo topo. A família Johnson parece um grupo de velhos amigos tanto para o pessoal da SC Johnson quanto para a comunidade de Racine. Assim como o atual presidente e CEO, Fisk Johnson, historicamente a família responde apenas pelos prenomes. Kelly Semrau, a vice-presidente de comunicação e relações públicas globais, diz: "Sam era Sam. H.F. era H.F. Todos nos chamávamos pelos nomes, bem informal. Fisk se sente desconfortável quando recebe um tratamento mais formal. A família Johnson é assim. Também conheci Sam, era um ser humano incrível. Estava numa reunião quando ele estava prestes a se aposentar, e ele disse: 'Kelly, sabia que naquela livraria no centro da cidade eles dão desconto para os colaboradores? Entrei lá outro dia com meu casaco com o logotipo da SC Johnson e eles me deram 5% de desconto!' Eu pensei: 'Sam, eles sabem quem você é! Afinal, esse é o centro de Racine'. Mas esse é o estilo da família Johnson – muita, muita simpatia, e algo que permeia toda a empresa".

A preocupação também fica óbvia nos princípios orientadores da empresa, intitulados *This We Believe*. Um livreto azul resume a filosofia operacional que guia a empresa desde 1886. Nos primeiros parágrafos, os valores da SC Johnson fazem referência direta a cinco grupos de pessoas (colaboradores, consumidores, público em geral, vizinhos e anfitriões e comunidade mundial), o que dá o tom para um comprometimento amplo e profundo com a ideia de conquistar a confiança de todos os *stakeholders* da SC Johnson.

Os primeiros *stakeholders* são os colaboradores, muitos dos quais têm histórias sobre a cultura de preocupação da SC Johnson. Um deles conta: "É uma empresa familiar em todos os sentidos da palavra, do meu filho de 7 anos ao meu de 24. Todos vivenciamos essa cultura. Essa é a alegria da coisa. Eu adoro vir trabalhar. O lado ruim é que meus filhos têm expectativas altíssimas dos seus empregadores. Alguns deles estão em situações em que me dizem 'Mãe, não é bem como na SCJ. Eles não têm a mesma creche, eles não têm isso, não têm aquilo'. Então, nós criamos um padrão no setor, e eu tenho muito orgulho disso". Outra colaboradora diz: "Minha gestora me procurou quando estava grávida de gêmeos e perguntou: 'O que podemos fazer por você?' Ela enxergou minhas necessidades antes de mim. Por isso, tive a oportunidade de trabalhar meio turno nos últimos anos. Minha lealdade aumentou muito. Eu acredito que faço parte desta empresa. Acredito que faço parte desta família e darei todo o possível por causa de tudo que ela deu a mim e à minha família. É impossível expressar o orgulho que tenho por trabalhar aqui, e meu comprometimento é de 100% com esta organização".

Além de compartilharem esses valores, os líderes entendem que eles são inseparáveis do sucesso da organização como um todo. Gayle Kosterman, vice-presidente executiva de recursos humanos mundiais, fala sobre o que procura nos líderes: "Quando contratamos um líder, procuramos pessoas que são estratégicas e estabelecem e comunicam uma direção. Contratamos pessoas que fazem as outras seguirem o que estão fazendo, pessoas orientadas por resultados, que sabem trabalhar em equipe, que valorizam os outros e que são bons gestores de pessoas". É um trabalho e tanto, mas a missão da SC Johnson é que, além de serem orientados por resultados, os líderes sejam autênticos e se preocupem com a equipe. E isso é parte da identidade da empresa.

Não é preciso fazer uma análise muito profunda dos programas da SC Johnson para descobrir mais evidências sobre os valores da empresa:

- A SC Johnson abriu o centro de aprendizagem de cuidados infantis há mais de 20 anos para uso exclusivo dos filhos dos colaboradores. Hoje, a instalação ocupa mais de 4.000 m² e cuida de mais de 500 crianças por ano. O centro não para de expandir para garantir que nenhuma família da SC Johnson precise entrar em uma lista de espera. O Childcare Learning Center oferece serviços completos e três turnos de serviços. Adjacente ao JMBA Recreation & Fitness Center, o centro de recreação e a academia da empresa, a instituição dá acesso a uma série de atividades e instalações, incluindo academia, parque e centro aquático.
- Em 1951, a empresa comprou o Lighthouse Resort para que os colaboradores e suas famílias o usassem de colônia de férias. O *resort* está localizado em Fence Lake, no norte do Estado de Wisconsin, e inclui cabanas com um, dois, três e quatro quartos, além de duplex para lazer confortável em família. Colaboradores, colaboradores aposentados e familiares podem ir para o lago e aproveitar canoas, caiaques, barquinhos a remo e pequenos iates por horas a fio. Os diretores do programa oferecem aulas de esqui aquático, mais uma série de atividades e aulas de artesanato para crianças, adolescentes e adultos. O resort também inclui opções de lazer no inverno e fica aberto o ano inteiro.
- O programa "horas de verão" funciona entre os feriados do Memorial Day (última segunda-feira de maio) e Labor Day (primeira segunda-feira de setembro). Durante esse período, os colaboradores que completam

uma semana inteira de trabalho até sexta-feira podem tirar a tarde de folga. Apesar de algumas funções exigirem cronogramas fixos, como na área de produção, muitos colaboradores, tanto os de turno integral quanto os de meio turno, conseguem combinar com colegas e gestores para aproveitarem o programa e adiantarem o começo do fim de semana.

Semrau resume a cultura da seguinte forma: "Esta empresa é especial porque realmente coloca as pessoas em primeiro lugar e os lucros em segundo. O lucro é importante para a gente, óbvio, mas a empresa centra-se no bem-estar das pessoas. O indivíduo tem respeito. Você sente que está ligado ao topo. Fisk recebe *e-mails* e responde perguntas de todo mundo. Temos uma política de portas abertas, então se você caminhasse pela empresa encontraria pouquíssimas portas fechadas. É uma cultura na qual você sente que estão cuidando de você". E é uma cultura que transforma a SC Johnson em uma das melhores empresas para trabalhar desde que a primeira lista foi publicada em 1984.

Capítulo 4

Imparcialidade

"Todos jogam pelas mesmas regras"

> As pessoas que têm sucesso aqui não esperam que todos sejam iguais. Temos muita diversidade nesta empresa, gente de países diferentes, históricos diferentes e orientações sexuais diferentes. Ninguém se esforça para se encaixar numa imagem específica. Para ter sucesso aqui, você precisa lidar com todos esses tipos diferentes sem se assustar. As pessoas que conseguem agir assim, e a maioria aqui consegue, avançam, pois constroem relacionamentos com gente muito diferente. E além de relacionamentos, elas também gostam de interagir com pessoas que são muito diferentes umas das outras.
>
> — Colaborador do Google

■■■

A confiança exige credibilidade. A confiança exige respeito. Mas se você leu os Capítulos 2 e 3 e acha que sua empresa ganhou nota máxima nas dimensões credibilidade e respeito, você não pode achar que a confiança está segura a menos que dê atenção à experiência dos colaboradores com relação à imparcialidade. A imparcialidade é a sensação de que todos têm os mesmos direitos e oportunidades com relação às decisões que os afetam. Quando sentem isso, as pessoas acreditam que são tratadas com equidade e isenção e que gênero, idade, raça e orientação sexual não afetam avaliações de desempenho. Por mais elegante que seja a situação descrita na citação acima, não é fácil produzir uma experiência coerente de imparcialidade entre os colaboradores. A terceira e última dimensão da confiança, a imparcialidade, é talvez a mais difícil de dominar.

Para entender como a imparcialidade pode ser um desafio, basta analisarmos o padrão estabelecido nas melhores empresas para trabalhar. Todos os anos, o Great Place to Work calcula *benchmarks* para cada afirmativa da pesquisa Trust Index apresentada no Capítulo 1. Nas 100 melhores empresas, em geral 90% do pessoal de cada empresa acredita que sua empresa é, com frequência ou quase sempre, um excelente lugar para trabalhar. Na verdade, a maioria dos itens da pesquisa tem *benchmarks* entre 85 e 95. Mas os *benchmarks* das afirmativas sobre imparcialidade são muito menores, mesmo nas melhores empresas. Não raro, o percentual médio fica entre 65 e 75 nas declarações de imparcialidade. Esse número ainda representa uma maioria considerável, mas é óbvio que os colaboradores não têm uma experiência coerente de imparcialidade, mesmo nas melhores empresas.

Então, por que é tão difícil criar um ambiente imparcial coerente? Um motivo é a própria natureza da imparcialidade. As percepções de imparcialidade são motivadas em grande parte pelos processos usados para tomar decisões. Às vezes, os processos são visíveis, como quando a Whole Foods Market pede aos membros da equipe atual que votem em novos membros para sua equipe depois de eles já terem trabalhado algumas semanas. Essa transparência serve, em parte, como um controle da contratação de colaboradores sem qualificações. Votar em decisões de contratação também permite que os membros da equipe atual participem do processo de tomada de decisão, o que aumenta a percepção coletiva sobre a imparcialidade da decisão.

Em outras ocasiões, a tomada de decisão não é tão transparente. Os líderes precisam levar em conta muitas variáveis na hora de tomar decisões e, às vezes, essas variáveis não podem ser reveladas. E mesmo quando podem, as decisões precisam ser tomadas com rapidez e não podem ser explicadas por completo de antemão. Assim, independente de obrigações legais, de diretrizes de procedimentos ou dos valores da empresa, a percepção de imparcialidade resume-se aos colaboradores acreditarem na capacidade dos líderes de tomar decisões igualitárias, quer eles saibam o motivo das decisões terem sido tomadas quer não.

Os líderes com quem trabalhamos costumam se sentir presos numa armadilha. A confiabilidade do líder depende da imparcialidade das suas decisões, mas os colaboradores só acreditam que as decisões são imparciais quando confiam no líder. É aqui que entram os Capítulos 2 e 3. Especialmente em conversas sobre salário, promoções e outras questões que dizem respeito à remuneração dos colaboradores, é importante ter estabelecido uma relação de confiança de outros modos. A imparcialidade depende da percepção de que os líderes são confiáveis (parte da credibilidade) e preocupados (parte do respeito). Mas sem dúvida, influenciar essa percepção é uma tarefa para lá de complexa.

Como se produzir imparcialidade não fosse difícil o suficiente, os líderes também precisam reconhecer que um tratamento *imparcial* não é a mesma coisa que um tratamento *igual*. Se fosse, o trabalho do líder seria muito mais fácil. Em vez disso, é preciso tomar decisões de forma a reconhecer o indivíduo e, ao mesmo tempo, honrar a organização como um todo (e as outras pessoas nela), o que torna complexa a tomada de decisão. Pense na política de Robert W. Baird de que os colaboradores pagarão prêmios de seguro de saúde de acordo com seus níveis de remuneração, de modo que os colabores com salários maiores pagam mais do que aqueles com salários menores. No total, Baird paga em média 80% do prêmio de cada colaborador, variando de 63 a 99%. A quantia varia de acordo com o plano do colaborador, com o nível de cobertura e com a faixa salarial. Baird segue essa política para distribuir os custos de saúde, reconhecendo a capacidade de cada um. A política pode ser administrativamente mais complexa, mas melhora a percepção de imparcialidade.

Apesar de complexa em certos sentidos, em outros a tarefa de equilibrar a preocupação com o indivíduo e com o bem da organização é simples e direta. Na conferência anual do Great Place to Work de 2009, Tony Parella, CEO da Shared Technologies, defendeu uma filosofia simples chamada "Danem-se as regras!". Em seus programas de desenvolvimento de liderança, Parella diz que os gestores devem se esforçar mais pelos melhores colaboradores, independente do que diz o manual de RH. Parella acredita que, se os colaboradores estão cuidando da empresa, ela deveria cuidar deles. Embora o manual de RH possa ser um bom ponto de partida, ele não é tudo em se tratando de tratamento imparcial para colaboradores valiosos.

Por mais difícil que seja, criar uma sensação de imparcialidade é importante para a cultura do local de trabalho e, em última análise, para o sucesso da organização. Sentir que as decisões são tomadas de um modo imparcial dá estabilidade em momentos de mudança e incerteza, mesmo quando a mudança é tão rápida que é impossível explicar cada decisão em detalhes. A percepção de imparcialidade também ajuda a produzir camaradagem, pois, nesse ambiente, a política e as conversas de bastidores não afetam as decisões. Quando o ambiente de trabalho é imparcial, não é preciso lutar por uma posição (há um nível saudável de competitividade). Quando as pessoas são tratadas com imparcialidade, elas sentem que são membros iguais da organização, o que leva a um maior comprometimento e esforço em direção às metas organizacionais. Finalmente, ter uma reputação de imparcialidade significa que a empresa pode contratar colaboradores de um grupo mais amplo e diverso.

Apesar de o *benchmark* de imparcialidade ser relativamente baixo, ele também representa muita esperança. Apesar de ainda estarem relacionados com as experiências menos favoráveis informadas na pesquisa, os *benchmarks* de imparcialidade melhoraram drasticamente desde que a lista começou em 1998; e, na verdade, nenhuma área melhorou mais do que essa. A maior conquista relaciona-se com a ausência de politicagem e conspirações, com melhorias de quase 20%.

Mais boas notícias: as melhores empresas estão liderando o avanço com excelentes iniciativas, como a de publicar os salários de todos os níveis e a de introduzir processos formais de recursos em processos internos em caso de dissenso. Esses e outros exemplos mostram que a imparcialidade pode ser dividida em três categorias independentes; este capítulo analisa cada uma delas.

❖ Equidade

A equidade reflete a crença de que as recompensas tangíveis e intangíveis são distribuídas com equilíbrio. As recompensas tangíveis consistem em salário e participação nos lucros, pois as pessoas precisam acreditar que têm um salário justo para que acreditem na equidade do ambiente. Menos concreta é a necessidade de sentirem-se membros iguais da organização e de alcançarem as oportunidades de reconhecimento tanto quanto qualquer outro grupo de colaboradores. É importante observar que a equidade é uma crença sobre o *processo*, não sobre a distribuição. Muitas pessoas gostariam de ter um salário maior e de serem reconhecidas com mais frequência. Equidade não se refere à crença de que seu salário e reconhecimento são suficientes. Equidade é a crença de que seu salário e reconhecimento são *justos*.

Salários

Os colaboradores de muitos locais de trabalho acreditam que têm uma remuneração justa pelo trabalho que fazem, ou seja, acreditam que seus salários e benefícios são razoáveis em comparação com o valor que agregam à organização e com o que receberiam em outra empresa por um trabalho parecido. Se as organizações têm fins lucrativos, os colaboradores de muitas empresas também acreditam que recebem uma parcela justa dos lucros. A maioria das empresas, sejam elas excelentes ou não, adota várias atividades básicas para promover uma percepção de justiça. Muitas comparam os salários pagos com valores de mercado, o que cria uma percepção de equidade na área salarial. Na maioria das empresas, pessoas com mais responsabilidade e autoridade recebem salários maiores e mais incentivos do que as outras. Mas os colaboradores são capazes de analisar seu esforço relativo no trabalho e de determinar o nível de justiça da distribuição dos lucros.

As práticas de RH básicas na área salarial, como pesquisas salariais e o estabelecimento de faixas de remuneração, são necessárias, mas os melhores lugares para trabalhar não dependem dessas atividades. Os líderes das melhores empresas vão muito além do básico para garantir que os colaboradores sintam que a remuneração e a participação no lucro são justas. E os modos como realizam esse objetivo são tão diferentes quanto as próprias organizações.

Às vezes, basta comunicação para aumentar a percepção de equidade. Muitas empresas publicam relatórios que explicitam a quantia gasta com salários e benefícios dos colaboradores. Os relatórios esclarecem quanto os colaboradores recebem, mas não resolvem as preocupações sobre como o *processo* de remuneração é decidida. É necessário usar um tipo diferente de remuneração para sustentar as percepções de equidade, como vemos nos exemplos a seguir:

- Na Whole Foods Market, o relatório sobre a folha de pagamentos lista a remuneração bruta (salário base mais bonificações) de cada membro de equipe, incluindo os executivos, no último ano. Todos os membros de equipe têm acesso ao relatório. "Informações salariais abertas ajudam a tornar o sistema de remuneração mais justo, pois você precisa estar preparado para justificar o que cada um está recebendo", diz o CEO John Mackey. E ele fala com conhecimento de causa. A Whole Foods também tem um teto salarial que impede os executivos de receber mais de 19 vezes o salário de um membro de equipe que trabalhe em tempo integral.

- Na T-Mobile, os gestores têm autonomia para falar sobre remuneração. Os líderes participam de um curso de introdução à remuneração, lecionado por uma equipe da empresa especializada no assunto. O curso detalha a filosofia e as práticas da T-Mobile com relação a salários, para garantir explicações coerentes sobre desempenho e remuneração em toda a empresa. Além disso, o curso garante que os líderes tomam decisões justas e eficazes nessa área. Finalmente, a empresa oferece um curso de treinamento *on-line* sobre remuneração para todos os colaboradores, além de programas de treinamento especiais para os recém-contratados e gerentes recém-promovidos.
- A American Fidelity Assurance depende dos seus próprios colaboradores, em grande parte porque são eles que tomam as decisões sobre remuneração. A equipe de revisão de remuneração (CRT – Compensation Review Team) da American Fidelity é composta por membros de todas as divisões. Os membros do RH coordenam o projeto e administram a remuneração, enquanto a CRT decide e gerencia o programa. Outra característica exclusiva da CRT é que a maioria dos seus membros se torna especialista no estilo e na estratégia de remuneração da American Fidelity e toma a iniciativa de educar os colegas sobre o assunto em suas respectivas divisões. Quando se candidataram à CRT, nenhum indivíduo tinha treinamento em remuneração e ninguém imaginava que anos depois eles seriam comunicadores brilhantes na área. Assim, além de aumentar a percepção de equidade ao permitir que os colegas conversem sobre a remuneração, a American Fidelity envolve os colaboradores no processo e o torna mais igualitário.

Muitas das melhores empresas também têm programas de participação nos lucros, que distribuem bonificações para colaboradores de todos os níveis. Na maioria das empresas, as bonificações são reservadas a cargos de direção, pois eles são os principais responsáveis pelo lucro ou prejuízo. Entretanto, as melhores empresas descobriram maneiras de tornar as bonificações acessíveis e relevantes para todos os colaboradores. Por exemplo, a Valero Energy Corporation, proprietária e operadora de refinarias e de postos de gasolina, recompensa colaboradores de todos os níveis, do varejo ou não, com bonificações em espécie. As bonificações para os gerentes de loja e gerentes assistentes são baseadas no desempenho da loja, enquanto as dos colaboradores que trabalham nas lojas e postos de gasolina são baseadas na qualidade do serviço.

Os executivos só recebem suas bonificações quando todos os colaboradores também recebem. Ao relacionar as bonificações a resultados que os colaboradores podem controlar, os líderes da Valero também comunicam o que cada colaborador precisa fazer para ter sucesso, o que, por sua vez, reforça a percepção de justiça em relação à parcela dos lucros recebida.

Talvez o maior sinal de participação no lucros e remuneração justa seja a propriedade de ações entre os colaboradores. Várias empresas na lista das melhores adotam essa prática, incluindo Publix Super Markets, Boston Consulting Group e TDIndustries, para mencionar apenas três. Além de criarem um sistema inerentemente imparcial de participação nos lucros, as ações também criam um senso de responsabilidade por parte dos colaboradores. A CH2M HILL é uma empresa de engenharia e de construção que pertence aos colaboradores, sediada em Denver, no Estado do Colorado. Segundo Margaret McLean, diretora jurídica da CH2M HILL: "O fato de os colaboradores serem os donos da empresa afeta muito o que fazemos e o modo como pensamos na empresa. Em última análise, você está trabalhando para as pessoas com quem está trabalhando. Elas são as donas da empresa. Em conversas com meus clientes internos e com minha equipe, sempre temos em mente que estamos protegendo nossas economias, protegendo o dinheiro que vai pagar a faculdade dos nossos filhos e protegendo nossa herança. O diálogo muda".

Participação

A remuneração é um sinal de valor dentro da organização, mas não ignore o sentimento de ser um membro igual a todos os outros. A participação é mais abstrata que a remuneração, mas não menos poderosa. A equidade em participação é a crença de que todos os colaboradores, independente de sua posição, são tratados de um modo que evidencia seu valor para a organização. Quando as empresas conseguem fazer isso, mesmo os indivíduos nos menores cargos (em salário ou hierarquia) se envolvem com a organização e com suas atividades tanto quanto a direção. Assim como quase todos os aspectos da imparcialidade, boa parte da equidade em participação é motivada por comportamentos, não por políticas. Isso fica óbvio no modo como os gestores falam com as outras pessoas e no modo como tomam e comunicam decisões. Ainda assim, as empresas sinalizam a participação aos colaboradores por meio de programas e práticas.

Programas que reconhecem e atendem as necessidades de grupos de colaboradores individuais são comuns nas melhores empresas. Tais programas criam uma sensação de que todos são membros integrais da empresa por mostrarem aos colaboradores que suas necessidades são relevantes, mesmo quando não são as necessidades da maioria. Alguns programas são adaptados aos colaboradores que trabalham no turno da noite ou da madrugada, outros auxiliam pais de filhos recém-nascidos e outros atendem colaboradores cujas necessidades são pura e simplesmente incomuns:

- Muitos hotéis da rede Four Seasons estenderam o horário de trabalho do RH para se adaptar a ampla variedade de horários dos colaboradores. A equipe de RH está disponível aos sábados e à noite até às 20h. Além disso, para garantir que todos os colaboradores recebam as informações que precisam, o RH faz "cafés da manhã de benefícios" às 2h para a equipe da madrugada.
- O Boston Consulting Group (BCG), uma consultoria de estratégia e administração, contrata indivíduos com históricos muito variados e entende a importância de prover-lhes as habilidades para alicerçarem o sucesso, independente dos seus históricos. Duas vezes ao ano, o BCG promove o Business Essentials Program (BEP), duas semanas de treinamento intensivo fora da empresa para colaboradores recém-contratados sem MBA e para colaboradores promovidos ao cargo de consultor que não realizarão um MBA no futuro próximo. O programa ensina os fundamentos e princípios básicos do mundo dos negócios para ajudar o sucesso imediato dos não MBAs. O BEP estende as visões de negócios para além de experiências específicas e desenvolve o domínio das habilidades e ferramentas analíticas entre os colaboradores. Assim como os colaboradores de todos os níveis, profissionais, gestores e líderes se beneficiam quando suas necessidades especiais são reconhecidas e atendidas; em muitos casos, a sensação de equidade fortalece os relacionamentos positivos estabelecidos com clientes e colegas de trabalho.

Muitos programas de reconhecimento seguem o padrão de dar atenção consciente a todos os grupos cujas contribuições fazem a diferença e de criar maneiras relevantes de reconhecê-los. Observe que, no capítulo anterior, analisamos a necessidade de reconhecer os colaboradores para construir respeito. Aqui, nosso objetivo é criar uma sensação de justiça ao possibilitar que todos tenham a mesma chance de serem reconhecidos, independente de seus cargos. Por exemplo, o Nugget Market tem um concurso anual chamado Bag-Off, no qual os empacotadores competem pelo título do mais rápido empacotador. Mas o Nugget também aproveita a oportunidade para reconhecer todos os outros funcionários da loja, independente de seus cargos. Ao mesmo tempo em que as lojas se preparam para o concurso, a Nugget realiza outro, a Spirit Competition. Com fantasias, caras pintadas, músicas e festa, as lojas competem pelo título da loja mais animada, e não apenas pelo da loja com o mais rápido empacotador. A vencedora recebe o cobiçado Spirit Trophy, além do *status* de campeã do ano.

Os programas de reconhecimento pelos colegas costumam ser ignorados, mas podem ser uma excelente maneira de ajudar os colaboradores a se sentirem parte integral da organização. Além de dar autonomia para que os colaboradores reconheçam colegas de sucesso, esses programas também são um mecanismo nivelador pelo qual todos que entram em contato com outros colaboradores conquistam o direito ao reconhecimento. Nas Erickson Retirement Communities, empresa sediada em Baltimore, Maryland, os prêmios "O melhor dos melhores" são apresentados a um executivo e a um não executivo nos escritórios corporativos de cada comunidade. Para serem considerados para o prêmio, os candidatos devem ser aclamados por colegas, residentes ou visitantes pelo modo como adotam a cultura e os valores da empresa e por tornarem a Erickson um excelente lugar para trabalhar, morar e visitar. Os vencedores são anunciados durante as visitas da equipe executiva a cada comunidade. Nessa visitas, a equipe entrega uma placa comemorativa e parabeniza pessoalmente os vencedores na presença de colegas e supervisores. Os vencedores também recebem um prêmio em dinheiro e outros presentes selecionados pelos líderes do departamento ou pela comunidade.

❖ Imparcialidade

A equidade é a crença em um processo justo e na participação igualitária na organização, mas a isenção é a crença em uma tomada de decisão justa e equilibrada. Acreditar na isenção significa acreditar que os gestores evitam o favoritismo e promovem a justa avaliação dos indivíduos na hora de distribuir cargos e tarefas. Em outras palavras, as pessoas acreditam na capacidade de tomar decisões com base nos fatores certos, e não por causa de política, amizade ou ganho pessoal. Dos três aspectos da imparcialidade, este é o mais difícil, como mostram os *benchmarks* inferiores e nossa experiência pessoal com o *coaching* de gestores.

Por uma série de motivos, a isenção é um grande desafio para os líderes. É difícil mostrar para os colaboradores que você se importa com eles sem parecer que tem favoritos e é difícil tomar decisões importantes sem alguém achar que tem uma ideia melhor, especialmente se isso significa que alguém não foi promovido ou reconhecido. Na nossa experiência, quando os gestores se esforçam demais para alcançar um equilíbrio, eles acabam estragando tudo! A melhor opção costuma ser aquela com maior nível de consideração. E a decisão difícil quase sempre é a melhor para todos os envolvidos quando é tomada de um modo imparcial.

A capacidade de se comunicar resolve vários problemas, e é mais provável que os gestores se comuniquem quando podem defender suas decisões com firmeza. Em geral, sugerimos que os gestores tomem a decisão que consideram certa, que se preparem para as consequências e que planejem a comunicação. Paradoxalmente, se os gestores tentarem tomar uma decisão que não terá consequências negativas ou se não planejarem sua comunicação, aumentará a probabilidade deles tomarem uma decisão parcial. Mais uma vez, os valores da empresa são um farol que ilumina o caminho do gestor e da organização. Os valores ajudam o gestor a tomar decisões alinhadas com a filosofia da organização e garantem que as decisões de toda a organização tenham a consistência, que é a grande marca da isenção.

Várias empresas incorporam a imparcialidade a seus sistemas de valores, pois estabelecer um padrão para a tomada de decisões leva à isenção. Os líderes das melhores empresas também tentam garantir que os gestores de todos os níveis ouçam e compreendam a mensagem:

- A declaração de missão da TDIndustries é: "Comprometemo-nos em oferecer oportunidades de carreiras excelentes, excedendo as expectativas de nossos clientes por meio de melhorias contínuas e dinâmicas". As oportunidades de carreira são consideradas parte da missão da empresa. Além disso, os líderes da TDIndustries são avaliados por um padrão de "liderança servidora", uma filosofia que ensina os gestores a servirem as pessoas que trabalham para eles, e não o contrário. Ambos os princípios moldam um processo de decisão imparcial por parte dos gestores.
- Os colaboradores de todos os níveis da CH2M HILL seguem o "livrinho amarelo", escrito pelo adorado cofundador e ex-presidente da empresa. Um dos pensamentos do livro é: "Os supervisores costumam dizer 'eu quero que você faça isso' ou 'eu quero que você faça aquilo'. É melhor dizer 'funciona melhor se você fizer assim' ou 'de

acordo com as políticas da empresa, por favor, faça assim". Fazemos o que fazemos porque é bom para a empresa, não pelos desejos de um indivíduo". E os líderes botam fé nessas palavras! Em nossas entrevistas com os altos executivos da CH2M HILL, muitos apareceram com cópias do "livrinho amarelo" no bolso.

- Na Bright Horizon, um dos elementos da iniciativa "missão em movimento" se chama "*passe adiante*: ajude a desenvolver uma nova geração de líderes". E é bem isso que eles fazem. O programa de planejamento de sucessão identifica os futuros líderes da empresa e implementa planos de carreira individuais que oferecem apoio aos principais colaboradores e permite que sejam promovidos dentro da organização. Os gestores avaliam suas equipes e dão notas para o desempenho e potencial dos membros com base em medidas objetivas. Espera-se que os gestores deem *feedback* e estabeleçam um diálogo honesto com os colaboradores para orientá-los em suas carreiras.

Por que os valores são tão importantes para a isenção? Nenhum programa, prática ou iniciativa pode forçar o bom comportamento por parte dos gerentes. Os gerentes recebem a autoridade para tomar decisões, e os líderes e colaboradores precisam dar a eles a liberdade e o crédito necessários para tal tarefa. Valores sólidos, pessoas que inspiram comportamentos e comunicações claras sobre a necessidade de decisões justas são muito mais poderosos do que políticas e procedimentos. Não que políticas e programas que promovem a imparcialidade não sejam importantes, mas é a execução das políticas e o resultado dos programas que realmente comunicam a isenção.

Pense no caso das promoções. Quando decidida com justiça, a filosofia das promoções internas pode criar a percepção de isenção. Se a pessoa promovida é um colega respeitado e de bom desempenho, aumenta a probabilidade dos colaboradores verem a promoção como merecida. Para facilitar o processo, as empresas podem garantir que estão cientes de quem deseja uma promoção e podem auxiliar os interessados em adquirir as habilidades necessárias. A promoção interna permitiu que centenas de milhares de colaboradores da Publix Super Markets alcançassem suas metas de carreira por começarem trabalhando em cargos para iniciantes e receberem treinamento durante todo seu tempo na empresa. O processo de registro de interesse da Publix permite que os colaboradores expressem formalmente seu desejo de serem promovidos a um cargo de gestão no varejo. O processo permite que a Publix entenda as metas de carreira dos colaboradores e ajude-os a se prepararem para os cargos que desejam. Colaboradores de organizações com processos semelhantes entendem que as promoções são decididas apenas depois de a direção considerar os currículos de quem demonstrou interesse e as vagas existentes. A equipe entende a filosofia da Publix não porque o programa existe no papel, mas é porque ele é executado e os resultados têm alta visibilidade.

Em outras empresas, os próprios colaboradores têm um papel importante no processo de determinar quem deve ser promovido ou reconhecido. Quando os colaboradores recomendam seus colegas, os outros aceitam melhor a decisão porque essa foi tomada por quem teve as melhores oportunidades de observar o desempenho e de decidir se o escolhido merecia o prêmio ou a promoção. No Umpqua Bank, os membros do President's Club trabalham em várias áreas diferentes do banco. Eles são nomeados pelos colaboradores por representarem a cultura e os valores fundamentais da empresa e passam a integrar o clube se recebem a aprovação de 75% dos membros atuais (cerca de cem pessoas). Os membros do President's Club tornam-se um canal de comunicação entre colaboradores e executivos e ajudam a transmitir suas preocupações. Assim, a ideia de isenção é fortalecida porque os colaboradores podem nomear membros para o clube.

Como vemos, a isenção fica evidente na tomada de decisões. Algumas poucas decisões são muito visíveis e relevantes para o sucesso do gestor, mas todas as decisões que envolvem os colaboradores, estejam elas sujeitas a revisão formal ou não, impactam a percepção de isenção. Como líder, seu trabalho inclui orientar os outros sobre como tomar decisões isentas e justas, seja pela criação de programas formais, seja pelos valores da empresa seja pelo exemplo de suas próprias ações.

❖ Justiça

Assim como a equidade e a isenção, uma forte percepção de justiça é algo difícil de produzir no ambiente de trabalho. Ela depende da credibilidade dos líderes e da consistência entre suas ações e suas palavras. Os colaboradores que vivenciam um ambiente de trabalho justo acreditam que os gestores promovem comportamentos inclusivos, que evitam a discriminação e que estão comprometidos com a imparcialidade. Muitos programas tentam promover a sensação de justiça, como no caso do treinamento para a diversidade e dos procedimentos para reclamações, mas mais uma vez essa percepção depende exclusivamente do comportamento dos gestores. As empresas que conseguem criar uma percepção de justiça responsabilizam os gestores pelo tratamento justo e imparcial dos colaboradores. Além disso, os líderes das melhores empresas querem que os injustiçados levantem suas vozes e consideram seus recursos e reclamações com muito cuidado.

Tratamento

A justiça procura garantir um tratamento imparcial para todos os colaboradores, independente de características pessoais como raça, idade, gênero, condições físicas e orientação sexual. Nos últimos 50 anos, as empresas passaram a focar cada vez mais na diversidade. Mas foi apenas nos últimos anos que ocorreu uma transição do "cumprir os requisitos legais" para promover uma cultura de inclusão, um movimento liderado pelas empresas presentes na lista das melhores.

Da nossa perspectiva, a mudança é a seguinte: empresas que costumavam se concentrar apenas na quantidade de colaboradores contratados e recrutados hoje usam esses números para medir o *resultado* de seus esforços em construir uma cultura inclusiva. Os números ainda são acompanhados, e as empresas ainda agem para expandir a representatividade, mas, nas melhores empresas, o foco está em como engajar as perspectivas e os talentos de pessoas que têm uma ampla variedade de características e históricos. É mais do que uma mera reação aos números: a capacidade de inclusão é parte dos valores, das estratégias e das expectativas que as empresas têm para as pessoas em toda a organização.

Nessa área, os programas e práticas mais comuns nas empresas que visitamos são aqueles que apoiam grupos diversos de colaboradores, que concentram os esforços de recrutamento em grupos com baixa representatividade e que mantêm um foco estratégico em diversidade.

- Para promover a diversidade dos colaboradores, a Marriott International lançou uma série de programas de educação e recursos de autoestudo em línguas estrangeiras, os quais são patrocinados pela empresa para ajudar a equipe a aumentar suas oportunidades de desenvolvimento pessoal e profissional. Como parte do programa, em 2009, a Marriott expandiu seus cursos de línguas Rosetta Stone® pelo *site* myLearning, outra iniciativa da empresa. Com a opção de 30 línguas, os cursos expandem a proficiência linguística e melhoram a comunicação entre clientes e colaboradores. Hoje, mais de 5.200 colaboradores usam o programa.

- Com a esperança de descobrir maneiras de aumentar a diversidade dos novos contratados, a General Mills, líder no mercado de alimentos, adotou a iniciativa "traga um amigo". Os membros das diversas redes de colaboradores da empresa, que são sistemas de apoio internos que auxiliam carreiras de mulheres e minorias, são convidados a levarem seus amigos e familiares ao evento. Os colaboradores recebem um prêmio de US$ 3 mil quando a empresa contrata um convidado por causa dos eventos. Os eventos são sempre lotados, com até 260 convidados.
- Na Perkins Coie, um escritório de advocacia com sede em Seattle e com mais de dez filiais ao redor do mundo, todos os advogados e quase todos os escritórios dos Estados Unidos participam do comitê de diversidade estratégica da empresa. O trabalho do comitê começou em 1988 e se transformou em um fórum para o debate e a implementação de uma série de programas e políticas que afetam advogadas mulheres e minorias. O comitê desenvolve uma estratégia de diversidade para toda a organização, estabelece metas para orientar a implementação de programas existentes e cria novas iniciativas. Ele também aconselha os comitês administrativo e executivo sobre os efeitos diretos e indiretos de iniciativas da empresa sobre a diversidade no local de trabalho. O grupo é composto de 14 sócios, quatro advogados *of-counsel*, cinco adjuntos e cinco membros da equipe administrativa, incluindo o diretor de operações, o diretor de diversidade, o diretor de *marketing* e o diretor de pessoal. O sócio diretor da empresa também integra o comitê de diversidade estratégica.
- A PricewaterhouseCoopers LLP (PwC), uma multinacional de serviços, usa um programa chamado *eXplore* para identificar minorias entre estudantes no primeiro e segundo ano de faculdade. O *eXplore* é um currículo interativo de um dia que busca desenvolver habilidades de trabalho em equipe, pensamento estratégico, criatividade, solução de problemas e liderança. É um dia divertido e educativo que inclui redes sociais, um jantar e uma rifa. Nele, pequenos grupos de estudantes (nunca mais de 40) podem fazer perguntas e aprender um pouco mais sobre como é trabalhar na PwC. Os alunos que demonstram interesse são considerados para programas de estágio e desenvolvimento de talentos. O *eXplore* apoia os esforços da empresa de atrair um grupo diverso de candidatos e abre caminho para

candidatos que nunca considerariam uma carreira em um dos quatro grandes escritórios de contabilidade do mundo.

Muitas empresas tentam criar um ambiente justo e imparcial para indivíduos de todos os gêneros, raças, idades, condições físicas e orientações sexuais, mas os programas e práticas das melhores empresas estão entre os mais avançados. Além disso, os programas nessas empresas muitas vezes atacam com uma precisão incrível as menores sutilezas do tratamento imparcial. Pense no exemplo da TDIndustries, que tem vários colaboradores cuja língua-mãe é o espanhol. Enquanto muitas empresas oferecem aulas de inglês para colaboradores que não são falantes nativos do inglês, a TDIndustries tenta resolver o problema fundamental: a comunicação. Na TD, os colaboradores anglófonos também assistem aulas de espanhol. Pense na mensagem que essa iniciativa comunica sobre tratamento imparcial. Nenhum grupo é destacado. Nenhum grupo é visto como aquele que precisa ser assimilado. Em vez disso, todos saem ganhando quando os colaboradores conseguem se comunicar. E isso é possível com uma língua comum, seja ela o espanhol ou o inglês.

A W. L. Gore tem um programa especial que trabalha com delicadeza os problemas mais profundos do tratamento imparcial. Os líderes da Gore ouvem um grupo muito esquecido quando se trata de conversas sobre diversidade. Além das redes de diversidade mais tradicionais, como as de afro-americanos, asiáticos, latinos e hispânicos, *gays* e lésbicas e mulheres, a Gore tem uma rede de apoio à diversidade para homens brancos. O grupo foi fundado por homens que queriam participar da conversa sobre diversidade e apoiar outros colaboradores e a cultura da empresa. Mais uma vez, pense na mensagem que a empresa está mandando. Não se trata de grupos abertos apenas a mulheres ou pessoas de cor, mas sim de trabalhar os interesses e necessidades de diversidade de todos os colaboradores, incluindo os homens brancos.

Recursos

Outro aspecto da justiça envolve a confiança de que os colaboradores podem entrar com recursos e apelar de qualquer decisão e que, caso decidam fazer isso, terão um julgamento imparcial. Algumas empresas resolvem seus problemas com uma política de portas abertas que incentiva os colaboradores a procurarem qualquer gestor, a qualquer momento e com qualquer problema. Em uma situação ideal, a política de portas abertas só funciona se tiver raízes profundas na organização, se já tiver sido testada várias vezes e se for apoiada pelas narrativas de colaboradores que desafiaram o *status quo* procurando um gestor e mencionando uma preocupação. Criar um ambiente assim do zero não é impossível, mas é improvável. Em geral, políticas de portas abertas de sucesso começam com algum processo formal, mesmo que seja um sistema básico que estimule os colaboradores a envolverem a equipe de RH. Com o tempo, a percepção contínua e coerente de justiça e imparcialidade faz que os colaboradores sintam que têm o apoio necessário para mencionar suas preocupações.

Em geral, a simples presença de uma política clara e conhecida para reclamações ou preocupações melhora a sensação de justiça entre os colaboradores. No passado, trabalhamos com empresas que melhoraram muito as percepções dos colaboradores depois de implementarem um simples processo de reclamações. Se os líderes e gestores apoiam o processo, estimulan seu uso e reagem de modo apropriado as preocupações que os envolvem, os colaboradores verão o ambiente como justo em se tratando de recursos. Entretanto, as organizações têm várias outras maneiras de convencer os colaboradores a entrarem com recursos. As grandes empresas, em especial, quase sempre precisam adotar uma abordagem mais estruturada.

Com 60 mil colaboradores ao redor do mundo, a American Express é uma dessas empresas. Lá, o escritório do *ombudsperson* é um recurso neutro e confidencial em que os colaboradores podem buscar orientações sem medo de retaliação e podem confiar que suas preocupações ficarão em segredo. O escritório consiste em *ombudspersons* espalhadas pelo mundo, que ouvem, ensinam e ajudam os colaboradores. Mas é o colaborador que decide como deve agir. Por exemplo, um *ombudsman* da American Express pode:

- Ensinar os colaboradores a melhor maneira de procurar o líder ou de usar os canais formais internos da empresa para resolver seu problema;
- Ajudar os colaboradores a protegerem sua identidade quando comunicam informações ao líder ou outros indivíduos; e
- Identificar opções alternativas quando o colaborador já procurou seu líder com um problema, mas não chegou a uma solução.

Para promoverem uma oferta inclusiva aos colaboradores, os *ombudspersons* são especialistas nas iniciativas de diversidade da empresa. Nos Estados Unidos, o *ombudsperson* é membro do Diversity Council. Além disso, os *ombudspersons* se reúnem periodicamente com os membros da direção para identificar tendências e oportunidades para melhorias sistêmicas. Assim, a American Express é proativa com os colaboradores que precisam de apoio para falar sobre um problema, mas também coleta informações para corrigir problemas contínuos e resolver permanentemente as questões do momento.

Muitas outras empresas, independente de tamanho, incluem processos de revisão por pares em seus procedimentos de reclamações. Além de dar aos colaboradores um grupo de colegas que pode compreender melhor suas preocupações, a iniciativa também cria um sistema de pesos e contrapesos que fortalece a percepção de imparcialidade. Em outras palavras, os programas de revisão por pares são uma maneira dos líderes demonstrar seu compromisso com a imparcialidade a diversos colaboradores ao mesmo tempo e de comunicarem o que todos podem esperar quando alguém levanta alguma preocupação. A Granite Construction tem um programa chamado "programa de resolução de disputa com colaboradores" no qual os colaboradores podem usar quatro opções para contestar ou apelar de decisões. A opção 1 é uma política de portas abertas na qual o colaborador pode conversar com seu supervisor imediato ou com níveis superiores da administração sem medo de represálias. A opção 2 é uma conferência de resolução de disputas, com a participação de uma equipe de três a quatro colegas e gestores que não estão envolvidos na disputa e que podem, assim, ser isentos e imparciais com todos os envolvidos. A opção 3 é a mediação junto à American Arbitration Association (AAA). A opção 4 é a arbitragem junto à AAA. Se o colaborador pede para ser representado por um advogado, a Granite paga até US$ 2.500 em custas durante o processo. A maioria das disputas dos colaboradores na empresa são resolvidas pela linha direta com o departamento de recursos humanos ou pela opção 1, mas a possibilidade de participar em qualquer uma das quatro opções sem dúvida aumenta a percepção de justiça entre os colaboradores.

❖ Imperativos dos líderes

Sempre lembramos os líderes que a imparcialidade não pode surgir em um vácuo. Mais do que qualquer outra dimensão, a imparcialidade funciona melhor se a organização também se esforça para fortalecer as outras âncoras da confiança. O primeiro passo é construir credibilidade e respeito para balizar a percepção de imparcialidade entre os colaboradores. A seguir, apresentamos outros deveres que devem ser considerados.

A imparcialidade é sempre prioridade

Determine onde o tratamento imparcial se encaixa com a declaração de valores da empresa e, então, comunique e lembre a equipe sobre a necessidade de tratar a todos com justiça e isenção, independente do cargo ocupado dentro da empresa. A QUALCOMM acredita que cada um dos colaboradores contribui para sua posição de liderança no setor; todos os anos, cada divisão seleciona uma equipe para representar essas contribuições no relatório anual sobre pessoas da QUALCOMM. Os relatórios sempre incluem colaboradores do mundo todo, estejam eles representando uma função, uma equipe ou dando suas opiniões sobre a empresa. A publicação interna mostra como os colaboradores e equipes contribuíram para o sucesso da QUALCOMM no último ano e destaca a cultura exclusiva da empresa. Nas melhores empresas, até a comunicação interna sinaliza que as pessoas são importantes, independente de cargo. Enquanto avalia seu local de trabalho, reflita se seu discurso faz que as pessoas se sintam membros iguais da organização, se ele lembra a equipe de que todos têm uma contribuição a fazer e, indiretamente, se ele incentiva os gestores a serem justos em todas as decisões.

Tolerância zero com a parcialidade

Responsabilize os gestores por tratamentos parciais. Steven Stanbrook, diretor operacional de mercados internacionais da SC Johnson, diz que adotar essa atitude é essencial para uma cultura forte. "Acho que é assim que os valores viram realidade. Se não enfrentamos os erros, os valores literalmente perdem o sentido, pois afirmar o que vamos fazer implica em afirmar o que não podemos tolerar. Acho que, se você não cumpre a segunda parte da declaração de valores, elas não passam de palavras numa página. Tento incentivar as pessoas a simpatizarem umas com as outras e a enxergarem a situação pelo ponto de vista da outra. Mas, se ainda assim, os fatos não refletirem o bom senso, haverá consequências". Se os líderes não ensinam os gestores sobre a importância de um processo de tomada de decisões imparcial e não repreendem aqueles que agem com injustiça, os colaboradores não têm como confiar que serão tratados com equidade, isenção e respeito.

Mande mensagens fortes

As decisões sobre cargos e promoções e sobre os respectivos procedimentos mandam uma mensagem sobre a imparcialidade. Como mencionamos anteriormente, a American Express criou uma equipe para ajudar os colaboradores a resolverem suas preocupações de uma maneira justa. Mas o modo como o líder interage com o pessoal também manda uma mensagem. Um gestor da Wegmans nos explicou sua filosofia de liderança: "Temos cargos, mas ninguém aqui gosta de citá-los, pois não é justo com os colaboradores. Quando eles precisam de alguma coisa da gente, não importa quem seja, precisamos dar um jeito. E ponto. Em qualquer nível". Pense em como mandar uma mensagem em alto e bom som sobre imparcialidade, independente do nível de influência. Mesmo se promoções e procedimentos estiverem fora da sua alçada, suas filosofias pessoais comunicam muito sobre como você acha que os colaboradores deveriam ser tratados.

Envolva-se

Quando a direção está envolvida na tomada de decisões, mesmo que apenas em uma revisão final, tanto gestores quanto colaboradores sabem esperar pela imparcialidade. Na QuikTrip, uma rede de lojas de conveniências da cidade de Tulsa, o presidente e CEO e os doze vice-presidentes analisam a remuneração de cada colaborador. O processo demora cerca de quatro dias. A QuikTrip realiza a revisão para todos os cargos, do auxiliar de escritório ao vice-presidente. A direção dedica todo esse tempo aos salários para garantir que o sistema seja justo e coerente. Os líderes precisam tomar cuidado e garantir que essas revisões sejam vistas como parte de uma parceria, e não como um caso de microgestão. Mas quando as percepções sobre imparcialidade entre os colaboradores estão em jogo – um elemento sempre precário nas organizações –, tempo e atenção adicionais valem a pena.

Depois de mandar essas mensagens, é mais provável que seus gestores passem a agir.

❖ *Check-list* de atitudes imparciais

Uma lista de comportamentos para criar um ambiente de equidade, isenção e justiça inclui:

Equidade

- Comunicar sobre a distribuição dos lucros obtidos pela organização.
- Certificar-se de que as pessoas entendem os fatores que influenciam sua remuneração.

- Reconhecer quando as pessoas fazem um bom trabalho, independente de seus cargos ou do tempo no grupo de trabalho.
- Tratar as pessoas com respeito, independente de seus cargos no grupo de trabalho ou na organização.
- Trabalhar para garantir salários justos para as pessoas no grupo de trabalho.

Isenção

- Afastar-se imediatamente de motivações políticas quando me vejo envolvido com elas.
- Certificar-se de que as pessoas estão prontas para promoções.
- Informar o que é necessário para buscar promoções em seu departamento.
- Esforçar-se para desenvolver relacionamentos profundos com todos os subordinados diretos.
- Tomar cuidado para não espalhar boatos.
- Tentar beneficiar todos os envolvidos em sua vida profissional: a organização, o pessoal e você mesmo.
- Tentar não dar tratamento preferencial a qualquer colaborador.
- Comunicar as qualificações e novas funções das pessoas promovidas no departamento.

Justiça

- Dar oportunidades e tratar as pessoas com respeito, independente de idade.
- Dar oportunidades e tratar as pessoas com respeito, independente de gênero.
- Dar oportunidades e tratar as pessoas com respeito, independente de raça.
- Dar oportunidades e tratar as pessoas com respeito, independente de orientação sexual.
- Certificar-se de que as pessoas estão cientes de como apelar de decisões tomadas por seus líderes.
- Apoiar pessoas preocupadas com tratamentos injustos.

Estudo de caso
Scripps Health: um por todos e todos por um

Resumo

- Sistema de saúde, incluindo cinco hospitais, clínicas ambulatoriais e serviços de saúde doméstica.
- Sediada em San Diego, Califórnia.
- Fundada em 1924 por Ellen Browning Scripps.
- Sem fins lucrativos.
- Com 13.200 colaboradores em 29 locais.
- Presente na lista dos Estados Unidos desde 2008.

Os colaboradores da Scripps Health aproveitam vários aspectos do trabalho. Eles têm orgulho dos cuidados que dão aos pacientes. Eles têm líderes fortes que expandiram a tradição da Scripps e criaram uma organização de saúde de primeira classe. Eles têm um ambiente de trabalho divertido e orientado a famílias. E eles têm benefícios generosos e especializados. Mas nada é mais impressionante, na Scripps, do que a clara sensação de que todos são importantes. Quando você conversa com os colaboradores, eles dizem que "estão todos juntos nessa história". Esse conceito de equipe não acontece por acidente, ainda mais considerando a diversidade das instalações da empresa, tanto com relação às suas histórias quanto às comunidades atendidas. A liderança dá o tom para criar esse ambiente de equipe. Os líderes mandam mensagens fortes e fazem um esforço consciente para criar programas e benefícios que impactem toda a equipe. A Scripps é um grande ambiente de trabalho imparcial e igualitário, uma situação criada e reforçada por ações e palavras.

Vic Buzachero, vice-presidente sênior de inovação, recursos humanos e desempenho, promove reuniões de grupos focais todos os anos para entender as necessidades do pessoal e adaptar os programas para atendê-las. Quando criou um programa de incentivos para os colaboradores, Vic procurou ajuda dos colaboradores para criar um sistema simples e cheio de significado. "Foram os colaboradores que definiram o que consideravam dentro do seu controle e o que achavam que funcionaria. Nós usamos essa informação e comunicamos: 'Isso é o que vocês disseram que queriam, isso foi o que criamos'. E fizemos algo mais simples que a maioria dos programas de incentivos para colaboradores". Hoje, por meio do programa "ações de sucesso", se certas metas são cumpridas, a Scripps distribui vários milhões de dólares a todos os colaboradores que trabalharam mais de 1.086 horas no ano. Nenhum colaborador consegue fazer algo sozinho. O prêmio sinaliza a imparcialidade da distribuição dos lucros, enquanto as metas incentivam a cooperação. Em última análise, todos sentem que são importantes para o sucesso da Scripps e todos têm a oportunidade de aproveitar esse sucesso.

A Scripps usa outros programas para promover sua cultura de equidade e participação, incluindo:

- O programa de orientação de novos colaboradores ajuda os recém-contratados a entenderem como seu trabalho contribui para as metas estratégicas da Scripps, independente de local ou função. O programa dura um dia inteiro e destaca a missão, a visão e a expectativa de qualidade de serviço por parte dos colaboradores, além do apoio e desenvolvimento por parte da organização. Os colaboradores aprendem desde o primeiro dia sobre seu importante papel na prestação de serviços de saúde de qualidade.
- Muitos benefícios e programas são projetados para atenderem todos os colaboradores. Cada colaborador participa de pelo menos um programa de aprendizagem uma vez ao ano; a empresa também disponibiliza programas de reembolso de mensalidade para todos. Até mesmo a equipe não clínica pode receber subsídios para a obtenção de um diploma clínico, e colaboradores com proficiência limitada em inglês podem participar do programa "caminhos de carreira essenciais".
- Os esforços também enfocam as necessidades especiais de grupos específicos. Por exemplo, muitas empresas esquecem de seus colaboradores aposentados, mas não a Scripps! Os aposentados da Scripps recebem comunicações especiais, benefícios de bem-estar e convites para comemorações. São maneiras de reconhecer o serviço dos ex-membros da equipe. Outro grupo visado pela Scripps é o de indivíduos em cargos iniciais. Eles recebem subsídios em seus benefícios de saúde, para ajudá-los a obter um salário justo no mercado caro de San Diego.

Além dos programas da Scripps demonstrarem o quanto a empresa está comprometida com a ideia de envolver todos os colaboradores, a filosofia dos gestores também manda a mensagem em alto e bom som. Como disse uma enfermeira-gerente: "Acho que não importa se você trabalha em um departamento de apoio, de enfermagem ou em qualquer outro departamento, a liderança da Scripps espera que o líder saiba fazer tudo que seus colaboradores fazem. Sim, tem uma hierarquia, mas não de verdade. Há uma atmosfera de equipe, que é esperada. Os líderes não recebem um cargo de liderança, ou em geral não deveriam receber, se não promovem um ambiente de equipe. No final das contas, eu sou enfermeira e gestora. Mas a enfermeira da equipe que atende os pacientes, ela é a especialista".

O resultado desses programas e filosofias aparece no comprometimento e cooperação dos colaboradores da Scripps e nos serviços de saúde excelentes que a empresa oferece. Como resume um colaborador: "Estamos todos aqui para garantir que os pacientes recebem bons cuidados. Todos dão às mãos e ajudam uns aos outros. Eu posso ligar para a engenharia. Posso ligar para a hospitalidade. Posso ligar para os andares do CTI, para todo mundo. E eles vão me ajudar a fazer o que preciso naquele dia sem pensar duas vezes".

Estudo de caso

CH2M HILL: a propriedade como modo de vida

Resumo

- Serviços profissionais: consultoria, *design, design-build*, operações e gestão de programas.
- Sediada em Englewood, Colorado.
- Fundada em 1946.
- Capital fechado, propriedade dos colaboradores.
- Com 23.500 colaboradores em mais de 170 escritórios ao redor do mundo.
- Presente na lista dos Estados Unidos em 2003, 2006, 2008 e 2009.

A CH2M HILL é uma empresa de engenharia e construção sediada em Denver, Colorado. Visto que a empresa é propriedade dos colaboradores, a filosofia de "agir como se fosse o dono" é colocada em prática diretamente com o programa de propriedade. Os colaboradores ficam inspirados quando percebem que o desempenho pessoal pode ajudar a aumentar o retorno sobre o investimento, independente de eles serem acionistas de fato ou não. Independente de cada colaborador ser ou não proprietário, todos se veem trabalhando por uma comunidade forte e unida de proprietários, e não por um grupo de acionistas públicos distante ou por um grupo exclusivo de sócios privilegiados. Mas o que significa "agir como se fosse o dono"? Na CH2M HILL, significa conhecimento especializado, manter o bem-estar da empresa e do pessoal em mente ao tomar decisões e agir de um modo coerente com as filosofias da empresa.

Na CH2M HILL, os colaboradores não hesitam em destacar o modo como todos compartilham conhecimentos e habilidades como uma marca da cultura. Como disse um colaborador: "Sempre digo que quase nunca trabalho sozinho, pois a equipe da qual você participa, se do próprio departamento, se interfuncional ou se entre vários grupos, é sempre uma equipe que trabalha no mesmo projeto que você. É muito raro aparecer algo que você faz sozinho". Bob Card, presidente da divisão de instalações e infraestrutura, dá ainda mais importância ao compartilhamento de habilidades e experiência. "Sempre digo que temos uma autonomia forte. Não seria verdade dizer que controlamos nossas divisões. Nós lideramos. A verdadeira organização se baseia em talento. Podemos publicar todos os gráficos do mundo, mas as linhas sempre correm em direção às respostas".

Os colaboradores também opinam que o capital fechado permite que adotem uma visão de longo prazo. Como disse um deles: "Uma das coisas que você pode dizer numa empresa de propriedade dos colaboradores é que nós temos o luxo de adotar uma visão de mais longo prazo sobre o que é bom para o negócio. Nunca somos pressionados a alcançar um indicador de curto ou até de médio prazo. Trabalho em uma área na qual sou responsável por avaliar os perfis de risco dos projetos. Se um projeto parece financeiramente atraente, mas tem um perfil de risco que pode colocar as finanças da empresa em risco, não pensamos duas vezes antes de dizer não. Escolhemos a dedo o que queremos trabalhar com base nas metas de longo prazo da empresa, ao contrário de alguém que está tentando cumprir sua quota de vendas ou alcançar uma margem".

Agir como proprietário significa agir de acordo com as filosofias do "livrinho amarelo". Escrito e ilustrado pelo cofundador e ex-presidente Jim Howland, o livro está sempre no bolso de muitos executivos, que não hesitam em citar suas passagens favoritas. Manter essa filosofia sempre em mente não deixa os colaboradores esquecerem suas obrigações. Um deles nos conta: "Quando adquirimos outras empresas, fazemos uma avaliação de risco e analisamos seu *status*. Meu gerente, em uma das reuniões de integração, disse: 'No final das contas, você ia querer ver isso na capa do jornal?' Essa é uma citação direta do "livrinho amarelo". É assim que precisamos analisar todas as situações. É assim que começamos nosso treinamento e integração. Ouvir os gestores citando passagens é prova que nossos valores estão vivos".

O aspecto de propriedade dos colaboradores é outra característica especial da CH2M HILL, mesmo entre as melhores empresas para trabalhar. A organização não divulga informações detalhadas sobre o número de colaboradores participantes, mas todas as ações são de propriedade dos colaboradores. Os líderes são os primeiros a destacar que, apesar da propriedade em si ser um fator positivo, a diferença está no modo como essa situação permite que eles operem. Os líderes e colaboradores agem como os donos da CH2M HILL, mas, antes de qualquer coisa, eles agem como os donos de um excelente local de trabalho. Eles assumem uma responsabilidade pessoal pelo compartilhamento de informações uns com os outros, por tomar as decisões que mais beneficiam o negócio no longo prazo e por viver os valores da organização.

"Visto que somos de propriedade dos colaboradores, criamos nosso próprio destino e tomamos as melhores decisões para os colaboradores e para os clientes", diz Lee McIntire, CEO e presidente do CH2M HILL. "Confiamos que nossos mais de 23 mil colaboradores sempre farão a coisa certa e somos responsáveis perante nossos colaboradores-proprietários por fazer o mesmo. Não temos analistas. Ninguém faz *short-selling* com nossas ações. Ninguém em Wall Street manda na empresa. É tudo conosco".

Capítulo 5

Orgulho

"Contribuo para algo que tem significado"

> A empresa se orgulha de dar autonomia ao pessoal, a ponto de ninguém sentir que está apenas "fazendo um trabalho". Todos têm um papel importante na organização.
>
> — Colaborador da Wegmans

■ ■ ■

Os colaboradores, obviamente, têm um relacionamento com os gestores (e se você nunca tinha pensado nisso antes, os Capítulos 2, 3 e 4 devem ter sido suficientes para convencê-lo), mas não menos importante é o fato de eles terem um relacionamento com seus *empregos*. Na verdade, esse é o relacionamento que mais recebe atenção de gestores e profissionais de recursos humanos; a maioria dos líderes se concentra principalmente em documentar, medir, melhorar e monitorar o quanto o colaborador está envolvido com seu emprego, enquanto os profissionais de RH se concentram em questões correlatas, como engajamento, enriquecimento do trabalho e competências. Então, é apenas lógico considerarmos que aspectos desse relacionamento são essenciais para a experiência de um excelente local de trabalho *para os colaboradores.*

A melhor maneira de falar sobre esse relacionamento é descrever o orgulho que os colaboradores têm de seu emprego, de sua equipe e de sua empresa. Quando pedimos que os colaboradores das melhores empresas descrevam como é trabalhar naquele local, eles começam a sorrir e falam sobre como ficam animados quando chegam ao trabalho e sobre como, no final do dia, ficam surpresos de ver que passou rápido. Eles estão imersos no trabalho, o tempo voa. Nas melhores empresas, os colaboradores acreditam que seu trabalho é importante para a organização, que sua equipe ou organização teria menos sucesso se não fosse pelos seus esforços. Eles também falam da alegria de ver o resultado do trabalho da equipe. Além disso, eles têm um sentimento real de respeito pela empresa, por suas marcas, produtos, serviços e posição na comunidade. Eles dizem coisas como "quero me aposentar aqui", "tenho o *privilégio* de trabalhar aqui" e "temos produtos incríveis".

Em muitas organizações que usam nossa pesquisa com os colaboradores, o orgulho costuma ser a dimensão mais positiva das cinco dimensões. Não é um mistério. O emprego é um aspecto importante em nossa experiência profissional e, por isso, ninguém dura muito em um emprego que não prende o interesse, que é difícil demais ou que não é desafiador o suficiente. E ainda que um colaborador possa não confiar muito nos gestores ou na equipe executiva, ele pode ter orgulho das conquistas da equipe ou dos produtos ou serviços que a empresa produz.

Ter orgulho do trabalho é algo elementar, mas também tem um impacto enorme no sucesso da organização. Os colaboradores que têm orgulho da empresa e dos seus produtos e serviços são grandes embaixadores de marca; aliás, em muitas organizações, a promessa de marca baseia-se no serviço, na confiabilidade ou na habilidade do pessoal. Os colaboradores que têm orgulho de seus empregos e que veem um significado especial no trabalho estão mais dispostos a se esforçarem mais do que o necessário e a se comprometerem com as metas da empresa ou departamento. Em suma, um forte sentimento de orgulho impacta o nível de esforço entre os colaboradores.

Como mencionamos no primeiro capítulo, as melhores empresas têm, em média, metade da rotatividade voluntária de pessoal do que as outras empresas no mesmo setor. As pessoas querem ficar com os melhores empregadores. Quando os custos associados a encontrar um substituto podem chegar a duas ou mais vezes o salário do indivíduo, compensa criar um ambiente de trabalho em que as pessoas querem continuar. Assim, quando os colaboradores passam bastante tempo com a empresa, quando seu trabalho tem significado e quando têm orgulho das conquistas da equipe e de sua associação com a empresa, os profissionais são muito mais produtivos e engajados.

Talvez você já saiba o quanto o orgulho é importante para o sucesso das operações. Você pode tentar contratar pessoas que têm orgulho do trabalho e cujos valores combinam com os da empresa. O que você talvez não saiba é como fortalecer esse orgulho ao mesmo tempo em que cumpre sua função de liderança. Como vimos nos capítulos anteriores, você tem uma responsabilidade e uma função bastante direta no desenvolvimento de um ambiente de trabalho com altos níveis de confiança. O orgulho não é bem assim. Como gestor ou líder, seu impacto no sentimento de orgulho dos colaboradores é menos direto. Mas não se deixe enganar: os relacionamentos são interdependentes (assim como o relacionamento entre os colaboradores analisado no próximo capítulo). Seus esforços em prol da confiança também apoiam o orgulho. E quanto à criação do orgulho em si, há algumas ações que promovem diretamente o orgulho que os colaboradores têm do seu emprego, da sua equipe e da sua empresa. Nas próximas páginas, analisaremos essas áreas individualmente.

❖ Orgulho do trabalho

O orgulho refere-se ao modo como os colaboradores enxergam suas contribuições individuais à organização. Acreditamos que, na maioria das organizações, a maior parte dos colaboradores *quer* contribuir e quase sempre tem orgulho do que faz. Eles querem acreditar que fazem a diferença na própria organização. E eles querem acreditar que seu trabalho tem um significado no mundo; além da organização. Todos querem sentir que causam um impacto positivo no mundo.

Fazer a diferença

Quando os colaboradores acreditam que seus esforços fazem a diferença, eles sentem que seu trabalho tem um impacto na organização e que sua presença pessoal na empresa (independente da descrição do cargo) também faz a diferença. Nossa experiência indica que as pessoas orgulham-se de seu trabalho e da conquista de funções e metas organizacionais.

O conceito de fazer a diferença opera em dois níveis. O primeiro: os colaboradores acreditam que têm um impacto em seu cargo ou esfera de responsabilidade. Como diz um colaborador da Microsoft: "A Microsoft é uma empresa gigante. Quando as pessoas imaginam trabalhar na Microsoft, elas não acham que vão ter muita influência. A verdade é que, se você quiser ter bastante influência, se quiser ter um grande projeto, isso é bem possível". O segundo: os colaboradores acreditam que sua importância para a organização vai além dos cargos que ocupam. Como observam os colaboradores da Camden, sobre a liderança: "Eles acham que todo mundo é um ativo importante. Não é só o trabalho, você sente que faz parte da Camden e que todos importam, sem exceção".

Em ambos os casos, os colaboradores estão descrevendo uma ideia de autoridade pessoal no trabalho. É isso que significa dizer que eles têm autonomia para assumir compromissos, tomar decisões e ver os resultados do próprio trabalho. Eles sentem que podem fazer a diferença, pois enxergam a diferença que fazem. A Camden se orgulha de criar uma comunidade para quem mora em suas propriedades, então foi seguindo a filosofia da Camden que um colaborador teve a ideia de planejar uma feira de animais. Descrevendo esse exemplo de influência positiva, o colaborador explicou: "E, então, do nada eu sou responsável por esse evento regional. Eles começaram a me dar cartões e me disseram para encomendar suprimentos e arranjar voluntários das outras comunidades. Eu tinha tanta autonomia e fiquei tão orgulhoso; eles confiaram em mim e eu senti essa confiança. Foi um evento tão divertido, maravilhoso". E esse colaborador nem trabalha no departamento de *marketing*!

Quando os colaboradores têm essa sensação de autoridade pessoal, eles costumam ter a liberdade para irem além de uma tarefa ou cargo específico; os colaboradores passam a exercer algum nível de criatividade e inovação e deixam sua marca na organização. Com o nível adequado de desafios e apoio, o colaborador vivencia uma sensação de competência no trabalho. Eles se sentem validados por seus esforços, algo muito relevante. Como líder, você pode ajudar as pessoas a sentirem que são importantes, criando espaço e dando autonomia para "irem adiante", oferecendo críticas construtivas e elogios e reconhecendo esforços concretos.

Os líderes também podem analisar os valores e a estrutura da organização: ela tem as condições para apoiar essa sensação dos colaboradores de fazerem a diferença? Os valores fundamentais do Google, por exemplo, estão voltados para fazer que todo colaborador enxergue a importância da sua função no contexto maior da empresa. O Google acredita que as pessoas realmente importam, não apenas na empresa, mas no mundo. Outra condição do Google: a empresa tem uma estrutura organizacional relativamente plana, que promove um ambiente confortável para compartilhar ideias. A estrutura permite que todos os membros participem diretamente da implementação de diversos produtos e políticas, inspirando uma sensação de autonomia entre a equipe. Essa estruturação consciente do ambiente de trabalho ajuda os colaboradores a dizerem "eu consigo!". Os colaboradores sentem que a empresa se importa com suas contribuições pessoais e profissionais.

Trabalho com significado

O outro aspecto do orgulho é a crença dos colaboradores de que seu trabalho tem um significado especial. Nesse caso, o trabalho real de cada indivíduo cria a sensação de que ele está contribuindo para algo maior. Além do trabalho dos colaboradores ser importante para a empresa, sua parte no trabalho da empresa é importante para o mundo. Esse orgulho nasce da ideia de que suas habilidades pessoais estão sendo utilizadas para beneficiar o bem maior ou de que o serviço que oferecem é valioso para colaboradores, clientes ou comunidade. Em alguns casos, essa sensação de significado é quase física entre os colaboradores. No caso de enfermeiros, corretores de seguro ou farmacêuticos, por exemplo, é óbvio que o trabalho cotidiano importa. Em outros casos, o líder precisa fazer a relação entre o trabalho do colaborador e o bem maior.

Como líder, você pode explicitar o elo entre o emprego dos colaboradores e algum resultado concreto ou importante para apoiar a percepção de que o trabalho tem propósito e é significativo. Uma das maiores oportunidades desperdiçadas pelos líderes é não ajudar os colaboradores a "ligarem os pontos" entre suas responsabilidades cotidianas e o sucesso do grupo de trabalho ou da organização. Pode ser tão simples quanto perguntar aos colaboradores "Como você mudou o mundo esta semana?" em vez de "Que cidades você visitou quando estava viajando?". Como diz o ditado "as pessoas trabalham por dinheiro, mas vivem por algo que lhes seja significativo". E ainda não encontramos uma empresa em que os líderes não poderiam ligar os pontinhos para os colaboradores, caso eles quisessem. Os casos a seguir são um bom exemplo:
- A Agilent é uma empresa de medição especializada em aplicações eletrônicas e bioanalíticas. A visão da empresa é "salvar vidas e ajudar as pessoas a se comunicar". Seja testando 70% de todos os telefones celulares do mundo (para que os aparelhos sejam perfeitos) seja testando o ar das minas de carvão chinesas (para detectar gases letais e, logo, salvar vidas), o conhecimento da diferença entre a vida e a morte que os colaboradores fazem está por trás dos esforços

de cada membro da equipe. O *site* interno da Agilent tem páginas e mais páginas de histórias sobre como os produtos ajudam a salvar vidas e auxiliam a comunicação. Os colaboradores são incentivados a ler essas histórias e descobrir como seus esforços contribuem para o nosso mundo.
- No Principal Financial Group, todos os líderes se esforçam para ajudar os colaboradores a entenderem sua função no sucesso da empresa. Os líderes recebem *kits* com "Assuntos quentes para líderes" que incluem modelos de apresentação, frases, testes e outros recursos para ajudar os colaboradores a entenderem melhor como seus empregos sustentam a missão da empresa. O grupo também realiza concursos para incentivar os colaboradores a trabalharem com seus líderes e escreverem sobre como contribuem para cada uma das iniciativas de alto nível da empresa. Em uma campanha, os colaboradores criaram e apresentaram vídeos sobre como suas funções afetam as vidas de clientes, acionistas e outras partes interessadas.
- A Medtronic fabrica aparelhos médicos e entrega os produtos a hospitais e, portanto, seus colaboradores não costumam ter o benefício de interagir com clientes. É por isso que a Medtronic realiza reuniões com todos os colaboradores e convida os pacientes que receberam algum aparelho para visitar a empresa e contar suas histórias. As reuniões são comoventes. Os colaboradores encontram pessoas que se beneficiaram do seu trabalho e veem o impacto que têm nas vidas e no bem-estar dos pacientes.

Talvez sua organização não fabrique aparelhos médicos nem esteja na área da saúde. Talvez sua missão não seja salvar o planeta nem mudar o mundo. Talvez sua equipe tenha um trabalho difícil e exigente que não parece nada glamoroso. Sua resposta aos exemplos acima pode ser "sim, sim, tudo muito bom, tudo muito bonito, mas não é assim onde eu trabalho". Mas é importante perceber que todas as organizações fabricam produtos ou oferecem serviços necessários em algum lugar, por alguma pessoa ou algum grupo. É importante entender *por que* os produtos ou serviços são necessários e que possibilidades eles criam para outros indivíduos ou organizações. Muitas vezes, refletir sobre as consequências secundárias ou terciárias dos produtos ou serviços é uma maneira de identificar o significado mais profundo do trabalho.

Numa visita que fizemos a J.M. Smucker Company (que vende cestas de frutas, café e pasta de amendoim, entre outros produtos) em Orrville,

Ohio, conversamos com os colaboradores durante um *tour* pelas instalações. Quando perguntamos a uma operadora de linha qual era seu trabalho, ela exclamou "reunir famílias", em referência à missão da empresa de "reunir famílias para compartilhar momentos e refeições memoráveis". Ela enxergava as consequências terciárias e quaternárias do seu trabalho e o impacto potencial na vida das famílias consumidoras de produtos da marca Smucker. Enquanto líder, você precisa considerar como "ligar os pontos". A Smucker reúne famílias com seus produtos. Qual o propósito maior da *sua* organização?

❖ Orgulho da equipe

Um colaborador da W. L. Gore & Associates nos disse: "Para vários de nós, as coisas que fazemos no negócio são muito pessoais. Não é apenas cumprir uma meta com a equipe e então ir para casa, desligar o cérebro e viver minha vida de sempre. Muitas pessoas aqui, de certa maneira, acabam sendo nossos amigos e nossas famílias. Quando algo de bom acontece, vamos comemorar a conquista. Às vezes, não é apenas o destino, é a jornada". A subdimensão "equipe" do orgulho analisa o sentimento de orgulho que os colaboradores desenvolvem por sua equipe, as conquistas desta equipe e a disposição de se esforçarem cada vez mais em prol dela.

Orgulho das conquistas da equipe

Quando as pessoas em um excelente local de trabalho refletem sobre o trabalho da equipe, elas sentem orgulho do esforço coletivo do grupo ou organização e se sentem bem por terem contribuído para o esforço. Uma análise mais detalhada dessas empresas revela que esse sentimento não surge num passe de mágica, mas sim que os esforços são criados para apoiar a eficácia do trabalho em equipe. Além disso, as equipes são estimuladas a refletirem e celebrarem seus sucessos e fracassos. Finalmente, os colaboradores muitas vezes recebem recompensas pelas conquistas da equipe.

Muitas empresas utilizam equipes para alcançar suas metas e se esforçam para torná-las eficazes. Em um nível básico, o trabalho pode incluir o uso de *coaches* ou outras iniciativas de desenvolvimento organizacional. Mas o que diferencia os melhores lugares para trabalhar são os esforços para criar *espaços* dedicados a um trabalho em equipe inspirado.

Melhor ainda se esses espaços também reforçam as metas e cultura da empresa. Por exemplo, com o programa "espaços incríveis" a cultura corporativa do eBay é reforçada até nas reuniões cotidianas. Os prédios são divididos por categorias temáticas, cada um representa algo que é vendido pelo eBay. O campus de San Jose tem prédios dedicados a Itens Colecionáveis, Joalheria, Automóveis, Esportes e Brinquedos. Em cada um deles, as salas de conferência são batizadas em homenagem aos itens vendidos naquela categoria. Os colaboradores no prédio Joalheria reúnem-se nas salas Rubi, Diamante, Colar ou Pedra Lunar. E a ideia não para por aí. Cada sala recebe um orçamento, e os colaboradores compram itens que representem cada tema. Por fim, a Sala Rubi é decorada com sapatinhos de rubi; a Sala Twister tem peças do jogo Twister nas paredes; e a Sala Sweet Caroline é um altar para o cantor Neil Diamond. Criar essas decorações complexas exige muito tempo e esforço, sem falar dos custos administrativos envolvidos na compra de decorações temáticas. Mas vale a pena. Os espaços são um lembrete constante da essência do negócio e estimulam um ambiente de trabalho animado e criativo.

A Mattel, a maior *designer*, fabricante e vendedora de brinquedos e produtos familiares do mundo, com sede em El Segundo, Califórnia, também tem espaços que refletem o objetivo final do trabalho das equipes. No Design Center, em vez de salas de conferência, tem salas de "brincadeira" e um *playground* adulto que inclui espaços abertos com tapetes de borracha e janelas enormes. A ideia é criar um espaço de reuniões que promova conectividade, inovação e ideias compartilhadas. Para incluir mais diversão e brincadeira no dia de trabalho, os *designers* também atravessam de bicicleta e skate os espaços de *design* e departamentos. Não raro, os colaboradores do Design Center montam pistas de Hot Wheels® ou reúnem grupos para competir no novo jogo da Mattel. É uma maneira de inspirar criatividade com as marcas.

Nas melhores empresas, os esforços coletivos não são apenas apoiados, eles são *celebrados*. Reunir-se para refletir sobre os esforços da equipe é uma maneira de incentivar o orgulho coletivo. Em nosso trabalho de consultoria, muitas vezes encontramos equipes que avançam de projeto em projeto sem parar por um momento para refletir sobre o impacto geral de seus esforços ou para celebrar seus sucessos coletivos (ou fracassos, diga-se de passagem; falaremos mais sobre essa ideia a seguir). A tinta nem secou no relatório final e a equipe já está sendo desmontada, readaptada ou recebendo um novo projeto. Enquanto líder, você pode incentivar as equipes a fazerem uma pausa e a pensarem um pouco sobre o valor de seus esforços. E não esqueça de ser original, pessoal e criativo no processo.

Pense em como a QUALCOMM, a empresa de telecomunicação com sede em San Diego, celebra as conquistas das equipes. Durante todo o ano, a QUALCOMM realiza "feiras de colaboradores", nas quais as equipes têm a oportunidade de apresentar e demonstrar suas conquistas aos colegas e à direção. As equipes comunicam seu entusiasmo pelo trabalho, fazem amizades e estabelecem relações profissionais com colegas fora dos espaços de trabalho normais. As feiras dão aos colaboradores de outras partes da empresa a oportunidade de conhecer novos lançamentos em produtos e tecnologias, algo que normalmente só seria demonstrado à mídia externa e a grupos do setor. O resultado é que as equipes têm mais orgulho do trabalho e da empresa.

Outro exemplo de promoção do orgulho da equipe é o concurso myStory, da Microsoft, no qual indivíduos e equipes recebem a oportunidade de apresentar um pequeno vídeo com sua própria história na Microsoft. Os colaboradores falam sobre o que consideram especial em trabalhar na Microsoft, por que ela é um lugar divertido e como a empresa permitiu que cada um alcançasse o máximo de seu potencial. Em novembro de 2009, a empresa realizou um festival de cinema myStory com os melhores vídeos e distribuiu prêmios para os vencedores.

Vale a pena repetir: as melhores empresas tendem a adotar uma abordagem integrada a seus processos e sistemas e a garantir seu alinhamento com os valores da empresa. Quando as empresas indicam que "valorizam o trabalho em equipe", mas só reconhecem ou premiam comportamentos individuais, os colaboradores ouvem uma mensagem incoerente. As melhores empresas tentam, acima de tudo, premiar comportamentos coerentes com a missão e os valores da organização, incluindo o trabalho em equipe.

Um esforço extra para completar o trabalho

Em excelentes locais de trabalho, os colaboradores sempre mencionam uma crença, uma vontade de fazer um esforço extra para completar o trabalho. Essa vontade provavelmente nasce do orgulho pessoal, mas ver os outros fazerem esforço pelo bem da equipe também pode inspirar orgulho. Os membros da equipe têm orgulho de ver os colegas se esforçarem pelo sucesso, seja qual for a definição de *sucesso* no momento. E eles têm orgulho dessa qualidade. Um colaborador da SC Johnson conta uma história que explica o que significa "um esforço extra":

Uma das minhas responsabilidades [na equipe de pandemias globais] é um *site* SharePoint aberto a todos os usuários ao redor do mundo. Eu precisei mudar todo o *site* SharePoint rapidamente para informar sobre um surto epidêmico. Eu chego no trabalho às 3h45min, todas as madrugadas, pois é um bom momento para ficar em silêncio antes dos telefones e *e-mails* enlouquecerem.
Estava trabalhando no meu *site* e nos meus *e-mails*. Chega um *e-mail* de alguém chamado Dan Horton, nosso diretor administrativo. Dan tinha uma pergunta e eu respondi. Uns 15 minutos depois, toca o telefone. É o Dan. "Meu Deus", diz ele, "você deve ter o emprego mais tenso do mundo". Dan foi simplesmente incrível. Achei aquilo maravilhoso. E não termina por aí. Mais tarde, recebi um *e-mail* de um líder dizendo: "Acabei de falar com Dan. Acho que você precisa de ajuda. Vou pedir ao Kurt para te ajudar. Ele vai estar totalmente a sua disposição". E é assim que trabalhamos. Mais tarde, Dan entrou na sala de conferência e começou a agradecer a mim e a equipe pelo que fizemos.
Estou contando essa história porque é assim que é trabalhar aqui. As pessoas o conhecem. Não precisei pedir. Elas vieram. Não precisei dizer uma palavra. Dan estava cheio de coisas para fazer, e eu trabalho até terminar tudo. Se precisar de 20 horas extras, então é isso que preciso. É uma questão de ajudar, e é isso que meu departamento faz. É como mandar a cavalaria. Preciso dizer, foi uma experiência incrível, mas todos passamos por isso em algum momento, de algum jeito.

Um esforço extra significa que os líderes reconhecem tudo que os outros fazem a mais para aumentar o valor e a produtividade da equipe. Essa é uma qualidade especial dos melhores lugares para trabalhar e um sinal da disposição dos indivíduos de cooperarem uns com os outros e transcenderem os requisitos imediatos de seu emprego para agregar mais valor. No vocabulário de negócios moderno, o conceito é mais ou menos equivalente ao "esforço discricionário". Mas é algo maior do que se esforçar além do necessário por causa da própria iniciativa ou padrões pessoais. Qualquer um pode ser um rebelde. Nas melhores empresas, entretanto, temos uma expectativa coletiva de que todos farão um trabalho do qual a equipe pode se orgulhar.
Em excelentes locais de trabalho, os colaboradores entendem que o apoio envolve um certo intercâmbio e uma atitude de "um por todos e todos por um". Nesses locais de trabalho, os colaboradores têm a confiança necessária para ir além de seus cargos. O esforço extra serve ao bem comum e cada um tem sua função na equipe. Como líder, é importante que você inspire esse tipo de comportamento. Você está disposto a arregaçar as mangas e

apoiar sua equipe ombro a ombro? Isso não significa que você precisa assumir uma nova função, apenas que, quando necessário, você também deve fazer um esforço adicional junto com a equipe.

Um orgulho assim é quase contagioso. Como conta um colaborador da Wegmans: "Nosso pessoal de meio turno considera que tem uma carreira de meio turno. Eles levam isso a sério e também querem cuidar da empresa. Eles querem enfrentar o desafio. Ou eles ficam além da hora, ou não fazem intervalo, ou se esforçam ainda mais ou alguém que não está bem envolvido ajuda também. É pura solidariedade".

❖ Orgulho da empresa

Os colaboradores dos melhores lugares para trabalhar falam do orgulho que têm de seus empregos e suas equipes, mas também de um terceiro tipo especial de orgulho: o orgulho da reputação da empresa e de sua posição na comunidade.

Quando perguntamos o que torna cada empresa um lugar tão bom para trabalhar, muitas vezes a primeira resposta é a de que a empresa faz coisas legais ou interessantes, e eles têm orgulho de ser parte dessa história. Muitos também falam do orgulho dos produtos, da missão, do serviço ou das pessoas da empresa, como destacam os seguintes comentários:

- "Para mim, é a qualidade do produto que vendemos. Em última análise, acho que o resultado fala por si. Tenho muito orgulho disso".
- "Tenho orgulho de trabalhar aqui porque os valores fundamentais, o futuro que projetamos e a direção da empresa como um todo estão sintonizados com o que sinto. Acho que todo mundo neste grupo diria a mesma coisa. Somos todos farinha do mesmo saco. Tenho orgulho de saber que meus valores pessoais são os mesmos que os da empresa onde trabalho".
- "Meu orgulho nasce do modo como tratamos nossos colaboradores e de como tratamos o resto do mundo. Tenho orgulho de estabelecermos metas audaciosas para o impacto que teremos e metas audaciosas para nossa pegada de carbono para sermos bons protetores do planeta".
- "Acho que tenho orgulho de ser um colaborador da Gore por causa dos dois Ps: pessoas e produtos".
- "Criamos produtos ótimos. Quando você fala com alguém e diz que trabalha no Google, a resposta é sempre uma história sobre como eles

amam nossos produtos e a diferença que eles fazem nas suas vidas. Além disso, a empresa é corajosa na hora de inovar e de defender certos princípios, incluindo o lema 'Não seja malvado'. Tenho certo orgulho de dizer que sou uma das pessoas que trabalha nessa empresa".

A experiência de orgulho da empresa pode ser resultado da presença de marca, de produtos e serviços de alta qualidade, do papel da organização na comunidade ou da soma de todos os fatores analisados neste livro: credibilidade do líder, apoio e preocupação com os colaboradores e imparcialidade. O importante é que em um bom local de trabalho, os colaboradores têm um orgulho tremendo da organização e do impacto que ela causa no mundo. A empresa de biotecnologia Genentech pesquisa e produz terapias para várias doenças graves. Quem visita um campus da empresa não tem dificuldade para descobrir o que é interessante para a Genentech. Na parte externa, nas passarelas e nas escadarias dos prédios têm fotos de pacientes que os colaboradores da Genentech ajudaram, além de algumas informações sobre suas vidas. É um lembrete constante de que o trabalho da organização faz a diferença, algo que inspira muito orgulho na equipe.

Não se deixe enganar: a organização ganha muito com o orgulho. Nos melhores locais de trabalho, os colaboradores falam sobre como têm orgulho de dizer que trabalham lá *e* que sempre aguardam ansiosamente voltar ao trabalho. Enfatizamos o "e" porque muitas vezes ouvimos os colaboradores de *boas* empresas dizerem que têm orgulho da organização e que sempre dizem onde trabalham; mas nas *melhores*, eles acrescentam que sempre ficam animados quando vão para o trabalho de manhã. "Passo por um *outdoor* da nossa empresa todas as manhãs no caminho do trabalho e penso 'como a gente faz coisas legais'. Mas, então, chego ao estacionamento e meu entusiasmo desaparece", conta um colaborador. Infelizmente, essa experiência não é atípica. E, como você deve imaginar, a diferença entre ter orgulho da empresa e aguardar ansiosamente chegar ao trabalho custa dinheiro e reputação para a empresa, sem contar o impacto na saúde emocional e psicológica dos colaboradores. Nos melhores locais de trabalho, as empresas conseguem resolver essa diferença.

Os colaboradores das melhores empresas também dizem que gostariam de trabalhar para seus empregadores por bastante tempo. Não é raro os colaboradores dos excelentes locais de trabalho dizerem que querem fazer carreira e se aposentar na empresa. Nesses locais, os colaboradores dizem coisas como: "É ótimo ter um emprego no qual você diz 'quero me aposentar aqui". A maioria das pessoas troca de emprego toda hora, mas aqui não. Meu objetivo é ficar na Hoar Construction enquanto eles me quiserem, até me aposentar. Não quero trabalhar com mais nada. Acho que quase todo mundo aqui diria a mesma coisa". A empresa pode ter um atrito natural por causa do setor ou de outros fatores, mas é incrível como, em comparação com outras empresas para as quais prestamos consultoria, nunca ouvimos os colaboradores das melhores organizações dizerem que querem trocar de empresa.

Algumas dessas organizações têm uma cultura tão forte de orgulho organizacional que, mesmo quando os colaboradores trocam de emprego, eles continuam a ter sentimentos positivos intensos pela ex-empresa, parecido com o sentimento que temos pela escola em que estudamos. E as melhores empresas muitas vezes aproveitam esse sentimento. A consultoria global Bain & Company é um bom exemplo. A empresa acredita que as pessoas e a cultura são seus maiores ativos e faz investimentos consideráveis na manutenção, cultivo e apoio da rede de ex-colaboradores, com um banco de dados global que lista todos os ex-colaboradores para que ninguém perca o contato com os ex-colegas. A Bain também realiza eventos sociais e profissionais regulares para os ex-colaboradores. Eles se beneficiam, pois suas redes sociais permanecem intactas, mas a Bain também sai ganhando. Que fonte de contratação pode ser melhor do que um grupo de ex-colaboradores? E, em alguns casos, os ex-colaboradores se transformam em clientes.

Outro aspecto do orgulho da empresa é a maneira pela qual a organização contribui para a comunidade. Quando o espírito de generosidade permeia o local de trabalho, é natural que a filantropia e a caridade sejam valorizadas. Uma das coisas que sempre gostamos de ver nessas empresas é como as organizações contribuem para a comunidade. Não menos importante, essas empresas também investem tempo e recursos para engajar os *colaboradores* com ações de voluntariado, desenvolvimento da comunidade e outros programas de cidadania corporativa.

Algumas das melhores empresas, como a Camden Properties, proprietária e administradora de residências multifamiliares, ou a Publix Super Markets, que opera 900 supermercados em cinco estados, são, literalmente, parte das comunidades e investem pesado nelas, além de estarem envolvidas com outras atividades de responsabilidade social. Outras das melhores empresas têm uma visão mais ampla da cidadania corporativa e incentivam os colaboradores a se envolverem com as causas que eles mesmos consideram importantes. O tema comum a todas elas é o espírito de contribuir. Mais do que buscar um prêmio por seus esforços de responsabilidade social, essas empresas veem seu envolvimento como a coisa certa a fazer pelas comunidades e pela equipe.

Quando o setor da empresa oferece uma conexão menos direta com a comunidade, as melhores empresas se comprometem com o voluntariado, o envolvimento comunitário e responsabilidade social, às vezes desde a própria fundação. Por exemplo, a cooperativa de vestuário e equipamento para uso ao ar livre REI, cuja missão é "inspirar, educar e equipar toda uma vida de aventura e consciência ao ar livre", esteve em todas as edições da lista *100 Best Companies to Work For*. A empresa sempre levou muito a sério seu objetivo de zelar pelo meio ambiente e hoje doa milhões de dólares para organizações sem fins lucrativos locais e nacionais que se esforçam em conservação e recreação. Os colaboradores se orgulham muito de saber que a missão da empresa é inseparável de seus esforços ambientais e de responsabilidade corporativa (ou consciência, como é chamada na REI).

Outra das melhores empresas, a salesforce.com, uma empresa de computação em nuvem que oferece soluções de vendas, atendimento ao cliente e colaboração, também integrou a filantropia desde o primeiro momento. É um fato incrível quando lembramos que os primeiros anos de uma *startup* não costumam gerar grandes benefícios financeiros. Com sede em San Francisco, a salesforce.com lidera o setor de serviços de gestão de relacionamentos com clientes (CRM) sob demanda. "O valor de uma corporação deve ser distribuído entre as comunidades em que opera e a comunidade global como um todo, não apenas entre a liderança", diz o presidente e CEO Marc Benioff. Marc desenvolveu e implementou o modelo 1/1/1: contribuir 1% do tempo, 1% do patrimônio e 1% do produto para as comunidades nas quais a empresa atua. A empresa adicionou outro 1 para ser " um com o planeta" e implementar um programa para neutralizar suas emissões de carbono.

Independente do comprometimento com a comunidade ser ou não um valor fundamental, as empresas podem incorporar esse elemento de um modo que seja coerente com suas filosofias. Como disse um líder da Hoar Construction: "Não mandamos o pessoal se envolver com a comunidade. Seria contrário aos nossos valores. O que fazemos é ajudar as pessoas a fazerem o que elas querem e contratamos pessoas que querem fazer isso. Elas estão cercadas de gente que quer ajudar. A energia das pessoas está lá. Nós só tentamos criar oportunidades". E assim a Hoar consegue incentivar os colaboradores a se envolverem e apresenta a eles oportunidades para fazerem isso. A seguir, listamos alguns exemplos de como as melhores empresas se envolvem e incentivam seu pessoal a descobrir suas paixões:

- A Juniper Networks, uma empresa de tecnologia da informação, da Califórnia, vê seus eventos como uma oportunidade para formar equipes e contribuir para a comunidade. O piquenique de verão combina diversão, formação de equipes e contribuições de caridade, além de enfatizar o uso de produtos que não prejudicam o meio ambiente. No parque de diversão, os colaboradores ganham tíquetes que podem colocar numa caixa de doações; a Juniper Networks, por sua vez, faz uma doação a uma instituição de caridade escolhida.
- A Arnold & Porter LLP é um escritório de advocacia internacional com sede em Washington, D.C. Além de oportunidades de trabalho *pro bono*, a empresa tem um programa de "rotação" ou "empréstimo de sócios" com organizações de interesse público. Por meio do programa, os sócios podem passar seis meses trabalhando em tempo integral nessas organizações. Por exemplo, a empresa estabeleceu uma rotação com a Legal Aid Society de Washington, D.C. e com a defensoria pública de Los Angeles, Califórnia.
- Sediada em Boston, no Estado do Massachusetts, a Bingham McCutchen LLP é um escritório de advocacia global com 1.100 advogados em 13 filiais nos Estados Unidos, Grã-Bretanha, Europa e Ásia. Os profissionais da empresa realizam mais de 61 mil horas de trabalho *pro bono*, numa média de 77 horas por advogado. A Bingham McCutchen tem uma equipe exclusiva que se dedica a cultivar e manter oportunidades de trabalho *pro bono*, incluindo uma página na intranet que divulga notícias sobre esses casos e um programa chamado *Pro Bono Fellowship*, no qual dois sócios podem trabalhar em tempo integral apenas em casos *pro bono* durante um ano. Os ganhadores do *fellowship* apoiam os projetos *pro bono* contínuos do escritórios e auxiliam organizações de interesse público com as quais a empresa forma parcerias para atender a forte procura por seus serviços.
- A Whole Foods Market estabeleceu uma fundação independente, a Whole Planet Foundation, que oferece microempréstimos a empresários de países em desenvolvimento. Para permitir que os membros de equipe interajam mais com a fundação, a Whole Foods estabeleceu também o programa chamado "Programa de voluntariado de membros de equipe da Whole Foods Market", uma experiência de 30 dias na qual os membros de equipe viajam para as comunidades de onde a empresa adquire produtos e faz microempréstimos. Os membros de equipe têm a oportunidade de aprender as línguas e culturas desses

países e vivenciam o impacto do microcrédito em reuniões com os mutuários da Whole Planet Foundation.

Não importa se sua empresa foi fundada tendo a responsabilidade social como um de seus compromissos, se está desenvolvendo esse foco ou se o voluntariado e o envolvimento com a comunidade são mais orgânicos e motivados pelos colaboradores: como líder, você pode apoiar o orgulho que os colaboradores sentem pelas contribuições que a empresa faz à comunidade. Um tema que perpassa as várias práticas citadas acima é o modo óbvio como os líderes dessas organizações se comprometem com a promoção de esforços de responsabilidade social e como incentivam os colaboradores a envolverem-se nesses esforços. Quando os colaboradores veem que a organização se preocupa com a comunidade na qual está inserida e são estimulados a apoiar os projetos nos quais acreditam, o resultado é que eles sentem mais orgulho da organização. E todos saem ganhando.

❖ Imperativos dos líderes

A seguir, outras maneiras de promover o orgulho que os colaboradores sentem de seus esforços individuais, dos esforços da equipe e da empresa como um todo.

Produza orgulho sempre

Na Analytical Graphics, o presidente compila um diário semanal de conquistas individuais, de conquistas de equipes e de conquistas organizacionais que ouviu, observou ou encontrou durante a semana e, depois, apresenta no almoço semanal da empresa toda sexta-feira (sim, todos os 2.751 colaboradores se reúnem às sextas-feiras para almoçarem e fazerem uma pequena reunião). A prática é coerente, independente de o presidente estar apresentando uma notícia do jornal local sobre os esforços de um colaborador na comunidade, um marco que a equipe alcançou no desenvolvimento do produto ou uma história de como os membros de uma equipe se ajudaram para enfrentar um problema específico. E os colaboradores ficam energizados. Um deles comenta: "Sexta à tarde é sempre um barato. Que jeito legal de começar o fim de semana e de ficar animado para voltar na segunda de manhã".

Apoie uma organização sem fronteiras

O líder precisa ajudar os colaboradores a focar no bem *coletivo*. Em excelentes locais de trabalho, os colaboradores vão além dos limites do dever, além do escopo normal de suas funções e dos limites tradicionais entre departamentos e equipes de trabalho. Quando isso acontece, as pessoas enxergam a relação entre suas próprias equipes e as outras e têm orgulho das conquistas alheias, pois todos fizeram seu trabalho. Quando perguntamos a um colaborador do Google como o orgulho que sentia pela empresa ajudava-o a fazer seu trabalho, ele respondeu: "Temos uma cultura de cooperação e uma disposição de ajudar uns aos outros. Ninguém tem um feudo. Já estive em outras empresas. Não temos feudinhos de 'Não, você faz isso e daí fica no seu centro de custos' ou 'Não, você faz isso e daí ocupa toda a sua equipe'. Não é assim que trabalhamos. A verdade é que, quando você está em um ambiente que funciona desse jeito, ninguém percebe quanta energia e produtividade é desperdiçada protegendo esses feudos, protegendo seu ego, seu *status* e tudo mais". Então, apoiar uma organização sem fronteiras ajuda a promover o orgulho.

Aprenda também com os fracassos

Os líderes tendem a focar nas "vitórias" da organização e da equipe como um modo de aumentar os níveis de orgulho. Mas, além disso, também é bom celebrar os "fracassos" de um modo que os colaboradores possam aprender com o que aconteceu e superar o passado. O orgulho na organização provavelmente aumentaria com isso. Na Intuit, uma empresa de *software* com sede em Mountain View, Califórnia, o fracasso de uma nova unidade levou o fundador a dar uma "festa em comemoração ao fracasso" que aplaudiu publicamente as lições aprendidas nos 18 meses do projeto. Ele mostrou como essa experiência de aprendizagem contribuiria para o sucesso futuro da Intuit e, depois, deu ao líder da unidade fracassada a responsabilidade pelo lançamento de outro novo negócio. Na Intuit e em outras empresas, celebrar os fracassos é uma maneira dos colaboradores aprenderem com os erros e superarem o passado.

Estabeleça o tom

Uma das coisas mais importantes que você pode fazer como líder é dar o tom. Como sugerimos em outra parte deste capítulo, o *seu* esforço extra para completar o trabalho e as *suas* contribuições para esforços comunitários e de voluntariado dizem aos colaboradores o que é importante para a empresa. Compartilhar seu próprio orgulho dos produtos e serviços e dos esforços coletivos da equipe também ajuda a dar o tom e a promover o orgulho dos esforços e sucessos de indivíduos, de equipes e de organizações.

❖ *Check-list* de atitudes de orgulho

Uma lista de comportamentos para incentivar o orgulho dos indivíduos, da equipe e da empresa inclui:

Emprego

- Incentivar as pessoas a compartilharem suas habilidades e talentos especiais com a equipe.
- Explicar às pessoas frequentemente como suas habilidades e talentos especiais beneficiam a equipe e a organização.
- Ajudar as pessoas a relacionarem suas responsabilidades cotidianas com os objetivos maiores da organização.
- Ajudar as pessoas a entenderem como seu trabalho faz a diferença.

Equipe

- Inspirar sua equipe a fazer um esforço extra para completar o trabalho.
- Celebrar as conquistas da equipe.
- Ajudar a equipe a compreender como o trabalho coletivo faz a diferença.

Organização

- Incentivar as pessoas a participar de eventos comunitários patrocinados pela organização.
- Certificar-se de que a equipe está informada sobre o impacto, externo às atividades, da organização na comunidade.
- Certificar-se de que as pessoas entendem como suas carreiras podem avançar dentro da organização.
- Ajudar os colaboradores a enxergarem seu futuro de longo prazo na organização.
- Inspirar a equipe a ter orgulho da organização e de seus produtos.

Estudo de caso

Wegmans Food Markets: orgulho de contribuições às comunidades

Resumo

- Varejo de alimentos.
- Sediada em Rochester, Nova York.
- Fundada em 1916 pela família Wegman.
- Capital fechado.
- Com 39 mil colaboradores em 91 locais.
- Presente na lista dos Estados Unidos desde em 1998, também reconhecida no livro de 1993.

Os líderes da Wegmans se orgulham de fazer a coisa certa. Os mercados de alimentos são, por sua própria natureza, uma parte importante das comunidades, mas os colaboradores da Wegmans dão um passo adiante e se esforçam para fazer a diferença em seus bairros e cidades. O ativismo é um dos muitos fatores que enchem os colaboradores de orgulho. A família Wegman ainda lidera a empresa, sem nunca deixar de acreditar que fazer a coisa certa é mais importante do que o lucro. Colleen Wegman fala sobre os valores familiares que ela leva à organização em seu cargo atual de presidente. Ela diz que seu pai (Danny Wegman, o ex-presidente) lhe deu um conselho desde cedo: "Lidere com o coração, sempre faça a coisa certa, sempre faça o que os clientes querem e sempre siga o que acredita. E se nada disso funcionar, tudo bem, desde que você faça a coisa certa e lidere com o coração. Tome a decisão em que acredita e fique firme". E Colleen completa: "É um conselho que sempre ecoou em toda a nossa organização".

Os líderes da Wegmans várias vezes tomaram decisões que custaram dinheiro à empresa, mas sem dúvida eles também colheram benefícios em forma de lealdade dos clientes e comprometimento dos colaboradores. O exemplo mais impressionante foi a decisão de remover os produtos de tabaco das lojas em 2008. A decisão custou US$ 1 milhão em lucros anuais, mas os cigarros não se encaixavam mais com a filosofia de "comer bem, viver bem". O CEO Danny Wegman diz: "Acreditamos que nenhuma comida é ruim. Você pode comer demais, mas nada é ruim. Não acreditamos que um bolo seja uma comida ruim, você só não deveria comer bolo demais. Mas não acreditamos que haja algum cigarro bom. Em geral, gostamos de começar com nosso próprio pessoal e hoje somos milhares. Dizemos: 'o que é bom para nós?'. E se é bom para nós, também é bom para os clientes. Então, chegamos a um ponto em que questionamos como podíamos incentivar nossos colaboradores a serem saudáveis e a venderem cigarros ao mesmo tempo. E foi então que decidimos parar". A resposta da comunidade foi enorme e quase toda positiva.

Os líderes da Wegmans dão o exemplo de como todos os colaboradores podem atender melhor suas comunidades, seja com serviços de muita qualidade, seja com programas organizados. Alguns exemplos do apoio que a Wegmans dá às comunidades incluem:

- Cada loja tem um orçamento discricionário para financiar pedidos de organizações locais. Os líderes da Wegmans acreditam que ninguém conhece a comunidade melhor do que os colaboradores das lojas, então os gerentes e as equipes de conexão com a comunidade têm a responsabilidade de revisar pedidos e alocar fundos.
- Lançada a princípio como um programa de bem-estar interno entre os colaboradores, "coma bem, viva bem" expandiu-se e hoje abrange negócios nas cidades de Rochester, Buffalo e Syracuse, no Estado de Nova York, e Hunt Valley, em Maryland. Milhares de colaboradores de quase 400 organizações nessas cidades se juntam à equipe da Wegmans em competições nas quais os participantes comem cinco porções de frutas e verduras e dão 10 mil passos por dia.
- Em um ano normal, a Wegmans doa mais de 7 mil toneladas de comida a bancos de alimentos locais e outras agências que alimentam pessoas famintas da comunidade. Desde 1993, a empresa também arrecadou mais de US$ 14 milhões para o combate à fome com as campanhas anuais, que coletam doações nas caixas registradoras.
- Nos departamentos de frutas, legumes e verduras da Wegmans, os colaboradores são ensinados e estimulados a falarem com os clientes sobre a importância de consumir cinco porções de frutas e verduras por dia.

Os líderes da Wegmans também não subestimam a importância do atendimento ao cliente quando se trata de atender a comunidade. Como diz Jack DePeters, vice-presidente sênior de operações: "Temos uma regra simples: serviço de muita qualidade. Um colaborador contratado hoje mesmo pode se sentir ótimo com a ideia de prestar serviços de qualidade. Ele tem autonomia para fazer que nenhum cliente saia da loja infeliz. É uma mensagem simples. Não estou tentando mandar um foguete para a lua, não é nada disso. Basta prestar um serviço de qualidade". É uma mensagem que os colaboradores têm orgulho de cumprir. Quando conversamos com eles, fica claro que todos se veem como parte de algo maior do que um mercadinho. Um colaborador com 24 anos de experiência na Wegmans conta: "Tentamos acolher a comunidade e trazê-la para eventos que são uma experiência para ela, e não apenas fazer as compras". Os colaboradores da Wegmans têm orgulho de ser parte das comunidades e sabem que os líderes tomarão as decisões certas para preservar a saúde da comunidade.

Estudo de caso

W. L. Gore & Associates: uma cultura inovadora e uma cultura pela inovação

Resumo

- Desenvolvimento de produtos e fabricação de fluoropolímeros, incluindo aplicações eletrônicas, industriais, médicas e têxteis.
- Sediada em Newark, Delaware.
- Fundada em 1958 por Bill e Vieve Gore.
- Capital fechado.
- Com 9 mil colaboradores em 30 países.
- Presente na lista dos Estados Unidos desde 1998, incluindo reconhecimento nos livros de 1984 e 1993; reconhecida internacionalmente 50 vezes.

A W. L. Gore & Associates é uma organização inovadora e construiu uma cultura que sustenta essa caracterização. Nem todo mundo se adapta a seu estilo especial de trabalhar, mas quem se encaixa tem muito orgulho do seu local de trabalho. Na Gore, as pessoas têm tanto orgulho da cultura quanto dos produtos que criam. E não é difícil notar.

Um dos elementos mais marcantes da cultura da Gore é que nenhuma alternativa parece mutuamente exclusiva. A Gore cria um "e" quando toma decisões; ninguém precisa escolher uma maneira ou outra. O resultado é uma série de escolhas heterodoxas, como se livrar de tudo que atrapalhe a inovação e criatividade, incluindo títulos, descrições de cargos e estruturas organizacionais rígidas. Os funcionários são chamados de associados, e um líder é definido como qualquer um que tenha seguidores, enquanto as carreiras são orientadas por patrocinadores (não por gestores). Os líderes entendem a importância da cultura, mas também sabem que ela não é um fim em si mesma: a Gore é uma empresa de muito sucesso. Como diz a CEO Terri Kelly: "Ter uma cultura forte não significa ter uma cultura subjetiva. (...) Tudo que você faz serve a um propósito. Tentamos fazer essa ligação porque, se você não toma cuidado, você terá uma população ancorada nos valores da cultura em um bom ambiente de trabalho, mas sem a capacidade de tomar o tipo de decisão necessária para preservar a saúde da empresa".

Os líderes da Gore sabem que, se você vai adotar uma posição diferente das práticas tradicionais, também é preciso escolher suas palavras com cuidado para que todos saibam o que é esperado. Além disso, você precisa promover um ambiente no qual todos, ao mesmo tempo, sigam e protejam os valores fundamentais e as metas estratégicas. Como observa Terri Kelly:

"Você enfrenta o teste de combinar o que gostaria de fazer, a partir da perspectiva dos negócios, com como garantir a consistência das ações com a cultura. E nossos colaboradores não pensariam duas vezes antes de dizer o que você está fazendo de errado". Sem comunicações claras e uma orientação abrangente, as práticas exclusivas da Gore seriam fascinantes, mas não necessariamente eficazes. Mais do que eficaz, a Gore encontrou uma maneira de tornar sua cultura fundamental para o sucesso.

Algumas práticas exclusivas das quais os colaboradores têm orgulho:

- A contratação leva em consideração a cultura. Para ter sucesso na Gore, você precisa querer buscar oportunidades sem ficar obcecado com títulos ou *status*. Em outras palavras, os candidatos precisam ser motivados, mas não tentarem fazer uma escalada predeterminada. Eles precisam traçar seu próprio caminho em uma estrutura sem fronteiras. A Gore também procura pessoas voltadas para o trabalho em equipe e usa grupos de colaboradores para avaliar os candidatos.
- Os prédios nunca têm mais de 200 pessoas ao mesmo tempo. Apesar dos prédios não estarem longe uns dos outros para que as pessoas possam compartilhar serviços, os líderes da Gore acreditam que os benefícios emergem da camaradagem e comunicação informal, que são elementos naturais das escalas pequenas. As pessoas não têm como se esconder em uma organização pequena e coesa e é mais provável que acompanhem as comunicações atuais quando essas são dirigidas a grupos menores com metas em comum. Comunicações abertas, diretas e de duas vias são parte integral da cultura da Gore. Os colaboradores com perguntas ou preocupações são incentivados a procurarem diretamente a pessoa que tem as respostas, seja ela um colega, um líder de equipe ou a presidente da empresa. Os colaboradores atendem seus próprios telefones e nunca fecham as portas.
- Os colaboradores selecionam os projetos nos quais querem trabalhar. Enquanto houver uma necessidade por suas habilidades e paixões, os colaboradores da Gore têm a liberdade e a responsabilidade de aumentarem suas contribuições ao mesmo tempo em que aprimoram seus conhecimentos e habilidades. Os colaboradores participam de aulas formais e conversas sobre desempenho, mas também têm a mesma liberdade para inovar seus planos de carreira dentro da empresa quanto têm para inovar no desenvolvimento de produtos.
- No começo de cada projeto, os líderes e colaboradores fazem quatro perguntas fundamentais: "Se tiver sucesso com este projeto, qual será a contribuição para a empresa?", "O que significa ter sucesso com este projeto?", "Como saberei que tive sucesso?" e "Quem vai querer celebrar

o 'sucesso' comigo?" Se os líderes e colaboradores não conseguem responder essas perguntas, eles sabem que o valor do projeto é limitado.

As práticas têm um impacto direto entre os colaboradores, pois criam um ambiente no qual todos ficam felizes em trabalhar e contribuir. Mais do que isso, é um ambiente que gostam de defender. Um colaborador da Gore comenta: "Estava lá havia apenas oito meses ou um ano e uma das minhas colegas estava ouvindo outro membro da minha equipe reclamar de alguma coisa. Ela olhou para a outra e disse: 'O que você está disposta a fazer para melhorar essa situação?' E eu pensei 'Que pergunta incrível!' A conversa mudou totalmente de rumo, e elas começaram a procurar uma solução. Uma atmosfera assim chega a ser contagiosa".

Capítulo 6

Camaradagem

"O pessoal aqui é ótimo!"

> Um exemplo de como a Scripps funciona como uma família: Quando me mudei para cá, estava casada há menos de um ano e tinha herdado três adolescentes. Quatro meses depois, o exército mandou meu marido para o estrangeiro. Então, área nova, mãe nova, marido enlouquecido numa zona de guerra. Meus colegas me deram todo o apoio do mundo, reorganizaram meu cronograma para que eu nunca precisasse chegar cedo e pudesse levar as crianças para a escola e para que eu nunca precisasse ficar até tarde e estivesse em casa quando as crianças chegavam da escola. Eles me mantiveram sã.
>
> — Colaboradora da Scripps Health

•••

Nos melhores locais para trabalhar, as pessoas acreditam que os colegas as veem como indivíduos completos, com famílias, *hobbies* e paixões além do trabalho. Elas se divertem e comemoram juntas os marcos pessoais e os da empresa. Elas se veem como uma grande equipe e fazem um esforço para cooperar e ajudar uns aos outros. São esses alicerces que levam a um ambiente de trabalho amigável, um ambiente receptivo a colaboradores recém-contratados e transferidos de outras filiais. Chegamos agora a um novo aspecto dos excelentes locais de trabalho: a camaradagem.

Os líderes estabelecem seus próprios relacionamentos com os colaboradores, mas indiretamente também influenciam a camaradagem de toda a organização. Apesar de menos diretas, essa influência não é menos importantes. Os colaboradores tendem a gostar mais da companhia uns dos outros quando todos são competentes e se adaptam à cultura específica da organização, de modo que a eficácia do líder em contratar, além de influenciar sua credibilidade, semeia a camaradagem. Os líderes podem criar e facilitar a ambientação dos recém-contratados, o que cria um contexto para que os outros colaboradores recebam e orientem os novos membros do grupo de trabalho. Os líderes podem planejar celebrações, alocar fundos ou simplesmente estar presente nas festas para apoiar a intimidade do grupo. Finalmente, o líder pode auxiliar outros grupos de trabalho ou departamentos e colaborar com projetos que não são os do seu grupo de trabalho imediato e, assim, inspirar comportamentos que criam uma definição mais ampla de "equipe".

Mesmo se o líder contratar bem, planejar celebrações e criar um processo integrado de ambientação, ninguém constrói relacionamentos fortes espontaneamente com os colegas a menos que confiem no seu líder. Os líderes não podem forçar ou controlar o relacionamento de camaradagem, mas podem trabalhar de um modo que inspire confiança. Sem confiança, as pessoas tendem a ser menos autênticas; elas preferem observar o líder em busca de sinais sobre o que seria apropriado. Quanto mais os colaboradores gastam sua energia tentando descobrir as posições e expectativas do líder, menos energia eles focam em criar laços com os colegas.

É claro que também há o outro extremo, líderes que não dão a mínima importância para a camaradagem. Eles podem argumentar que seu grupo de trabalho é muito ocupado, que o setor é muito certinho ou que os membros da equipe estão muito distantes uns dos outros. É nesse momento que lembramos os líderes que, assim como todos os outros aspectos de um bom local de trabalho, a camaradagem assume um aspecto diferente em cada organização. Pense no exemplo da Aflac. Os colaboradores quase nunca têm motivos para celebrar os problemas dos clientes com quem estão trabalhando, mas a seguradora reserva algum tempo para celebrar sua equipe. A "semana de apreciação dos colaboradores" é recheada de atividades e sempre tem algo diferente para agradar todo mundo. Em um fim de semana recente do evento, os colaboradores da sede da Aflac e suas famílias passaram o dia no Georgia Aquarium, andaram nas montanhas-russas do Six Flags Over Georgia ou foram respirar o ar livre do campo na Butts Mill Farm. Os colaboradores de Nova York podiam escolher entre se divertirem nos parques da rede Six Flags, Great Escape e Splashwater Kingdom, ou em um cruzeiro matinal no Lago George. Os colaboradores de Columbia, no Estado da Carolina do Sul, participaram de uma sessão de cinema para famílias, enquanto os de Omaha, no Nebraska, visitaram o parque de diversões Worlds of Fun. A Aflac cobre todas as despesas das atividades familiares. Durante a semana de trabalho, os líderes oferecem um café da manhã gratuito e sorteiam prêmios todos os dias. A semana culmina com festas gigantes, incluindo distribuição de viagens e prêmios em dinheiro, jogos e muita diversão.

Contraste essa história com o modo como a Sun Microsystems da Argentina torna o cotidiano de trabalho mais divertido. A Sun Microsystems é líder mundial em tecnologia, soluções e serviços na área da computação corporativa. Sempre que um grupo específico cumpre uma meta ou objetivo, os membros tocam um sino dourado no corredor principal. Quando ouvem o sino, todos os colaboradores correm imediatamente para parabenizar a equipe e celebrar o sucesso. A comemoração continua depois do trabalho, quando os colaboradores continuam a dar os parabéns e a brindar a conquista.

Quando os colaboradores têm um sentimento de camaradagem com os colegas, eles sentem-se tão energizados pelo ambiente de trabalho quanto se sentem em ambientes não profissionais. Eles contribuem com suas habilidades e não hesitam em ajudar uns aos outros a alcançar as metas da organização. Quando os relacionamentos no trabalho são fortes, os colaboradores conseguem enfocar mais seus objetivos. Um ambiente que apoie os indivíduos consegue atenuar as preocupações secundárias com problemas familiares que impactam o ambiente de trabalho ou com conversas e decisões difíceis. O resultado é um aumento de produtividade. E quando a produtividade leva a comemorações, os laços se fortalecem e o ciclo começa mais uma vez. Em suma, o nível de camaradagem que o colaborador vivencia, em conjunto com a confiança e o orgulho, apenas fortalece seu relacionamento com a organização. Como disse um colaborador da Wegmans: "Você forma uma rede com as pessoas, não importa se elas estão no seu departamento ou em programas em que você está trabalhando. Você passa bastante tempo com essas pessoas e, então, você troca ideias com elas. Elas são quase uma segunda família. Você ouve as pessoas dizerem 'essa é minha família Wegmans', gente que dá apoio e cuida de você e ajuda você a enfrentar tudo o que aparece".

Neste capítulo, vamos dividir a camaradagem em três partes: intimidade, hospitalidade e comunidade.

❖ Intimidade

Um sinal de intimidade é quando os colaboradores sentem que podem ser eles mesmos no trabalho e quando os membros da equipe preocupam-se uns com os outros. Observe que esse sentimento é diferente da preocupação dos *gestores* (que analisamos no Capítulo 3). A intimidade é a sensação de que as pessoas preocupam-se com os colegas, e é sinalizada de várias maneiras diferentes. As pessoas podem reunir-se para comemorar eventos especiais, sejam eles pessoais (como aniversários e nascimentos) ou marcos da empresa. Ninguém descreve a intimidade melhor do que os próprios colaboradores:

- "Algo muito significativo. Fui transferido recentemente do CTI para estadias curtas. Duas semanas depois de começar, descobri que tinha que fazer uma cirurgia. Fiquei um mês fora. Quando estava no hospital, recebi este cartão: 'Mai Mai, estamos pensando em você e torcemos pela sua recuperação. Sua nova família na estadia curta está com saudades. De Barbara Maria e toda a equipe'. Recebi até um buquê de flores. Coloquei o cartão no balcão da minha cozinha, porque assim posso olhar para ele o tempo todo".
- "Temos uma cultura forte de pessoas que respeitam umas às outras, que se tratam bem, que prestam bons serviços aos clientes e que fazem a coisa certa. Isso ajuda a formar relacionamentos. A cultura é como um relacionamento. Você tem uma família aqui. Todos aprendemos a viver e trabalhar juntos, pois passamos bastante tempo aqui".
- "Chego até a engasgar um pouquinho quando penso nisso. É tipo uma grande família, sabe? É um excelente lugar para trabalhar mesmo. Eu adoro essa empresa. Nunca fui tratado assim antes. Experiência pessoal: minha esposa perdeu o pai e o pessoal do trabalho nos mandou uma cesta cheia de comida, muito bonita, e me disseram para tirar toda a folga que precisasse. Quatro dias depois, a mãe dela morre. Estou preocupado com meu emprego e tenho que voltar e isso e aquilo, mas a resposta dos meus colegas foi: 'Tire toda a folga que precisar'. Um mês depois meu irmão morreu e pensei: 'Todo esse amor da Camden; eles se importam de verdade com a gente'".

Os líderes podem promover relacionamentos fortes entre os grupos de trabalho. Antes de qualquer coisa, eles podem participar das celebrações, mesmo quando não estiveram por trás do planejamento. É o que acontece na SC Johnson, onde um colaborador informa: "Chamo isso de tato. Acho que a idiossincrasia geral da nossa direção não se deve apenas à sua acessibilidade, mas ao tato. Alguém fez um chá de fraldas no departamento de Developing Platform, e Steven Stanbrook, o COO, participou bastante do chá. Isso me tocou muito. 'Uau, isso não acontece em qualquer lugar'". Quando os líderes estão envolvidos, eles demonstram seu apoio por eventos que geram camaradagem entre os membros da equipe e, no processo, constroem suas próprias amizades.

Muitas vezes, os programas pelos quais os colaboradores podem demonstrar que se importam uns com os outros causam um impacto quando os colaboradores estão em seus momentos mais vulneráveis: quando sua segurança está em jogo, quando perderam um ente querido ou quando estão em uma fase de transição. A seguir, apresentamos alguns exemplos de programas especiais que encontramos nas melhores empresas:

- A JM Family, uma empresa automotiva diversificada com sede em Deerfield Beach, Flórida, implementou um programa chamado "Department Calling Trees" para demonstrar sua preocupação com a segurança dos colaboradores durante furacões e outras crises. As "árvores" são organizadas de modo a determinar o nível de segurança de todos os colaboradores na área afetada. Além disso, elas mobilizam as equipes de restauração e de busca voluntária de colaboradores. Essas equipes vão às casas dos colaboradores que não foram localizados pelas árvores telefônicas e que haviam informado que precisavam de ajuda com certas tarefas, tais como instalar lonas azuis em telhados com goteiras ou remover galhos e troncos caídos da frente de casa. Todos os voluntários recebem o treinamento apropriado, incluindo como usar ferramentas elétricas com segurança.
- Um dos principais modos da The Men's Wearhouse apoiar seus colaboradores em momentos de necessidade é pelo Willie Lopez Emergency Assistance Fund. O fundo foi criado em homenagem a Willie Lopez, gerente muito admirado dentro da empresa e que morreu de repente, deixando a esposa e três filhos pequenos numa situação financeira precária. O fundo oferece auxílio financeiro a colaboradores de todas as divisões em caso de tragédia. O fundo é financiado pelos colaboradores de todas as divisões, que doam seu dinheiro voluntariamente com valores deduzidos toda semana dos contracheques. O fundo já distribuiu mais de US$ 3 milhões desde seu estabelecimento em 1998.

- A SAS manda um obituário para todos os colaboradores americanos sempre que algum membro da equipe morre. Além disso, a empresa tem um *site* no qual os colaboradores podem deixar suas condolências. É uma maneira dos colaboradores chorarem sua perda e lembrarem seu colega de um jeito especial. Depois de algumas semanas, a SAS imprime as respostas e as disponibiliza para a família do falecido. É uma maneira de mostrar aos familiares que o falecido era uma parte importante da família SAS.

Uma das práticas de promoção da intimidade mais especiais vem da Plante & Moran, um escritório de contabilidade de Michigan. A empresa tem uma tradição de despedida de pelo menos 40 anos: o memorando de despedida "verde". Qualquer membro da equipe, independente de cargo, que esteja deixando a empresa por uma nova carreira ou oportunidade pessoal, escreve um memorando de despedida. Os memorandos são revisados, impressos em papel verde e postados nos murais (físicos ou eletrônicos) por toda a empresa. Em geral, os memorandos lembram um pouco o discurso de um ganhador do Oscar ("Gostaria de agradecer todo mundo que conheci na Plante & Moran..."), combinado com os detalhes sobre os planos imediatos e de longo prazo do futuro ex-colaborador. Os mais interessantes são aqueles escritos por colaboradores que mudam totalmente de carreira: pastor, médico, DJ, ator, motorista de caminhão. Os memorandos são catárticos para os colaboradores, sem dúvida, mas também são surpreendentemente eloquentes, engraçados e comoventes. Deixar uma empresa pode ser algo difícil, mas os memorandos da Plante & Moran permitem que todos deixem suas famílias de trabalho com graça e gratidão.

Finalmente, para ajudar as pessoas a sentirem que podem ser elas mesmas, os líderes podem criar programas e concursos para destacar os talentos não profissionais da equipe. Ou, então, apenas criar um fórum em que os colaboradores podem se expressar. Já trabalhamos com organizações que pediam aos colaboradores bons em jardinagem para melhorarem o paisagismo, a colaboradores artistas para apresentarem desenhos e a colaboradores músicos para tocarem em eventos da empresa. Independente do setor, os líderes das melhores empresas incentivam os colaboradores a demonstrarem seus talentos.

- A KPMG realiza um concurso de fotografia amadora. Sócios e colaboradores compartilham as fotos que tiraram durante as férias e concorrem a prêmios incríveis. O grande vencedor é escolhido pe-

los sócios da KPMG e por colaboradores de toda a empresa, que votam em sua foto favorita em uma eleição *on-line*. O vencedor recebe um vale de US$ 3 mil para as próximas férias.
- A Clínica Mayo de Rochester tem uma sensação musical: os Stairwells. O grupo é composto por colaboradores da seção de educação do paciente da clínica, pessoas que gostam de cantar e que descobriram que o único lugar onde podiam se reunir e ensaiar era, como diz o nome do grupo, as escadarias. No princípio, o grupo cantava para colegas na área de trabalho durante eventos especiais, como a aposentadoria de alguém. A notícia se espalhou, e a administração da Mayo e outros departamentos começaram a convidá-los para eventos institucionais e departamentais. Uma das músicas mais pedidas é *Mayo, One Mayo*, cantada ao ritmo da música *The Banana Boat Song* (também conhecida como *Day-O*). Os Stairwells incorporaram a missão e valores da Mayo a uma letra divertida e engraçada.

❖ Hospitalidade

O segundo aspecto da camaradagem é a hospitalidade, que refere-se a um ambiente de trabalho amistoso e descontraído (prazer) e a como os novos colaboradores são recebidos (acolhida). Ambos criam uma atmosfera de trabalho positiva e fortalecem os laços entre a organização e os colaboradores. O local de trabalho é um lugar para satisfazer nossas motivações pessoais por sucesso, criatividade e dinheiro, mas o trabalho também é uma maneira de atender nossas necessidades sociais por ter amizades e por pertencer a grupos. Desde o primeiro dia, os melhores locais de trabalho são agradáveis e prazerosos.

Prazer

Muita gente pensa que um ambiente de trabalho descontraído significa eventos e celebrações formais, mas o prazer de verdade nasce dos pequenos detalhes. Como diz um colaborador da Hoar Construction: "Não acho que precise ser um evento especial. É só vir trabalhar. Os escritórios são todos juntos, então é melhor você gostar do vizinho e estar disposto a se divertir com ele, pois vai acabar ouvindo quase todas as conversas dele. É só sair para almoçar, todo mundo almoça junto e conversa e se diverte. Fazemos contagem regressiva para a temporada de futebol americano. É algo que está no ar". A Container Store oferece um bom exemplo de celebrações pequenas e significativas. Para demonstrar seu respeito pelos pais e mães que trabalham no dia das mães ou dia dos pais, a empresa compra pequenos buquês ou flores de lapela para que os colaboradores com filhos usem durante seus turnos. O prazer não precisa ter data marcada, mas precisa, no mínimo, ser apoiado e incentivado por membros da direção que tenham conquistado a confiança da equipe. Na verdade, quase nada do prazer no trabalho tem hora marcada.

Ainda assim, empresas como a Perkins Coie e a Deloitte fazem um esforço adicional para garantir o prazer da equipe. Ambas trabalham em setores bastante sérios em que o bom humor e a leveza não são características do ambiente de trabalho. Uma das tradições mais estranhas e especiais do escritório de advocacia Perkins Coie são os comitês da felicidade. Esses comitês são pequenos, autônomos e escolhem seus próprios membros. Em cada departamento ou escritório, ninguém de fora sabe quem são os membros. O comitê realiza atos anônimos de bondade, como deixar presentes nas estações de trabalho. A Deloitte, por outro lado, é uma empresa de serviços profissionais sediada em Nova York. A organização usa uma ferramenta *on-line* de redes de talentos profissionais, a DStreet, na qual a equipe pode criar perfis, buscar colegas e fortalecer suas redes pessoais e seu sentimento de comunidade. A DStreet permite que as pessoas postem e compartilhem outros dados profissionais, além de fotos, músicas favoritas, listas de leitura, receitas, etc. O *site* também inclui um *blog* no qual as pessoas podem revelar poeticamente as suas paixões. Ambos são exemplos de ações conscientes e proativas por parte dos líderes para facilitar a criação de ambientes de trabalho simpáticos e divertidos.

Acolhida

Os primeiros dias de um novo colaborador na organização são cruciais. É durante esse tempo que os colaboradores começam a estabelecer relacionamentos, comprometerem-se com a empresa e entenderem a importância dos relacionamentos no ambiente de trabalho. Quando aceitam um novo emprego, as pessoas ficam muito animadas e cheias de energia. Os melhores lugares para trabalhar canalizam essa animação com programas de orientação, *mentoring* e *check-in* com novos colaboradores a intervalos regulares. Algumas até começam o processo de ambientação antes do primeiro dia. Por uma espécie de alquimia, a animação com o novo emprego é transformada em comprometimento com a organização. Você saberá que você e seu grupo de trabalho receberam os novos colaboradores de um modo profundo e significativo quando esses mal puderem esperar pelo próximo membro da equipe, pois estão loucos para participarem do comitê de acolhida!

Nas melhores empresas, a necessidade básica de orientação é apenas um alicerce. Algumas começam o processo de ambientação antes mesmo de os colaboradores assinarem uma carta de oferta. O Boston Consulting Group (BCG) tem essa prática. Todo possível contratado recebe um "capitão", um membro do BCG responsável por desenvolver um relacionamento pessoal com o candidato e ajudá-lo com o processo de tomada de decisão. O capitão responde todas as perguntas e transforma-se no timoneiro do candidato que navega pelo BCG. O capitão apresenta o candidato às pessoas relevantes para garantir que obterá respostas completas às suas dúvidas e conhecerá uma ampla variedade de membros da equipe. Os capitães quase sempre são diretores ou mais dentro da empresa, o que enfatiza a necessidade de garantir que os candidatos tenham acesso aos recursos que precisam para decidirem se estão no lugar certo.

Depois que o colaborador é contratado, os excelentes locais de trabalho certificam-se de que eles começarão a construir relacionamentos com outros membros da organização. Muitos gestores estimulam os colaboradores a almoçar com os recém-contratados e a passar algum tempo com eles. Outros designam amigos ou mentores para garantir que todos tenham uma pessoa especial a quem procurar com perguntas e preocupações. Outras empresas adotam uma abordagem organizacional, incluindo uma acolhida formal nos boletins ou intranet. Uma das nossas práticas favoritas vem da CXtec, uma revendedora de equipamentos de rede e voz sediada em Nova York. No programa "carrinho das rosquinhas", na primeira sexta-feira de cada mês, os novos colaboradores que entraram para a empresa no último mês caminham pelo escritório distribuindo rosquinhas e café. A tradição é uma excelente maneira dos recém-contratados conhecerem colaboradores experientes e vivenciarem a cultura da CXtec.

Também é importante estabelecer relacionamentos com os gestores. A NetAPP usa o programa TOAST (Treinamento em todas as coisas especiais) com os recém-contratados todos os meses. O programa é liderado por Tom Georgens, CEO da NetApp. O TOAST inclui apresentações de pelo menos seis altos executivos, incluindo o CFO, o vice-presidente sênior de recursos humanos, o CMO, o vice-presidente do conselho, um fundador e representantes de todas as principais funções. Durante o almoço, os executivos participantes são acompanhados por diversos vice-presidentes, e cada um deles senta em uma mesa para almoçar com os recém-contratados. O resultado é uma oportunidade pessoal para almoçar com um alto executivo durante os primeiros meses em um novo emprego. Como coloca um colaborador da NetApp: "O CEO, o presidente, os fundadores e outros membros do alto escalão conduzirem a orientação de novos colaboradores é algo com um impacto incrível. Os recém-contratados se sentem apreciados e ficam mais ambiciosos. O programa dá o tom para todo o ambiente de trabalho".

Em algumas empresas, a festa termina rápido, mas as melhores empresas garantem que o processo de ambientação não termine de repente. Muitas usam algum processo de *check-in*, no qual o recém-contratado dá e recebe *feedback* sobre sua experiência até então. Na OhioHealth, um componente essencial do processo de acolhida é o programa "certo aos 90", que garante que os mais novos membros da equipe se ajustem às suas novas funções. Durante os primeiros 90 dias do emprego, os novos colaboradores fazem reuniões informais regulares com seus gestores e recebem *feedback* sobre seus progresso e desempenho. Ao final de 30, 60 e 90 dias de emprego, o gestor avalia o progresso do colaborador. Ao final dos primeiros 90 dias, o colaborador e seu gestor são convidados para a celebração "certo aos 90", uma oportunidade de conversar um pouco com a alta liderança, compartilhar experiências, contar histórias e celebrar o desejo do novo colaborador de ter sucesso na nova empresa. Os novos colaboradores são incentivados a trazerem seus familiares e amigos para comemorar essa primeira marca numa jornada de crescimento. Além de garantirem o sucesso do colaborador junto à organização, programas como os da OhioHealth também aumentam seu comprometimento e produzem sugestões de como usar o processo de orientação para fortalecer a camaradagem.

Mas antes de encerrarmos o assunto da acolhida, pense no caso especial da acolhida para os colaboradores de empresas adquiridas. Em muitos casos, eles estão felizes em juntar-se a uma nova organização mais famosa ou em melhor situação financeira, mas nem sempre é esse o caso. Além disso, vários colaboradores precisam ser integrados ao mesmo tempo. E esses já têm relacionamentos antigos em sua antiga organização. Então, a nova empresa precisa enfrentar um trabalho mais complexo do que o de apenas receber um grupo de colaboradores que se candidatou consciente e proativamente a um cargo e escolheu entrar para a organização. Muitas vezes, o primeiro passo para o sucesso nessas situações é entender as necessidades especiais dos colaboradores "adquiridos" e criar oportunidades para estabelecer relacionamentos com a equipe da nova organização. Os parágrafos a seguir apresentam algumas práticas de sucesso.

- Quando a CH2M HILL, uma consultoria de engenharia sediada no Colorado, adquiriu a petrolífera VECO, do Alasca, a organização fez um esforço para que os novos colaboradores se sentissem parte da empresa. Poucas semanas depois da aquisição, praticamente todos os ex-colaboradores da VECO participaram de sessões de orientação presenciais em lugares como Prudhoe Bay, Alasca; Ilha Sakhalin, Rússia; Fort McMurray, Alberta, Canadá; e Dubai, Emirados Árabes Unidos. Além disso, como parte da aquisição, os colaboradores receberam ações da CH2M HILL, o que os tornou proprietários da nova empresa.
- A Valero Energy Corporation, proprietária e operadora de refinarias e postos de gasolina, tem um histórico de adquirir outras refinarias. Para assimilar as equipes "adquiridas" sem maiores problemas, a diretoria recebe os colaboradores pessoalmente, responde perguntas e oferece informações sobre a cultura de trabalho e os programas de benefícios da Valero. Mais do que isso, sempre que uma nova instalação é adquirida, o CEO promove um churrasco de boas-vindas. Além disso, o departamento de RH realiza sessões informativas e reuniões especiais para cadastrar os colaboradores de todos os turnos e seus cônjuges em programas de benefícios.
- A QUALCOMM reconhece que os colaboradores de empresas recém-adquiridas têm perguntas e preocupações específicas. Assim, a organização se esforça bastante para oferecer soluções adequadas para esses problemas e para fazer que os colaboradores sintam-se integrados e bem-vindos na QUALCOMM. A organização cria *sites* especiais na extranet para cada empresa adquirida, apresentando a história, cultura e recursos da QUALCOMM, além de respostas detalhadas a perguntas sobre benefícios e outras questões legais. Além disso, os colaboradores recebem pacotes de boas-vindas personalizados e uma sessão de orientação no local. As pesquisas de acompanhamento ajudam a medir o sucesso da integração e a identificar áreas que precisam de atenção.

Receber os colaboradores de uma maneira completa e consciente ajuda a construir relacionamentos, a aprofundar o comprometimento e a promover as recompensas sociais de pertencer a um grupo. Isso prepara os colaboradores para terem sucesso, pois dá acesso a mais ferramentas e recursos para ajudá-los a navegar durante os primeiros meses no emprego. Finalmente, isso ajuda a criar uma percepção maior de comunidade, o que maximiza a cooperação e colaboração.

❖ Comunidade

Nos melhores lugares para trabalhar, os colaboradores cooperam uns com os outros, mas não apenas porque seus empregos ou organogramas pregam isso. Na verdade, eles se sentem parte de uma equipe. Todos trabalham em conjunto para criar um grande produto ou prestar um excelente serviço. Como vimos nas citações de colaboradores neste capítulo, às vezes os colaboradores sentem que têm uma segunda família no trabalho, um grupo de pessoas com quem compartilhar alegrias e desafios. Os líderes, por sua vez, podem inspirar comportamentos e a cooperação aos valores da organização.

A Aflac, empresa de seguro suplementar, usa seu famoso pato (mascote da empresa) para lembrar os colaboradores sobre a importância do "bando" e criar uma ideia de coesão entre o pessoal. É impossível ouvir o nome da Aflac sem pensar no famoso pato "Aflaaaac!" e é impossível andar pelo *campus* e prédios da empresa sem encontrá-lo. O pato é uma grande fonte de orgulho e inspiração na Aflac. A entrada para visitantes do *campus* Paul S. Amos tem um laguinho com patos. Todos os escritórios e cubículos têm patinhos Aflac de brinquedo. Nas sextas-feiras do jeans, camisetas Aflac com o pato estampado são maioria. E todas as vezes que um novo comercial da Aflac vai ao ar, os colaboradores assistem a uma prévia das últimas aventuras do pato na intranet da empresa e nas TVs das recepções. A ideia de família é parte da cultura Aflac, tanto em termos de valores internos quanto nas campanhas de *marketing* externas.

Além disso, os líderes das melhores empresas criam oportunidades para que as equipes dos diversos departamentos trabalhem juntas. Além de resultar em uma melhor apreciação do que os colaboradores fazem em toda a empresa, também ajuda todos a entenderem como a qualidade do trabalho do próprio departamento afeta todos os outros. Alguns exemplos:

- Nos escritórios da Whole Foods Market, a equipe de apoio às vezes consegue trabalhar lado a lado com os membros de equipe das lojas. Em geral, os membros de equipe de apoio são convidados a ajudar uma loja vizinha durante o corre-corre de final de ano ou quando uma loja precisa realizar um exercício de construção de equipe e não pode cobrir todos os turnos com membros de equipe de outras lojas da região. Os membros de equipe de escritório vestem aventais, chapéus e crachás e ajudam a ensacar compras, juntar cestos e carrinhos, estocar prateleiras e auxiliar clientes. É uma oportunidade divertida que dá aos membros de equipe de escritório, especialmente aqueles que nunca trabalharam no varejo, uma perspectiva sobre o que acontece nas lojas, além de estabelecer uma conexão entre as equipes dos escritórios e das lojas.

- Na Scripps Health de San Diego, os cronogramas de administradores e gerentes permitem que eles visitem unidades e departamentos e conversem diretamente com profissionais que trabalham em horários variados. Os cronogramas de "ronda" tornam os administradores e gerentes acessíveis 24 horas por dia, 7 dias por semana, incluindo turnos de fim de noite e madrugada. O resultado é um relacionamento de confiança. Ao irem ao local e se comunicarem com os indivíduos responsáveis pelo atendimento dos pacientes, os líderes entendem melhor o que os colaboradores fazem e como os departamentos interagem. Eles podem fazer sugestões e mediar conversas entre os departamentos. Além de apoiar a cooperação entre administração e atendimento, as rondas geram informações que ajudam a aprimorar a cooperação interdepartamental.
- Na petrolífera EOG Resources, os colaboradores estão espalhados por vários locais. Para ajudar indivíduos com cargos semelhantes a se conectar e colaborar, a empresa promove conferências anuais para diversas divisões técnicas, incluindo perfuração, exploração, conclusão, produção, engenharia de reservatórios, SSMA (saúde, segurança e meio ambiente), agenciamento e contabilidade. Além de compartilhar informações entre todos os locais e níveis da organização, as conferências também ajudam os colaboradores a estabelecerem e aprofundarem relacionamentos com colegas de outras regiões. Formar essas conexões facilita a colaboração dos funcionários no futuro. Sempre é mais fácil pegar o telefone e fazer uma pergunta quando você conhece a pessoa que vai atender a chamada.

Quanto mais os colaboradores conhecem o trabalho dos vários departamentos, divisões e locais, mais conseguem enxergá-los como parte de uma equipe que inclui toda a organização, e não como grupos que competem por recursos e reconhecimento. Na CH2M HILL, mais do que parte da cultura, a cooperação é algo esperado de todos os colaboradores.

A CH2M HILL usa uma estrutura que conecta indivíduos em áreas semelhantes para apoiar a cooperação, mas os líderes também deixam claro que cada colaborador é responsável pela própria rede. Como diz um membro da equipe: "As pessoas no meu grupo reforçaram o fato de que eu deveria conseguir achar a resposta certa em três ligações ou menos. Se você não consegue achar a resposta depois de ligar para três pessoas, é um indício de que alguma coisa está errada. Isso ainda é verdade hoje. Se você sabe como cooperar, a organização funciona muito bem para você. Se você não descobriu como cooperar ou se resiste à ideia, então talvez não esteja no lugar certo".

Hoje em dia, o ambiente de trabalho é caracterizado por uma maior dispersão dos trabalhadores e por um ritmo cada vez mais frenético. Por causa desse clima, muitas empresas utilizam ferramentas de redes sociais e sistemas de gestão do conhecimento para fortalecer as percepções de família e equipe. Às vezes, a tecnologia de redes sociais é usada para conectar indivíduos em razões dos objetivos do negócio ou do processo de recrutamento. Outras vezes, as conexões são estabelecidas por razões mais pessoais. Em ambos os casos, os colaboradores ficam mais conectados entre si, o que gera maiores oportunidades de cooperação. Os exemplos a seguir mostram como a Accenture, a General Mills e a salesforce.com trabalham esse aspecto.

- A Accenture é uma das maiores empresas de serviços de tecnologia, terceirização e consultoria de gestão do mundo. Com o sistema Accenture People, a organização dá a cada colaborador um *site* pessoal para que os membros de todas as equipes possam comunicar a toda a empresa suas informações de contato, detalhes biográficos e outros dados sobre sua experiência e conhecimento profissional. Disponíveis na *home page* interna do portal da Accenture, as páginas também permitem que os colaboradores compartilhem informações pessoais relevantes, tais como as universidades onde estudaram, fotos, *hobbies* e habilidades. A Accenture People também é uma excelente oportunidade para todos os colaboradores aprenderem e estabelecerem relacionamentos com colegas e líderes de toda a empresa.
- Para tentar atrair candidatos e estagiários mais jovens, a General Mills criou uma página no Facebook na qual os estagiários poderiam estabelecer uma rede e construir uma comunidade. De acordo com o diretor de pessoal, o *site* posicionou a General Mills como um "empregador legal". Além disso, a empresa descobriu que o *site* era bastante utilizado pelos estagiários antes de se juntarem à organização e durante as primeiras semanas em suas novas funções.

- Na maior parte do setor de tecnologia, os serviços de redes sociais se tornaram um fator importante para encontrar e conhecer pessoas nos âmbitos pessoal e profissional. E a situação não é diferente para a equipe de recrutamento da salesforce.com. Os futuros colaboradores da empresa gostam e entendem de tecnologia. Então, a melhor maneira de buscar novos candidatos é por uma das várias redes sociais do mercado, tais como LinkedIn, MySpace e Facebook. Essas redes sociais dão aos recrutadores a chance de contornarem as fontes tradicionais de candidatos em potencial, tais como os departamentos de desenvolvimento das universidades, e de estabelecerem relacionamentos duradouros com jovens profissionais.

Construir uma comunidade por meio de modelos de comportamento, de programas formais e de redes sociais permite que os colaboradores se sintam mais parte da organização e promove a cooperação entre a equipe. Quando os sucessos são celebrados, a camaradagem cresce ainda mais, reiniciando um ciclo positivo e produtivo mais uma vez.

❖ Imperativos dos líderes

Quando se trata de construir camaradagem, as ferramentas mais poderosas não são tão explícitas quanto aquelas abordados nos outros capítulos deste livro. Você pode formar relacionamentos fortes e pessoais com os colaboradores, mas isso apenas aumenta a confiança que eles têm em *você*. A camaradagem, por outro lado, se refere aos laços *entre colaboradores*. A única influência que você tem nesse setor é contratar pessoas que tenham uma afinidade natural umas com as outras, criar e apoiar oportunidades para que elas estabeleçam conexões entre si e inspirar comportamentos que gostaria de ver.

Prefira os que se conectam com a cultura

Quando trata-se de camaradagem, contratar pessoas que adaptam-se à cultura é mais da metade do trabalho. Se as pessoas forem selecionadas com base nos valores que compartilham com a organização, aumenta a probabilidade de elas se conectarem umas com as outras. Os colaboradores das melhores empresas percebem imediatamente quando um recém-contratado não se encaixa no sistema. A diversidade é importante e também deve ser um objetivo da contratação, mas não na área de valores e cultura compartilhados. Por exemplo, a Container Store se orgulha do comprometimento em ser uma empresa completa. Uma das filosofias é o foco em equipes. A organização comunica aos gestores que "Em nossos esforços de recrutamento, trabalhamos para contratar apenas colaboradores excelentes que possam trabalhar em equipe para produzir resultados incríveis. A cultura aberta e acolhedora da nossa empresa apoia um ambiente orientado a equipes. Celebramos o sucesso juntos, em equipe, e trabalhamos pelos mesmos objetivos". Kip Tindell, presidente e CEO da empresa, diz: "Quando acertamos a mão, ser parte de uma equipe é uma das experiências humanas mais belas do mundo".

Crie um contexto

É impossível manipular por completo o quanto os colaboradores vão acolher os novatos ou se preocupar uns com os outros, mas é possível implementar veículos para fortalecer a camaradagem. Pense no exemplo do programa de mentoramento da Camden Property Trust. O programa oferece sessões de treinamento individuais para novos colaboradores durante os primeiros 90 dias de emprego, utilizando colegas nos mesmos cargos para dar lições práticas aos recém-contratados e ajudá-los a se familiarizarem com a cultura da Camden. O CEO Keith Oden chama os mentores de "embaixadores da cultura".

Você também pode apoiar o uso de recursos financiados pelos colaboradores e outros canais para expressar os sentimentos do grupo. Desde 1999, o fundo CUP (Coure United Partners) da Starbucks oferece auxílio financeiro em caso de eventos inesperados como morte de entes queridos, incêndios ou desastres naturais. Os parceiros da Starbucks fazem contribuições pessoais ao fundo CUP. O fundo distribui milhões de dólares por ano aos parceiros e todos são candidatos à assistência.

Inspire comportamentos

Uma maneira rápida de avaliar o nível de camaradagem de uma organização é prestar atenção no quanto "nós" e "eles" são usados. Quando as pessoas se sentem parte de uma família ou equipe, elas usam a palavra "nós" para descrever sucessos e desafios. Quanto maior a percepção de família ou equipe, maior a sensação de "nós". Às vezes, as pessoas veem a empresa – milhares e milhares de pessoas – como uma mesma família. Outras vezes, percebemos um uso muito mais frequente da palavra "eles", mesmo em referência a pessoas na mesma empresa ou até no mesmo grupo de trabalho. Às vezes os líderes iniciam frases sobre os colaboradores com "Essa gente...". Sempre que a linguagem de "nós contra eles" prevalece, sugerimos que os líderes precisam trabalhar a camaradagem.

Quanto mais você usar "nós" para descrever as pessoas na sua organização, mais as pessoas se verão como parte de uma equipe maior. "Elas não nos entendem em Phoenix" se transforma em "Precisamos chegar a um entendimento melhor com o escritório de Phoenix". "Essa gente não entende" vira "Gostaria de saber o que está atrapalhando nossa comunicação interna". As sutilezas da linguagem podem mudar suas perspectiva e, ao mesmo tempo, sinalizar aos colaboradores o nível de cooperação esperado.

Construa confiança

Construir confiança é o imperativo máximo. Em alguns casos, os líderes escolhem se concentrar na camaradagem às custas do processo de gerar confiança entre a equipe. Ajudar a promover relacionamentos fortes entre os colaboradores é um aspecto importante da construção de um excelente local de trabalho, mas a confiança é o alicerce desse projeto. Depois que você tiver confiança, os colaboradores estarão mais dispostos a aceitar seus esforços na área da camaradagem. Quando os colaboradores confiam nos líderes, eles dão uma chance aos novatos. Eles participam de eventos e atividades para formar relacionamentos. E quando os líderes defendem as vantagens de um local de trabalho que é uma grande família unida, e não uma guerra entre facções, os colaboradores acreditam nesse discurso.

❖ *Check-list* de atitudes de camaradagem

Uma lista de comportamentos para desenvolver camaradagem inclui:

Intimidade

- Expressar crenças e preocupações abertamente e fazer o melhor pela organização e pela equipe.
- Participar das celebrações organizadas por sua equipe.
- Incentivar as pessoas a serem elas mesmas e a respeitarem a individualidade alheia.

- Incentivar as pessoas a celebrarem eventos especiais.
- Dar à equipe o tempo e os recursos para celebrar suas conquistas.
- Ajudar pessoas em momentos de necessidade.

Hospitalidade

- Se preocupar em contratar pessoas que equilibrem adaptação cultural e contribuição única.
- Coordenar ou apoiar atividades que ajudam a acolher colaboradores novos ou recém-transferidos.
- Incentivar a equipe a reservar tempo para aproveitar a companhia dos colegas de trabalho.
- Certificar-se de que os recém-contratados tenham uma acolhida calorosa por parte da equipe.
- Fazer um esforço consciente para receber os recém-contratados.
- Ajudar a criar e a manter uma atmosfera descontraída no grupo de trabalho.
- Aproveitar oportunidades para deixar o trabalho mais divertido.
- Quando alguém é transferido para seu departamento, recebê-lo de braços abertos.

Comunidade

- Criar oportunidades para que os membros da equipe conheçam outras pessoas na organização.
- Incentivar e recompensar a cooperação no grupo de trabalho.
- Certificar-se de que todos os membros da equipe compreendem como o trabalho dos colegas cria valor.
- Promover um espírito de grupo cordial e apoiador na equipe.
- Ajudar as pessoas a se manterem focadas no bem maior, e não apenas em nossos próprios interesses ou nos do grupo imediato.
- Demonstrar respeito às pessoas de todos os outros departamentos da organização.
- Considerar os membros da equipe mais do que meros conhecidos.

Estudo de caso

Camden Property Trust: construindo uma comunidade divertida para colaboradores e moradores

Resumo

- Desenvolvimento e gestão de imóveis.
- Sediada em Houston, Texas.
- Fundada em 1982 por Ric Campo e Keith Oden.
- Capital aberto, ações negociadas com o símbolo CPT.
- Com 1.750 colaboradores em 203 locais.
- Presente na lista dos Estados Unidos desde 2008.

A Camden Property Trust é proprietária e administradora de comunidades multifamiliares em 13 estados e em Washington, D.C. Embora corretas, essas informações não contam toda a história da Camden. Ela é especialista em comunidades eficientes e responsivas, mas ao mesmo tempo divertidas e simpáticas. E o que funciona para a marca Camden também funciona para a cultura da empresa. Dois dos nove valores da Camden são "Gostar de trabalho em equipe" e "Diversão". Não é difícil ver como ambos se manifestam na Camden, tanto em grandes eventos quanto no cotidiano. Além disso, os colaboradores têm um carinho genuíno uns pelos outros.

Inúmeros eventos criam a experiência dos colaboradores da Camden, mas o mais esperado é a Camden Skit Night, que ocorre todos os anos na primeira noite da conferência anual da direção da empresa. Os líderes de todas as partes do país reúnem-se para compartilhar informações, formar equipes, distribuir prêmios e, é claro, apresentar esquetes. Os esquetes são criados pelas equipes espalhadas por toda a organização. À medida que a empresa foi crescendo, os esquetes foram tornando-se mais complexos e hoje envolvem meses de planejamento e componentes avançados de áudio e vídeo. A tradição dos esquetes permite que os colaboradores interajam em um outro nível, sem títulos nem cargos. Os colaboradores desenvolvem habilidades e talentos que eles mesmos desconheciam: atuar, dirigir, escrever, criticar, editar vídeo, selecionar músicas, desenhar figurinos, mediar... a lista não tem fim. A tradição permite que o pessoal desenvolva e domine áreas que talvez nunca se apliquem diretamente ao trabalho cotidiano, mas que oferecem um sentimento de conquista e realização pessoal. A tradição é tão antiga quanto a própria empresa. Os gestores e a direção da empresa sobem ao palco como iguais, seguindo o exemplo dado pelos líderes e fundadores da Camden, Ric Campo e Keith Oden.

De acordo com Oden, o valor real dos esquetes está no trabalho em equipe necessário para realizá-los. Ele diz que o processo de criar um esquete é fundamental para a capacidade da equipe de colaborar e tomar decisões, independente de cargos ou tempo de casa. E o espírito naturalmente competitivo dos colaboradores mantém o padrão de qualidade alto, de modo que todos os grupos veem o desafio como de suma importância. O fato dos esquetes entreterem 450 pessoas todos os anos é "apenas um subproduto". O que importa de verdade é que, ao criar os esquetes, os colaboradores criam relacionamentos duradouros que tornam o trabalho em equipe mais eficaz e harmônico. E com mais de 20 anos de esquetes nos arquivos da empresa, os líderes capturaram a evolução de uma cultura corporativa que hoje é considerada uma das melhores dos Estados Unidos.

Não é difícil encontrar mais evidências de um ambiente simpático e divertido na Camden. No trabalho cotidiano, ou como parte do programa de mentoramento, a equipe da Camden cria uma cultura que é um exemplo de camaradagem.

- A Camden reserva tempo para celebrar conquistas e feriados. O Halloween é um concurso frenético entre os departamentos na sede da empresa. Os espaços de trabalho de cada departamento já foram transformados em casas mal-assombradas, na fazenda do velho McDonald, em um santuário ornitológico, no palácio de Aladdin, em uma reserva de caça (a Camden informa que nenhum animal foi morto ou ferido), em um restaurante Benihana e nos cenários de *Mudança de Hábito* e *A Família Addams*. O departamento vencedor ganha pizzas e, mais importante, o direito de se gabar da vitória pelo resto do ano.
- Os colaboradores da Camden adoram brincar uns com os outros. Mais do que um exemplo de diversão no local de trabalho, as brincadeiras comprovam a força dos relacionamentos entre a equipe. Por exemplo, a engenheira de projetos Elizabeth estava escutando um som de campainha enquanto trabalhava. Ela perguntava para todo mundo se também ouviam, mas ninguém escutava. Ela procurou um som de campainha nos telefones dos colegas, mas não descobriu. No segundo dia, ela foi visitar seu colega Nathan, um engenheiro de projetos. Ela disse que precisava almoçar em casa para fugir do som de campainha no escritório. Nathan respondeu: "O som que toca quando eu aperto este botão?" Como Elizabeth brincara com Nathan por causa do som irritante do Blackberry do colega, Nathan foi à loja Home Depot, comprou um *kit* campainha, escondeu o sino no teto acima da mesa de Elizabeth, instalou o botão na própria mesa e começou a apertar o botão periodicamente durante o dia. E os colegas que diziam não ouvir o som? Isso mesmo, eles sabiam da piada!

- Até a ambientação na Camden acontece por relacionamentos, como vemos no programa de mentoramento. Durante os primeiros 90 dias, o trabalhador recebe lições práticas de um colega com o mesmo cargo. O mentor também ajuda o recém-contratado a se familiarizar com a cultura da Camden. Keith Oden chama os mentores de "embaixadores da cultura da Camden". O programa também dá oportunidades de desenvolvimento ao colaborador experiente selecionado para ser o mentor, não apenas para o novato. Os mentores da Camden passam por um projeto de seleção e completam um programa de treinamento personalizado na sede da empresa.

Os colaboradores que sentem-se parte da família Camden têm maior probabilidade de criar uma comunidade para os moradores. Um colaborador, morador da Camden por nove anos antes de ser contratado, explica: "Nunca trabalhei para uma empresa na qual os fundadores me procuraram, me abraçaram e me agradeceram por fazer um bom trabalho. Então, quando eles nos tratam bem, nós passamos isso para os moradores. Não temos complexos de apartamentos. Não temos unidades. Temos comunidades. Temos lares. E digo para as pessoas que, se querem morar num complexo, é melhorar procurar a concorrência, pois nós somos uma família".

Promover bons relacionamentos dentro da empresa também leva a operações eficientes. Mais uma vez, ninguém explica melhor do que um colaborador da Camden: "Se você não acha uma resposta imediata no local onde está ou se você é o único ali, é melhor pegar o telefone ou mandar um *e-mail* para a central de apoio. Eles estão sempre dispostos a ajudar. Ou você pode ligar para outro gerente comunitário em outra propriedade. Você sempre sente que tem bastante apoio em todos os aspectos. Você nunca acha que está incomodando alguém, todos sempre estão dispostos a compartilhar suas histórias e a contar suas ideias". Criar um ambiente de diversão e de camaradagem torna a Camden um excelente lugar para trabalhar. O fato de esse ambiente contaminar a experiência dos moradores da Camden é a fonte do seu sucesso no mercado.

Observação: Boa parte dos materiais deste estudo de caso foi retirada de um manuscrito inédito de Jessica Cross Rohman, consultora do Great Place to Work.

Estudo de caso

Microsoft: gênios, sejam bem-vindos

Resumo

- Tecnologia da informação: desenvolvimento de *software*.
- Sediada em Redmond, Washington.
- Fundada em 1975.
- Capital aberto, ações negociadas com o símbolo MSFT.
- Aproximadamente 90 mil colaboradores em 108 locais ao redor do mundo.
- Presente na lista dos Estados Unidos desde 1998 e reconhecida no livro de 1993; reconhecida internacionalmente 198 vezes.

Só há uma empresa no mundo que recebe você no *campus* com um *concierge* e com um lugar para se preparar para a entrevista, que canaliza seu entusiasmo assim que é contratado e que o incentiva a andar por toda a empresa quando bem entender. É a Microsoft. A empresa tem bons motivos para oferecer uma acolhida tão calorosa. Lisa Brummel, vice-presidente corporativa de recursos humanos, explica: "Atrair e reter talento é nossa função principal. Somos uma empresa de propriedade intelectual que depende de pessoas. Em última análise, se você não tem as pessoas certas, é muito difícil fazer sucesso. Para mim, é essencial que esse seja o lugar certo para uma ampla variedade de pessoas, independente de idade, nacionalidade, área de especialização, interesse ou foco no cliente. Precisamos atrair os melhores e os mais inteligentes, pois é assim que a empresa avança".

Os melhores candidatos têm altas expectativas em relação à fase de recrutamento, e a Microsoft não decepciona. Para ficar com apenas alguns exemplos de como as pessoas conhecem seu possível empregador:

- O espaço *Experience Microsoft*, na sede de Redmond, é onde os candidatos começam seu dia no *campus*. A instalação destaca as últimas tecnologias da Microsoft, oferece centrais para os candidatos imprimirem seus currículos ou olharem seus *e-mails* e apresenta vídeos de colaboradores da empresa falando sobre suas experiências. Se já não fosse legal por si só, o espaço também inclui um *concierge* que, em suas próprias palavras, "faz as pessoas sentirem-se em casa." *O concierge* e outras pessoas com o mesmo cargo ajudam os candidatos a se acharem em Seattle e a encontrarem bons restaurantes e atrações. Os *concierges*

- ajudam os candidatos a descobrir tudo que consideram importante antes de aceitar qualquer oferta.
- A recepção tem consoles Xbox para incentivar a interação entre os candidatos, além de mesas Microsoft Surface recheadas de aplicativos desenvolvidos para os candidatos.
- Para os candidatos que quase "enxergam-se" na Microsoft, o espaço *Experience Microsoft* também oferece tecnologias que permitem que eles literalmente enxerguem-se dentro da empresa. Em um dos computadores, os candidatos podem escolher palavras e frases que os descrevem, tirar fotos digitais e, depois, ver a si mesmos e as palavras que descrevem sua experiência expostos no mural.

Scott Pitasky, vice-presidente corporativo do grupo de recursos humanos, talento & capacidade organizacional da Microsoft, fala sobre três fatores importantes para o recrutamento na Microsoft: experiência dos candidatos, compartilhamento de informações e a marca Microsoft. "Primeiro, somos fanáticos pela experiência dos candidatos, desde um *concierge* que possa sugerir bons restaurantes e atrações para quem está visitando Seattle pela primeira vez até um que possa falar sobre a nossa tecnologia. Queremos que a experiência seja ótima. A seguir, queremos armar nossos candidatos com as informações que precisam para tomar uma decisão consciente. Uma das maneiras de fazer isso é por compartilhar informações em nosso *site* para candidatos. Ouvimos o que os candidatos querem saber quando são entrevistados na Microsoft: desde como é trabalhar aqui até histórias sobre como os colaboradores desenvolvem suas carreiras e seguem suas paixões fora do trabalho. É o nosso jeito de nos colocarmos no lugar dos candidatos e ajudá-los a chegar aonde querem ir. Finalmente, estamos muito cientes da necessidade de garantir que estamos investindo em nossa marca de emprego. Tente encontrar uma pessoa no mundo que não saiba o que é a Microsoft ou quem é Bill Gates. Para agregar ao que as pessoas sabem sobre a Microsoft, achamos que é importante ser transparente quanto a como é trabalhar aqui, quanto ao que nos torna especiais e quanto a como enxergamos os grandes desafios e clientes que temos pela frente".

Colaboradores mais jovens também falam sobre suas experiências e sobre como descobriram a Microsoft de verdade. De acordo com um deles, uma das surpresas mais agradáveis é como os líderes são receptivos e empreendedores com suas ideias. "Um dos meus mentores na Zune disse: 'Quer saber? Nós somos os líderes em tecnologia, mas nós da direção, vice-presidentes, nós somos dinossauros. Vocês recém saíram da faculdade. É responsabilidade de vocês garantir que os gerentes estão no caminho certo, que a empresa está no caminho certo, que estamos ouvindo o que vocês têm a dizer'. Acho que [os recém-contratados podem pensar] 'Meu Deus, essas pessoas estão aqui há 15 anos. Elas administram essas unidades enormes. Elas não vão dar o menor valor para as minhas opiniões'. Mas isso não é verdade por aqui".

Não menos importante é o fato que a Microsoft não reserva o "fator uau" apenas para a recepção dos novos colaboradores. Todos são incentivados a se movimentar pela empresa, uma grande regalia para uma equipe dinâmica e empreendedora. Mais uma vez, ninguém explica melhor do que um dos colaboradores: "As pessoas falam sobre o que vão fazer depois. Tento pensar que habilidades desejo, se meu trabalho está me ajudando a desenvolver essas habilidades, esse tipo de coisa. As oportunidades aqui são bastante abertas. Considero que parte do meu trabalho é manter meus olhos abertos para elas a fim de continuar animado com o trabalho". A Microsoft é grande, mas não é "corporativa". E os modos como a empresa recebe os novos candidatos e colaboradores em seus *campi* ao redor do mundo são apenas um pedaço dessa história.

Capítulo 7

Perspectivas globais

Os melhores locais para trabalhar ao redor do mundo

Há não muito tempo, nosso escritório na Alemanha considerou mudar uma frase no questionário aplicado aos colaboradores. A pesquisa pergunta se os colaboradores consideram seu local de trabalho "divertido", mas os pesquisadores alemães daquele escritório acreditavam que uma tradução exata da palavra "divertido" não faria sentido de uma perspectiva cultural e de trabalho alemã. Eles consideraram uma série de outras opções e determinaram que substituiriam a palavra por "alegria profunda". Algumas semanas depois, quando os questionários foram devolvidos e revisados, os pesquisadores notaram um padrão interessante. A palavra "divertido" fora alterada no questionário, mas na seção na qual os colaboradores eram convidados a comentar sobre a empresa com as próprias palavras, os entrevistados das melhores empresas usaram a palavra "divertido" para descrever seu ambiente de trabalho. O que vemos com essa história é que, apesar de cultura, língua e locais serem diferentes, o modelo Great Place to Work oferece uma estrutura surpreendentemente estável (às vezes, até para nós!) para compreender a experiência dos colaboradores nos melhores locais de trabalho.

Na verdade, em todo esse tempo estudando as melhores empresas, uma de nossas maiores descobertas é a de que os excelentes locais de trabalho não dependem de tamanho, setor da economia ou local. Quando pesquisamos grandes corporações na Alemanha ou pequenas empresas familiares no Chile, ouvimos respostas semelhantes quando perguntamos "Este é um bom lugar para trabalhar? Se sim, por quê?" Em grande parte, o motivo é que o modelo Great Place to Work baseia-se em necessidades e valores: confiar nas pessoas para quem você trabalha, orgulhar-se do que faz e ter prazer e alegria em trabalhar ao lado dos colegas. Os valores e as necessidades representados no modelo Great Place to Work têm apelo universal e, por isso, boa parte da experiência dos colaboradores é comum e coerente em qualquer país do mundo.

Ainda assim, as grandes multinacionais e empresas que trabalham em outros países merecem considerações adicionais. O Great Place to Work está presente em mais de 40 países, com excelente representação nas Américas e na Europa Ocidental. Também temos uma presença crescente na Ásia e Oceania, África, Oriente Médio e Europa Oriental. Nossa experiência com organizações de todos os tamanhos em todo o mundo nos ensinou algumas lições valiosas sobre como aplicar o modelo Great Place to Work. Acima de tudo, apesar desse modelo oferecer uma estrutura universal para entender o local de trabalho, sua aplicação em um contexto internacional sempre provoca uma série de questionamentos. Neste capítulo, vamos explorar algumas das perguntas e problemas mais comuns (é o nosso FAQ internacional) e mostrar exemplos de como os princípios do modelo se aplicam ao redor do mundo.

❖ Os benefícios do modelo Great Place to Work são os mesmos em todo o mundo?

No primeiro capítulo, observamos que as melhores empresas são mais produtivas e rentáveis do que suas pares. Oferecemos vários exemplos de benefícios obtidos por organizações que desenvolvem ambientes com altos níveis de confiança. E compartilhamos os resultados de como as melhores empresas americanas se comparam ao índice S&P 500. Mas e as empresas de fora dos Estados Unidos, como ficam? Para começar, estudos semelhantes sobre a relação entre as melhores empresas para trabalhar no Brasil, na Grã-Bretanha e na Dinamarca e os índices das bolsas de valores locais revelam que as melhores empresas têm um desempenho superior ao de seus pares. Mas essa é só a ponta do iceberg.

O Great Place to Work Institute da Europa analisa regularmente uma série de métricas de negócios das empresas que compõem a lista europeia das 100 melhores empresas. E, como seria de esperar, elas são melhores do que as suas pares. O diretor Palle Ellemann Knudsen observa que, quando comparamos as 100 melhores com as 100 empresas que participaram do estudo de 2009 e produziram os resultados menos positivos (as 100 piores), as melhores empresas tiveram desempenhos superiores em várias áreas:

- As 100 melhores cresceram duas vezes mais rápido que as 100 "piores".
- O absenteísmo foi 70% maior nas 100 "piores".
- As 100 melhores receberam o dobro de candidatos a emprego.
- As 100 melhores desenvolveram mais novos produtos.
- As 100 melhores tiveram menos rotatividade voluntária de pessoal.
- As 100 melhores aumentaram a receita em 23%, e a equipe em apenas 11%.

As pesquisas realizadas pelas filiais do instituto ao redor do mundo oferecem mais evidências sobre os benefícios universais do modelo Great Place to Work. As pesquisas comparam listas das melhores empresas com clientes de consultorias individuais, e a imagem cumulativa que formam é igual a que encontramos nos Estados Unidos: investir na criação de um excelente local de trabalho gera dividendos significativos para a organização. Por exemplo, o Great Place to Work no Chile mediu o progresso de um cliente de consultoria de longo prazo – uma rede de varejo – e avaliou o impacto positivo da confiança, do orgulho e da camaradagem em uma ampla variedade de indicadores financeiros. Os pesquisadores analisaram questões como furtos por colaboradores, produtos danificados e rotatividade de pessoal. No começo do trabalho, os pesquisadores determinaram que a falta de confiança na organização custava cerca de US$ 19 milhões por ano. Com a melhoria do nível de confiança, a empresa conseguiu economizar um total de US$ 58 milhões desde o começo do trabalho.

Outro exemplo: na Alemanha, o Great Place to Work realizou um estudo que comparava a cultura do local de trabalho com o sucesso econômico de organizações de diversos tamanhos e setores diferentes da economia. Um grupo representativo de 37 mil colaboradores de 314 empresas foi comparado com o grupo das melhores empresas da Alemanha. A pesquisa demonstrou vários fatos. Primeiro, em relação à amostra representativa, as melhores empresas têm uma grande vantagem em termos de confiança no local de trabalho. E segundo, a pesquisa demonstrou que até 30% da diferença do sucesso econômico entre os dois grupos podia ser atribuído à cultura do local de trabalho (e adivinhe qual grupo tinha mais sucesso?).

Os exemplos mostram que o modelo Great Place to Work pode ser aplicado em todo o mundo e que os benefícios de uma cultura focada no local de trabalho ocorrem também em diferentes culturas.

❖ Como criar uma cultura consistente em uma empresa multinacional?

Em nosso trabalho de consultoria, muitas vezes ouvimos essa pergunta de líderes de grandes multinacionais com altos níveis de diversidade. A pergunta não tem uma resposta fácil, mas sabemos por experiência própria que as melhores multinacionais investem bastante tempo e energia para garantir que a experiência essencial da organização seja semelhante em todo o mundo, ao mesmo tempo em que permitem que as lideranças nacionais tenham a liberdade necessária para trabalhar as necessidades especiais de cada país.

Garanta uma experiência essencial

Vamos começar pela primeira parte da equação: o que queremos dizer por "garantir uma experiência essencial". Em bons locais de trabalho, os líderes explicam como pretendem conquistar o mercado e entendem o tipo de cultura necessária para executar a estratégia. Eles responderam a pergunta "Como deve ser a experiência dos nossos colaboradores?" e desenvolveram políticas e *programas globais* para apoiar suas estruturas.

A Microsoft Corporation é um ótimo exemplo de uma organização que se comprometeu com a ideia de ser um excelente local de trabalho onde quer que esteja. Em 2009, a Microsoft integrou a lista das melhores empresas em 24 países nos quais o Great Place to Work Institute reconhece os melhores lugares para trabalhar. A Microsoft faz sucesso por vários motivos diferentes, mas vale a pena analisar um programa específico que unifica a experiência dos colaboradores em centenas de locais diferentes: "o novo mundo do trabalho". A missão da Microsoft é permitir que pessoas e empresas de todo o mundo concretizem seus potenciais; um aspecto desse potencial é ajudar as empresas a reimaginarem o modo como trabalham.

Em 2005, Bill Gates lançou The New World of Work Initiative, com a intenção de ajudar organizações do mundo todo a melhorarem seus processos de trabalho e produtividade. O programa está especialmente vivo e funcionando bem na própria Microsoft, onde os membros da equipe recebem laptops e smartphones para trabalhar de qualquer lugar e a qualquer momento. O resultado é que a maioria dos escritórios da Microsoft em todo o mundo conta com horários flexíveis, e muitos colaboradores trabalham de casa em um ou mais dias da semana.

"A eterna busca por melhorias no modo como trabalhamos e o desejo de ser autêntico em tudo é algo único para uma empresa comercial como a nossa", escreveu um colaborador da Microsoft da Holanda. "The New World of Work conecta visão com tecnologia e comportamento e equilibra a vida pessoal com a profissional".

Uma colaboradora da Microsoft da Bélgica também compartilha seu entusiasmo pelo programa. Ela escreve: "The New World of Work nos dá flexibilidade total para determinar, de um modo criativo, como realizar nossos projetos e quando queremos trabalhar. Assim, tenho energia todos os dias. Posso lidar com minha família como bem entendo. Tenho a oportunidade de fazer várias coisas em termos de saúde e atividades esportivas. O modo como as tarefas são delegadas permite que eu trabalhe de um modo flexível e combine meu emprego na Microsoft com meus deveres de mãe".

A Microsoft criou uma cultura na qual ter um excelente local de trabalho é essencial para o sucesso da empresa. E The New World of Work é uma estrutura que garante essa experiência essencial, não importando se o colaborador trabalha na Holanda, na Bélgica, nos Estados Unidos ou em Hong Kong ou se está sempre viajando pelo mundo. E qual a base dessa cultura? A confiança, é claro. Frank Abbenhuijs, diretor sênior de RH da Microsoft para a Europa Ocidental, explica que, independente de país, a cultura da empresa se resume a um foco coerente em pessoas e confiança. Ele completa: "A confiança não está conectada a uma cultura, ela é uma linguagem universal que faz as pessoas trabalharem em equipe".

Assim como a Microsoft, as melhores empresas criam uma experiência essencial de vários jeitos diferentes. É relevante que os líderes das melhores multinacionais têm por hábito compartilhar melhores práticas em toda a rede organizacional, o que promove a criação e o estabelecimento de um conjunto de experiências fundamentais. Muitas empresas com as quais trabalhamos compartilham suas melhores práticas por meio de eventos estruturados, como seminários de liderança que reúnem pessoas de todo o mundo. Os participantes se beneficiam tanto da possibilidade de compartilhar suas experiências com os colegas quanto aprendem com as apresentações. A Qliktech, uma líder em software de inteligência, fundada na Suécia e hoje sediada nos Estados Unidos, realiza uma conferência com todo o pessoal da empresa. No último evento, todos os colaboradores da empresa (quase 600 pessoas), em todo o mundo, se reuniram por vários dias para aprender, planejar e compartilhar. Outras organizações, como a farmacêutica suíça Novartis, criam sua experiência essencial com programas de desenvolvimento de liderança nos quais líderes em ascensão são transferidos para países ou unidades diferentes para conquistarem mais experiência.

Equilibre estratégia corporativa com costumes locais

Apesar de determinadas a estabelecer valores universais e programas corporativos essenciais, as melhores multinacionais dão às suas subsidiárias bastante liberdade para ajustar suas políticas e práticas às culturas e costumes locais. Em contraste com o uso de estratégias impostas de cima para baixo pela sede da empresa, as melhores multinacionais tendem a incentivar práticas inovadoras no nível das subsidiárias e até estimulam uma competição saudável entre elas para ver quem consegue criar as práticas mais eficazes que podem ser copiadas pelas outras. Por exemplo, na Cisco, a campanha de consciência ambiental incentiva a participação dos colaboradores na semana do dia da Terra para conscientizar o público sobre questões ambientais e sobre a estratégia verde da Cisco. Visto que os eventos do dia da Terra são realizados em 21 locais ao redor do mundo, o programa incentiva a camaradagem nos níveis local e global. Os colaboradores da empresa podem usar a tecnologia Cisco WebEx para se conectarem uns com os outros durante a semana. A Cisco também estimulou os colaboradores a participar da hora da Terra, às 20h no horário local no dia da Terra, quando cidades, lares, comunidades e empresas são convidadas a desligarem as luzes por uma hora para demonstrar que é possível agir contra o aquecimento global.

Trabalho em equipe, inovação, diversão e contribuição para a comunidade são partes dos valores fundamentais da Cisco e ajudam a moldar a cultura da empresa. Eventos como o dia da Terra dão aos colaboradores a oportunidade de colaborarem, de fortalecerem a camaradagem e de contribuírem para a comunidade, além de formarem uma parte importante do ambiente de trabalho da Cisco. Assim, apesar do foco ser global, a implementação é local. Essa abordagem "global" é uma maneira de garantir uma experiência essencial.

❖ Nem minha empresa nem meu país são grandes. Ainda é possível criar um excelente local de trabalho? Como?

O que está por trás dessa pergunta é a noção de que a empresa tem recursos limitados à sua disposição. Esse não é, necessariamente, um problema apenas para empresas internacionais; mesmo nos Estados Unidos, empresas menores não têm recursos ilimitados para investir nos programas e regalias que identificamos neste livro. Mas a questão é especialmente relevante em países com PIBs menores ou em que a infraestrutura de recursos humanos é menos desenvolvida.

Primeiro, é importante entender que a ideia central deste livro é que a confiança, não o dinheiro, define um excelente local de trabalho. As pequenas empresas podem criar excelentes ambientes de trabalho se mudarem o modo como aproveitam o tempo e o talento da equipe, o que não custa nada. Mas também sugerimos que os recursos financeiros destinados ao desenvolvimento do seu pessoal devem ter um foco absoluto. Nesta seção, damos dois exemplos de empresas que dominaram esse foco. O primeiro é o da Piscines Ideales, uma pequena empresa grega que projeta, constrói e mantém piscinas. O segundo é o da Reaktor Innovations, uma consultoria de tecnologia e software de capital fechado com sede em Helsinque, Finlândia. Ambas são reconhecidas como duas das melhores empresas para trabalhar na Europa. Mas ambas são também relativamente pequenas e operam em ambientes econômicos menores. Nenhuma das duas tem um departamento de RH muito grande. Ao mesmo tempo em que criaram um excelente local de trabalho dentro dos limites de uma pequena empresa, ambas souberam, como poucas, alocar os recursos exatamente onde deveriam: a serviço da criação de uma excelente cultura do local de trabalho.

Piscines Ideales

Stelios Stavridis, o CEO da Piscines Ideales, voltaria de uma viagem de negócios na noite anterior ao seu aniversário. Quando chegou em casa, tarde da noite, ele encontrou um grupo de colaboradores da empresa com chapeuzinhos, apitos e um cartaz, esperando-o para cantar Parabéns a Você... à meia-noite. O que está por trás de tamanha dedicação ao líder de uma empresa? Para os colaboradores da Piscines Ideales, a resposta é óbvia: família. E essa é a base de como a equipe enxerga a cultura da empresa.

"Acho que nosso espírito de equipe e entusiasmo provam que somos uma família feliz com laços fortes!", escreve um colaborador. "Acho mesmo que tenho uma segunda família. Fico muito feliz e tenho orgulho de dizer que sou membro da Piscines Ideales!" Muitas pequenas empresas se beneficiam do senso de proximidade, mas os 135 colaboradores da Piscines Ideales levam o espírito de "família estendida" a um novo extremo. A conferência anual da empresa é chamada de "reunião familiar". E o CEO Stavridis, a quem os colaboradores chamam de "capitão", é uma figura paterna bondosa para todos os membros da organização.

É claro que, como toda boa família, a Piscines Ideales ajuda os membros a crescer e prosperar. Os recursos que a empresa oferece estão a serviço do crescimento dos colaboradores. Por exemplo, pelo programa anual de rotação de trabalho, os colaboradores passam algumas semanas por ano em diferentes departamentos para desenvolver um entendimento mais holístico da empresa. A Piscines Ideales também paga pelo mestrado dos colaboradores que buscam se aperfeiçoar. Essa abordagem economiza dinheiro para a empresa, pois ela não precisa desenvolver um grande programa interno de desenvolvimento e capacitação. Além disso, a Piscines Ideales tem um processo estruturado para ajudar os colaboradores a se tornarem empreendedores e a abrirem suas próprias franquias. O programa formal está aberto para qualquer um, mas os colaboradores que desejam tornar-se franqueados recebem treinamento, financiamento, apoio de relações públicas e outros recursos.

A Piscines Ideales investe recursos na criação de uma cultura "familiar", e os resultados desses esforços não têm preço. A cultura em si começa a apoiar os comportamentos que contribuem para um excelente local de trabalho... a custo zero. "Sinto mesmo que somos uma família", escreve outro colaborador. "Em tempos difíceis, temos pessoas que ajudam e dão apoio. Quando você precisa de incentivo, elas incentivam. Quando precisa de conforto, sempre tem alguém disposto a confortá-lo. Quando você comemora o próprio sucesso, sempre tem alguém para comemorar com você. E quando se sente perdido, alguém mostra o caminho".

Reaktor Innovations

A Reaktor nunca realizou uma atividade de desenvolvimento de RH. Em vez disso, a empresa vive a ideia de ser um excelente local de trabalho. Os 130 colaboradores da Reaktor são quase todos engenheiros e consultores que desenvolvem software para grandes organizações públicas e privadas. A missão da empresa é o desejo de "combinar tecnologia de ponta com uma abordagem humana e descomplicada". Talvez isso explique por que menos de 10 colaboradores deixaram a empresa desde sua fundação em 2000. Mais uma vez, o foco absoluto faz toda a diferença.

Como o negócio depende da manutenção de altos níveis de conhecimento tecnológico, a Reaktor valoriza o foco em desenvolvimento profissional. O nível excepcional de capacitação dentro da empresa está alicerçado na filosofia do CEO de que a Reaktor pode e deve continuar a melhorar. "Nosso objetivo é construir a melhor empresa especialista do mundo", diz o CEO Vesa Lauronen. "Ser a número um na lista das melhores empresas europeias de 2008 significa que estamos fazendo alguma coisa certa. Mas acreditamos que sempre podemos ser melhores".

A Reaktor dá autonomia aos colaboradores para que treinem uns aos outros. A a empresa é organizada de modo a deixar que os técnicos da Reaktor compartilhem suas áreas de especialidade como, por exemplo, treinamento de interface do usuário ou testes. A Reaktor também realiza um evento semestral chamado "espaço aberto", no qual os colaboradores se reúnem em pequenos grupos para conversar sobre questões operacionais, desenvolvimento da empresa e ambiente de trabalho.

A Reaktor também tem serviços de *coaching* internos, o que significa que as equipes podem solicitar que um especialista de outro grupo trabalhe com elas para desenvolver suas habilidades. E a empresa patrocina sessões de treinamento sobre temas como habilidades de venda e linguagens de programação; cerca de dois terços dos colaboradores participam das sessões, apesar de muitas serem realizadas aos sábados. Gestores e colaboradores usam comunicação constante para defender e fortalecer as equipes. As equipes se reúnem uma vez por mês para uma "retrospectiva", uma sessão de *feedback* na qual podem refletir sobre seu progresso e áreas nas quais precisam melhorar; a intranet da Reaktor inclui discussões *on-line* e *blogs* para quem quer dar sua opinião e trocar informações profissionais. Além disso, os colaboradores podem sugerir itens para a pauta das retrospectivas. A empresa também patrocina uma ampla variedade de clubes dos colaboradores para preservar a força dos relacionamentos. Nenhuma dessas atividades exige recursos financeiros significativos e nenhuma poderia ser realizada somente em uma empresa de grande porte.

Assim, não importa se o leitor faz parte de uma pequena empresa no interior do Peru ou num vilarejo da Croácia: você precisa perceber que é sua postura com as pessoas, não os recursos à sua disposição, que determinarão a experiência dos colaboradores no ambiente de trabalho.

❖ Como lidar com diversidade cultural e inclusão?

No Capítulo 4, analisamos a questão da justiça como aspecto importante do nosso modelo. Observamos que as melhores empresas tendem a usar práticas avançadas para garantir um tratamento justo para os colaboradores. Agora passamos para uma questão mais complexa: como esses mesmos princípios se aplicam em um contexto internacional. Nosso trabalho com grandes multinacionais e nossa experiência com filiais ao redor do mundo nos sensibilizou para as questões especiais que surgem quando tentamos trabalhar em um mundo interconectado. Mas essas questões não são "desafios" no sentido tradicional da palavra. Na nossa visão, a diversidade não é um problema a ser resolvido, mas uma oportunidade para ajudar sua organização a crescer.

O modelo Great Place to Work pode ser aplicado em qualquer nacionalidade e contexto cultural, mas o modo de aplicação pode ser muito diferente em cada situação. Os líderes precisam trabalhar e aceitar os costumes e padrões culturais de cada indivíduo. Um colaborador do Google conta uma história que mostra como as melhores empresas dão espaço para que os indivíduos sejam eles mesmos, independente da cultura em que nasceram. "Hoje de manhã, eu estava comandando uma reunião global. Tínhamos gente de todo mundo. Dava para ver as imagens de todos numa parede, pois estávamos fazendo videoconferência. Havia um colaborador do escritório de Paris, e uma colega dele entrou na sala e provavelmente não sabia que ele estava em videoconferência. Ela deu um beijo de tchau. De repente todo mundo parou, porque as telas de todo mundo tinham um beijo. Eu não vi. Então, todo mundo brincou um pouco. Eu disse que não tinha visto e pedi que eles repetissem o gesto. Ele a chamou de volta, ela entrou, beijou de novo e abanou para a câmera. As pessoas riram e depois seguiram em frente. É só um exemplo de como uma situação pode ter um aspecto irreverente muito agradável e bem-vindo. No fim das contas, somos todos seres humanos no trabalho e isso inclui toda nossa humanidade essencial. Isso deixa o local de trabalho bem divertido". Dar um beijo de tchau não é uma prática adotada em todos os países, mas a capacidade de aceitar diferenças em padrões culturais é uma nova fronteira para a diversidade nas empresas multinacionais.

Historicamente, a visão de igualdade da PwC incluía tratar a todos do mesmo jeito, não importando se eram homens brancos na Índia ou mulheres indianas nos Estados Unidos. Mas a filosofia da empresa evoluiu nos últimos dez anos. Quando os líderes conversavam com a equipe, eles ouviam que as diferenças eram importantes. E que eram importantes o tempo todo. A verdadeira igualdade exigia que a PwC reconhecesse as diferenças e criasse uma experiência mais personalizada para todos. A empresa achou que essa mudança de mentalidade seria necessária para criar um excelente local de trabalho, o que exigiria conversas muito mais francas e honestas sobre diversidade. Em última análise, o objetivo da PwC é criar uma cultura na qual os indivíduos são valorizados por suas contribuições especiais e conseguem realizar todo o seu potencial.

Michael Fenlon, um líder de capital humano da PwC, opina: "Vivemos em um mundo muito mais interconectado global e culturalmente, e é muito mais provável que você trabalhe com pessoas de vários perfis e históricos. Esperamos que os profissionais colaborem de modo eficaz com colegas de outros países que têm experiências de vida diferentes e falam linguagens diferentes. O mundo mudou, o que por sua vez nos levou a focar na destreza cultural da nossa equipe". O resultado é que a PwC esforçou-se bastante para criar uma cultura inclusiva. Um exemplo desse esforço é a turnê "mobilidade cultural". Essa turnê dá aos colaboradores a oportunidade de trabalhar com uma empresa que compõe a rede global da PwC em uma missão internacional. O projeto oferece aos participantes a oportunidade de trabalhar com clientes globais, de fortalecer sua consciência cultural, de criar redes globais, de construir relacionamentos e de aprimorar seu conhecimento e habilidades em sua área de especialização. "Ao criar oportunidades para que outras empresas da rede PwC mandem seus colaboradores para a unidade americana e vice-versa, estamos melhorando o atendimento ao cliente e fortalecendo os relacionamentos entre as empresas da rede, sem contar que estamos expandindo as oportunidades para os membros da equipe", diz Fenlon. Uma missão de longo prazo costuma durar de dois a três anos, enquanto as de curto prazo não passam de um ano. Por causa desse tipo de esforço, os 160 mil parceiros e colaboradores da rede PwC, em 151 países, conseguem apoiar e aprender uns com os outros para atender as necessidades dos clientes.

A Telefonica O2 UK Ltd, uma das maiores empresas de telecomunicações da Grã-Bretanha, é um bom exemplo de como uma organização trabalhou para desenvolver uma cultura de inclusão. O "programa de diversidade e inclusão" foi lançado para reconhecer os benefícios de uma mão de obra diversa. Com base no *feedback* dos colaboradores e liderado pelo gestor de diversidade e inclusão, a empresa implementou uma série de novas iniciativas, incluindo:

- Garantir que o local de trabalho da O2 tenha diversidade e seja inclusivo. Para tanto, todos os colaboradores da Grã-Bretanha precisam completar o módulo de ensino à distância sobre diversidade e inclusão.

- Salas de orações em todas as principais instalações, amplamente utilizadas por colaboradores de minorias étnicas.
- Festivais religiosos e dias santos destacados nos calendários internos, junto com informações complementares sobre a história e significado dos feriados.
- Opções de carne halal em cantinas regionais. Em uma das unidades, durante o mês do Ramadã, os horários de treinamento são programados para acomodar as refeições correspondentes e um orientador é colocado à disposição dos colaboradores praticantes.
- Trabalho com a Asian Development Association de Bury, uma cidade próxima a Manchester, Grã-Bretanha, para promover funções junto à comunidade asiática local.
- Trabalho com o Shaw Trust, uma instituição de caridade nacional, para oferecer oportunidades de trabalho a pessoas com deficiências físicas e mentais ou problemas de saúde.
- Introdução de uma política de ajustes razoável e de ferramentas para apoiar colaboradores e candidatos com deficiências físicas e mentais, e seus respectivos gestores.

Os esforços de diversidade e inclusão da Telefonica O2 UK Ltd vão além dos programas comuns que vemos em muitos de nossos clientes. Os exemplos acima são extensões de uma equipe com altos níveis de diversidade; a empresa está apenas respondendo as necessidades reais e relevantes de seus colaboradores. E quando a empresa trabalha em um contexto internacional, trabalhar a ideia de inclusão se torna um componente importante de uma estratégia de negócios de sucesso, como observamos na primeira parte deste capítulo.

❖ Gostei do que as empresas fizeram para incorporar o modelo Great Place to Work, mas acho que essas ideias não funcionariam no meu país ou em alguns dos países em que tenho filiais

Em geral, uma boa ideia é uma boa ideia. Se os colaboradores adoram um programa na Alemanha, eles provavelmente também vão adorá-lo na Argentina. Nesta seção, queremos oferecer alguns exemplos inspiradores de programas que funcionaram muito bem em diversas partes do globo, em conjunto com as áreas do modelo Great Place to Work que cada programa segue. Como você pode ver, eles têm muito em comum com os programas apresentados no resto deste livro. Aliás, essa é a ideia.

Credibilidade na Holanda

A &samhoud é uma consultoria holandesa que construiu uma forte cultura entre os colaboradores, focada na missão de "inspirar e conectar pessoas para produzir revoluções". O conceito de "conexão" perpassa toda a organização. No ano passado, um grupo de sammies (como são conhecidos os colaboradores da empresa) visitou 14 cidades ao redor do mundo (Utrecht, Pequim, Berlim, Bruxelas, Buenos Aires, Istambul, Jerusalém, Cidade do Cabo, Londres, Madri, Moscou, Nova York, Paris e Tóquio) para explorar o conceito de conexão. Eles distribuíram 10 mil bolas azuis a estranhos e tentaram começar brincadeiras e jogos espontâneos. Esse tipo de aprendizagem baseada em viagens é frequente na &samhoud. Antes de completarem um ano na empresa, os recém-contratados acompanham os colegas na peregrinação medieval a Santiago de Compostela, na Espanha; a ideia da viagem é reforçar o potencial de conexão interpessoal e a própria jornada pessoal de cada indivíduo. No começo de 2009, um grupo de sammies visitou os Estados Unidos para uma viagem estruturada em torno do tema "Empreendedorismo"; a viagem concluiu com uma visita à posse de Barack Obama. Para explorar "Criatividade", os sammies visitaram o festival de arte na ilha holandesa de Terschelling. Outros grupos de sammies viajaram à Grécia em uma viagem baseada no tema "Conhece-te a ti mesmo".

Respeito em toda a Europa

Na Europa, os colaboradores do McDonald's podem criar "passaportes de treinamento" para si mesmos. Cada passaporte é um documento personalizado e pertence apenas ao colaborador. O documento lista os diplomas, o histórico e o treinamento do colaborador, além de anotações pessoais sobre sua experiência. Outra ferramenta é o "McPassaporte", disponível para todos os colaboradores europeus. Ele permite que os colaboradores se candidatem para morar no exterior e trabalhar em outro McDonald's da União Europeia. Assim, os colaboradores têm provas concretas dos esforços da empresa para oferecer oportunidades de desenvolvimento e capacitação, além de uma referência fácil para todo colaborador que queira encontrar um emprego parecido em outra cidade.

Imparcialidade no Canadá

A Becton Dickinson Canada Inc. (BD) é uma empresa global de tecnologia médica que projeta, produz e vende novos produtos. A BD Canada vende uma ampla variedade de suprimentos médicos, equipamentos de laboratório e produtos diagnósticos. Tradicionalmente, a BD oferecia aos colaboradores três dias de férias adicionais para celebrarem o Natal. Mas por recomendação do programa de treinamento em diversidade, os gestores alteraram a política para torná-la mais inclusiva. A BD ainda oferece os dias de férias adicionais, mas agora são chamados de "dias de diversidade"; os colaboradores podem usá-los em qualquer época do ano para reconhecer a celebração de qualquer feriado com origens culturais.

Orgulho nos Estados Unidos

A Medtronic é líder global em tecnologia médica, especialista em aliviar a dor e promover a saúde. A empresa tem muito orgulho de uma certa estatística: "A cada quatro segundos, uma vida é salva ou melhorada por um produto Medtronic". O trabalho e missão da empresa são vitais. A importância da missão é enfatizada na cerimônia Missão e Medalhão, realizada regularmente em diversas instalações ao redor mundo. Na cerimônia, o presidente da Medtronic visita a instalação e reúne-se como os colaboradores recém-contratados para falar sobre a importância da missão. A seguir, ele distribui medalhões aos colaboradores que estão na empresa há mais de seis meses. No medalhão, o símbolo da Medtronic, que apresenta uma pessoa erguendo-se, e as palavras da missão. Assim, a meta corporativa de gerar orgulho recebe atenção em nível local.

Camaradagem na França

O futebol tem raízes profundas na cultura da Danone. O esporte é usado para compartilhar e viver os valores da Danone, além de dar aos colaboradores a oportunidade de conhecerem-se durante a Copa do Mundo da Danone. De dois em dois anos, a empresa organiza um campeonato de futebol para todos os colaboradores. Em 2010, quase 12 mil colaboradores competiram por ingressos para a final da oitava edição do campeonato em Atenas, na Grécia. Os participantes foram convidados para um churrasco depois do campeonato local, que promove o sentimento de família e equipe entre as empresas e subsidiárias locais.

São apenas cinco exemplos de programas pelo mundo e que provavelmente poderiam ser misturados. A camaradagem na Holanda poderia focar a patinação de velocidade em vez do futebol, enquanto o respeito na Ásia poderia enfocar estágios externos em vez de passaportes. Mais uma vez, o importante é a flexibilidade inerente de qualquer boa ideia.

❖ Imperativos de liderança e próximos passos

Em todo e qualquer local de trabalho, os colaboradores buscam líderes que tenham credibilidade, querem ser tratados com respeito o suficiente para receberem oportunidades de sucesso e esperam um tratamento digno e imparcial. Eles querem ter orgulho do trabalho e sentir que ele tem significado e querem relacionamentos positivos com seus colegas. Independente de onde você está no mundo, os colaboradores sempre têm objetivos muito parecidos. O modelo Great Place to Work oferece uma estrutura útil para considerar os elementos que os colaboradores buscam em um bom local de trabalho, não importa se está sendo aplicado na Polônia ou Emirados Árabes ou Argentina. Enquanto líder, o seu problema é que, apesar dos colaboradores de todos esses lugares quererem comunicações informativas, a cultura e o contexto local geram variações no modo como essa necessidade pode ser atendida. Sua missão é criar políticas, programas e práticas relevantes para o próprio contexto cultural.

Desenvolva uma mentalidade inclusiva

Desenvolver uma mentalidade inclusiva ajuda muito a capitalizar o talento dentro da sua organização. Se sua função implica em interagir com colegas e clientes de outros países, desenvolver sua sensibilidade intercultural é essencial para ter sucesso na economia global e interconectada em que vivemos.

Equilibre consistência global com criatividade local

Diferencie com clareza quais elementos da cultura da empresa são essenciais para o modo como trabalha e, logo, que precisam ser consistentes em toda a organização, e quais podem ser uma função da inovação e criatividade do local.

Aprenda com as melhores práticas da sua organização

Lembre-se que as melhores empresas também colocam em prática sistemas para ajudá-las a aprender com as melhores práticas de seus escritórios ao redor do mundo, pois as boas ideias podem vir de qualquer lugar.

Em vez de encerrar este capítulo como os outros, com uma lista de comportamentos, gostaríamos de listar algumas perguntas para você refletir enquanto tenta aplicar o modelo Great Place to Work em um contexto internacional:

- Entendo bem os elementos essenciais da cultura da minha empresa que precisam ser copiados em todos os países nos quais trabalhamos?
- Como posso aprender com nossas melhores práticas internas em nível global?
- Como usar a cultura, a história e as festas do nosso país para criar um excelente local de trabalho?
- Tenho um plano de como aprender a interagir de modo eficaz com colaboradores, colegas e clientes em diversos países? Tenho um plano de como aprender a interagir de modo eficaz com a diversidade da organização em meu próprio país?
- Como posso aprender com as melhores empresas do meu país (ou região) a criar um excelente local de trabalho?

Capítulo 8

Agindo

Crie seu próprio melhor local de trabalho

O primeiro passo para criar uma cultura excelente é aprender sobre o modelo Great Place to Work e sobre como cada dimensão vive e respira dentro das organizações reconhecidas por sua confiança, seu orgulho e sua camaradagem. Mas assim como as fotos das férias de verão, o modelo Great Place to Work mostra apenas cenas belas e animadas, não como chegar lá. Assim como qualquer viagem a qualquer destino, sua jornada vai depender do ponto de partida, dos veículos à sua disposição, dos seus recursos e do número de pessoas que vai acompanhá-lo. E por mais precisos que sejam seus planos, é impossível saber como serão os próximos quilômetros até que você os comece.

Se o desafio parece demais, não se preocupe: você não está sozinho. Já vimos gerentes ficarem paralisados pelo que parece um abismo entre eles e as melhores empresas. Com o tempo, eles descobrem se o desafio é grande demais ou se ainda não é a hora certa. Às vezes, eles querem causar mudanças, mas precisam de mais informações e dados para criar os próximos passos e então acabam atolados nas informações que coletaram. Também já vimos gerentes tentarem tapar todos os buracos ao mesmo tempo, com ações que vão longe demais e que são rápidas demais. Às vezes eles acabam prejudicando a confiança, pois forçam uma ação para a qual os membros da organização estão despreparados, como implementar horários flexíveis quando a empresa não tem a tecnologia necessária para sustentá-los. Não recomendamos essas duas abordagens – paralisia ou frenesi.

Em vez disso, recomendamos que os líderes deem passos conscientes e calculados que levem a empresa em direção a um local de trabalho excelente e a um ritmo sustentável. O processo envolve aprender com as melhores práticas ao mesmo tempo em que toma cuidado para criar práticas exclusivas e relevantes para a organização. Avançar a um ritmo sustentável também envolve adotar uma abordagem de planejamento que utilize seus pontos fortes enquanto trabalha de maneira orgânica as áreas mais preocupantes. Mas antes de liderar a tarefa, é absolutamente essencial começar com o ponto de vista certo.

❖ A perspectiva de um grande líder

Mesmo que você tenha uma cultura excelente, uma estratégia que é pura esperteza e uma presença inegável no mercado, você continuará longe do padrão das melhores empresas se desviar o foco do *e*. Os líderes que acertam a mão executam uma estratégia que leva em consideração as necessidades dos consumidores *e* as dos colaboradores. Eles reconhecem a importância de criar um produto que conquiste consumidores *e* colaboradores. Eles percebem que os colaboradores são o segredo de se criar uma estratégia que funcione *e* que a experiência do cliente os fideliza.

Nós entrevistamos dezenas de líderes para este livro, muitos dos quais foram personagens nos capítulos anteriores. Em nome do leitor, decidimos pedir-lhes alguns conselhos. Para ser mais específico, perguntamos: O que você diria sobre sua função de líder? Qual a importância de construir confiança? O que você aprendeu com os erros pelo caminho? Não ficamos surpresos com as respostas dos líderes, mas ficamos inspirados. Também deduzimos mais um imperativo dos líderes: os melhores líderes adotam uma abordagem equilibrada com relação à cultura. Eles veem sua função como importante, mas não acreditam erroneamente que poderiam criar ou manter uma cultura por conta própria. E apesar de agirem de modo visível e decisivo, eles também reconhecem que os frutos desse trabalho não surgem da noite para o dia.

Os líderes das empresas reconhecidas são muito diferentes entre si, como era de se esperar, mas seus comentários sobre o que é preciso para criar um excelente local de trabalho refletem um equilíbrio das tensões entre responsabilidade e humildade, paixão e paciência, relacionamentos e resultados. Os melhores líderes não escolhem um ou outro, eles equilibram ambas as perspectivas.

O primeiro equilíbrio: responsabilidade e humildade

Muitos dos líderes que entrevistamos sabiam definir com clareza seu papel dentro da cultura organizacional. Eles entendem que têm uma responsabilidade importante na criação e manutenção de excelentes locais de trabalho e lidam com esse desafio. Mas eles também sabem que não podem fazer tudo sozinhos. Os melhores lugares para trabalhar têm relacionamentos fortes, o que significa que *todo mundo* precisa se envolver na construção do melhor lugar para trabalhar. Os grandes líderes garantem que gerentes, supervisores e colaboradores compreendem suas funções e que o esforço de criar um excelente local de trabalho é um projeto coletivo.

Terri Kelly, CEO da W. L. Gore & Associates, descreve assim seu papel na cultura da empresa: "Tenho um sentimento profundo de que garantir a evolução saudável da cultura, orientar a cultura, é uma das minhas funções mais importantes. É muito complicado. Você precisa ser capaz de se adaptar, quando precisa se adaptar para enfrentar um desafio, mas sem perder a essência da empresa. Então, você precisa avaliar onde estamos nesse quesito, ou seja, apoiar as crenças fundamentais, mas não ficar para trás e não ter uma cultura que atrapalha o crescimento. Acho que é impossível delegar essa função. É preciso ter um envolvimento direto com a coisa. Eu invisto bastante tempo em orientar a cultura, em comunicar valores, em garantir que nossos líderes respeitam e vivem esses valores e em ajudar nossas práticas a evoluírem para que consigam enfrentar os desafios do momento".

Keith Oden, CEO da Camden Property Trust, também fala sobre um comprometimento pessoal com a criação de uma cultura forte. "Se você está comprometido com um excelente local de trabalho, é impossível passar a bola para o RH ou formar um grupo de trabalho. Você precisa liderar a tarefa. Não que você precise botar o mundo nas costas nem tomar cada decisão, mas você precisa se comprometer e precisa arregimentar os altos executivos. Em termos de comprometimento, a coisa precisa ser de cima para baixo. Os movimentos de base são ótimos, mas para algo desse tipo, uma mudança na cultura da empresa, você precisa se comprometer, e se comprometer com alta visibilidade".

Mas os grandes líderes equilibram seu comprometimento pessoal com uma crença humilde na importância das funções alheias. Na Scripps Health, o CEO Chris Van Gorder fundou a Scripps Leadership Academy para sinalizar que todos precisam compartilhar a responsabilidade. "Eu sabia que precisava mudar a cultura, mas tenho experiência o suficiente para perceber que *eu* não poderia mudar a cultura. Era o gerente da linha de frente e o supervisor da linha de frente que mudariam a cultura. Foi por isso que criei a Scripps Leadership Academy. E, no final do programa, disse: 'Quero que vocês sejam meus agentes de mudança cultural. Agora vocês entendem como o sistema funciona. Preciso que me liguem sempre que tiverem observações, sempre que acharem que estamos cometendo algum erro. Chamem a atenção, nós podemos consertar esses problemas'". Van Gorder deu a dezenas de gerentes e supervisores a autonomia que precisavam para mudar a cultura. E eles mudaram. A Scripps abandonou uma cultura de desconfiança e competição generalizadas e, em 2008, integrou a lista das melhores empresas por seu orgulho e coesão.

Rob Burton, da Hoar Construction, explica assim: "Quando se trata de problemas específicos, acho que um dos maiores erros dos CEOs é se voltar para o poder e autoridade que receberam. Meu conselho é: "certo, você tem esse poder, mas deixe-o de lado." Você não precisa usá-lo. Quando precisar, ele está lá, todo mundo sabe disso. Você pode dizer não quando quer. O melhor é esquecê-lo, é ser humilde e trabalhar com os amigos para completar a missão. Essa é a minha filosofia. Não é uma questão de ego. É um estilo de vida".

Lisa Brummel é um exemplo de líder que equilibra responsabilidade e humildade. Brummel começou sua carreira como vice-presidente corporativa de recursos humanos na Microsoft ouvindo os colaboradores. Quatro meses depois de começar, ela reservou a maior sala de conferências para sua primeira reunião geral. Ela deu sua opinião sobre as preocupações dos colaboradores e, então, deu a palavra a eles, para que corrigissem ou apoiassem sua análise. Foi uma decisão muito arriscada para uma nova líder! Mas a perspectiva de Brummel sobre sua função fez que ela trilhasse um caminho diferente. Ela diz que muitos líderes têm noções predeterminadas sobre o que querem realizar e forçam a equipe a seguir essas ideias em nome da liderança. A visão de Brummel é muito diferente: "Você precisa ouvir as pessoas. Precisa. Elas dizem o que está certo e o que está errado. Você não pode ficar presa no escritório, precisa ouvir o que elas têm a dizer". Essas conversas deram origem ao My Microsoft, um modo de reunir e preparar a experiência dos colaboradores. Assim como os produtos de *software* da empresa, o My Microsoft evolui e responde às necessidades dos colaboradores, assim como um *software* responde às necessidades do mercado. Brummel sabe que não pode criar um produto de sucesso que não atenda as necessidades reais dos clientes, e ela nunca criaria o My Microsoft sem determinar as necessidades reais dos colaboradores. Uma coisa é dizer aos colaboradores que o programa responde às suas necessidades e sugestões, outra muito diferente é criar o programa ao mesmo tempo em que responde ativamente a essas necessidades.

Enquanto líder, você precisa aceitar responsabilidade pelo seu papel na cultura. Você é o principal modelo de comportamento e o construtor de confiança. As pessoas utilizam seus comportamentos e decisões para orientar os próprios comportamentos e decisões. Mas você também precisa ter alguma humildade para conseguir procurar e convocar pessoas para a causa. Para criar um excelente local de trabalho, sua responsabilidade precisa ser a responsabilidade de todos.

O segundo equilíbrio: paixão e paciência

Os líderes dos bons locais de trabalho priorizam as pessoas, não a ponto de excluírem a estratégia e o mercado, mas como um pilar essencial do sucesso da organização. Eles consideram que o sucesso da empresa possui uma ligação intrínseca com o bem-estar no local de trabalho e tentam agir de uma maneira decisiva para realizar mudanças positivas. Eles também sabem que construir relacionamentos é algo que não acontece da noite para o dia.

Independente de função, os líderes dos excelentes locais de trabalho são apaixonados por como seu trabalho ajuda as empresas a terem sucesso. Vic Buzachero quase nunca entra em contato direto com os pacientes da Scripps Health, mas ele entende sua contribuição. "Minha função é ajudar a oferecer serviços excelentes para os pacientes, e uma ferramenta para isso é ter uma excelente equipe e excelentes talentos". O comentário de Buzachero mostra que ele *entende* a ligação entre estratégias e pessoas, mas Patrick O'Brien, presidente de mercados desenvolvidos da SC Johnson, fala sobre a importância de *comunicar* essa ligação. "Ter um excelente local de trabalho é um fator crucial para os resultados. É o que nos torna um empreendimento forte e sustentável no longo prazo. Assim, quando penso nos meus erros de iniciante, percebo que poderia ter estabelecido melhor essa ligação: quanto mais as pessoas estão engajadas, quanto mais estão envolvidas, mais elas vão se comprometer e melhores serão os resultados".

O contraponto da paixão é a paciência. Os grandes líderes são apaixonados por criar e manter uma cultura forte, mas sabem que nada disso é imediato e que podem ser necessários meses ou até anos de atividade para mudar a cultura. Thomas Holder, CEO da Holder Construction, com sede em Atlanta, Geórgia, explica: "Não acho que aconteça da noite para o dia. Acho que você precisa demonstrar o sistema de valores por vários e vários anos. Acho que, se você tem uma organização que não está indo bem, você não pode apenas dizer: 'Certo, hoje vamos ter um sistema de valores fortes. Este vai ser um excelente local de trabalho!' Pode esquecer. Antes, é preciso viver as ideias. Para que as pessoas acreditem nelas, não basta falar, é preciso viver, e é preciso ser convincente. Para mim, o importante é que você precisa vivê-las sempre, todos os dias".

Bob Moritz, CEO da PricewaterhouseCoopers, oferece uma explicação belíssima do equilíbrio entre paixão e paciência com seu conselho sobre como começar o processo de criar um excelente local de trabalho. "Gaste seu tempo. Não apresse a decisão. Pense no que gostaria de se tornar. Em segundo lugar, acho que você precisa ter uma visão realista do que pretende realizar e comparar essa visão com suas outras prioridades. Se você não está disposto a colocá-la em primeiro lugar, ela nunca vai ser uma parte grande o suficiente da sua pauta pessoal". Moritz diz que um excelente local de trabalho precisa ser a prioridade máxima, mas também aconselha uma reflexão consciente e realista sobre o que você pode fazer. "Depois, acho que você precisa descobrir quem são as pessoas certas e com quem você pode contar, quem é a equipe de liderança certa. E, depois, você precisa pensar quais botões apertar e quais alavancas puxar para gerar as mudanças necessárias. Programas? Talvez você precise implementar alguns programas? Métricas de compensação? Você precisa descobrir qual a carta certa e colocá-la na mesa. E por último, paciência e persistência. Nada muda da noite para o dia. Nunca esqueça que está buscando mudanças incrementais".

O terceiro equilíbrio: pessoas e resultados

Os líderes dos melhores locais para trabalhar aconselham que você equilibre um último aspecto da sua perspectiva: pessoas e resultados. No caso, a perspectiva do líder em termos de pessoas se refere a um entendimento profundo sobre a importância das pessoas para o sucesso da empresa. Há uma pessoa por trás de cada cargo, uma equipe de indivíduos dedicados por trás de cada conquista organizacional. Mas apesar de gratos pelas contribuições dos colaboradores, os líderes dos melhores locais para trabalhar deixam claras suas expectativas de sucesso e responsabilizam os indivíduos pelos resultados. Peque pelo lado das pessoas e sua organização pode ser divertida e preocupada com a equipe, mas não será produtiva. Peque pelo lado dos resultados e as metas serão alcançadas, mas as pessoas estarão em um estado permanente de medo e exaustão. Enquanto líder, você precisa ter certeza de que os gerentes entendem esse equilíbrio. Você precisa responsabilizar os indivíduos por grandes resultados, mas também precisa garantir que estejam construindo uma cultura de trabalho que valoriza as pessoas.

Mike Davis, vice-presidente sênior de recursos humanos da General Mills, explica que os líderes da empresa recebem *feedback* regular sobre seu desempenho e têm a obrigação de cuidar do lado pessoal das operações. "Quando tiramos um líder da sua função, quase nunca é por uma questão de desempenho, mas porque ele ou ela está cometendo algum erro fundamental no lado humano com relação ao que esperávamos dele ou dela. Se você pensar no assunto por um momento, quando colocamos alguém em um cargo em que ele é responsável por outras pessoas, é impossível fazer algo mais valioso. Levamos isso muito a sério. Se você está numa função que envolva pessoas, no mínimo a cada três anos você recebe *feedback* dos colegas e subordinados sobre como está se saindo. Todo mundo que tem um cargo de gerência passa por algum nível de treinamento centralizado. Um bom chefe é o mínimo que devemos às pessoas, e de preferência queremos um chefe excelente".

Na Camden, os gerentes são responsáveis porque todos os membros da organização aprendem o que devem esperar dos líderes. Como explica Cindy Scharringhausen: "Em última análise, criar um excelente local de trabalho exige comprometimento absoluto. É algo que observamos de cima para baixo e de baixo para cima. As pessoas são avaliadas de acordo com sua capacidade de manter nossa cultura. Enquanto gerente, você sabe pelo que é responsável. Quando você treina o pessoal da linha de frente para saber o que deveria ser nossa cultura, todos podem nos informar quando o gerente não está cumprindo o seu dever".

Algumas empresas têm mecanismos de *feedback* e treinamento que garantem esse equilíbrio, mas Van Gorder informa que ele comunica a mensagem pessoalmente aos novos gerentes na Scripps. Lá, os gerentes são responsabilizados pelas métricas de qualidade, segurança e finanças, além das métricas de pessoal. "Na orientação para novos gerentes, sempre ensino que o maior trabalho de todos é cuidar das pessoas. Esse é o seu trabalho. Se você cuida das pessoas, elas cuidam de você. Mas também falo sobre responsabilidade. Sou muito inflexível nesse assunto. Minha definição de responsabilidade é que você pode não cumprir as metas uma vez, mas não vai estar aqui para não cumprir uma segunda vez. Simples assim".

Seu ponto de vista enquanto líder dá o tom para toda a organização. Seu comprometimento com os valores da organização é importante, assim como sua paixão pelo papel das pessoas no seu sucesso, mas estes precisam ser equilibrados com a crença de que você não pode criar uma cultura por conta própria, que nada vai acontecer da noite para o dia e que é preciso ter algum nível de responsabilidade. É só depois de determinar seu nível pessoal de responsabilidade, humildade, paixão, paciência, pessoas e resultados que você pode colocar na prática tudo que aprendeu.

❖ Como avançar

No começo da jornada, é importante lembrar que construir uma cultura depende menos do que você faz e mais de como faz. Nos seus próximos passos, tente sempre melhorar o *processo* pelo qual, por exemplo, você se comunica, treina ou paga as pessoas. As coisas que você já está fazendo são obviamente relevantes para o sucesso do negócio, então o primeiro passo é melhorá-las. Não imagine que um excelente local de trabalho surge quando começamos a fazer coisas novas e diferentes. Em outras palavras, o segredo da cultura é navegar o ambiente operacional existente (o como), não criar algo totalmente novo e diferente (o quê). Reflita sobre as melhores práticas e faça que elas funcionem para *você*.

Usando melhores práticas

As melhores práticas destacadas neste livro estão aqui para inspirá-lo a considerar diferentes maneiras de gerar confiança, orgulho e camaradagem na sua organização. Esperamos que você esteja inspirado, mas também gostaríamos que você lembrasse de dois elementos das melhores práticas: raízes e relacionamentos.

Em primeiro lugar, as práticas tornam-se parte integral da organização, pois têm suas raízes nos valores, no histórico, no setor ou no ambiente operacional da empresa. Lembre-se que a cultura surge quando as pessoas conseguem resolver problemas ou capitalizar oportunidades no ambiente e que os sucessos são definidos dentro do contexto dos valores, do histórico, do setor e do ambiente operacional de cada empresa. Pense em como duas organizações diferentes lidam com o processo de coletar sugestões de colaboradores.

Dado que o Google pertence ao setor de tecnologia, que usa e apoia tecnologias de *software* livre e que tem um ambiente de trabalho com altos níveis de colaboração, faz sentido os programas de sugestão da empresa serem *on-line* e abertos a todos. Como vimos no Capítulo 3, o *site* Google Ideas permite que os *Googlers* deem suas opiniões sobre melhorias de produtos ou sobre como melhorar a vida de quem trabalha na empresa.

A prática do Google não funcionaria tão bem na Scripps Health. Na Scripps, muitos colaboradores estão indo a algum lugar. Em geral, quando sentam na frente de um computador, não é por muito tempo. Além disso, muitos colaboradores da Scripps decidiram trabalhar com saúde porque valorizam o carinho e a preocupação. A comunicação interpessoal é o principal veículo utilizado para coletar informações. Para tanto, os líderes adotam as "rondas", uma prática analisada no Capítulo 6. Eles passam por ambientes de trabalho frenéticos para coletar *feedback* e observam problemas e oportunidades quando ocorrem. Além disso, Vic Buzachero, vice-presidente sênior de inovação, recursos humanos e desempenho, promove grupos focais regulares para coletar diretamente dos colaboradores informações sobre problemas importantes e áreas problemáticas.

Não que uma solução tecnológica fosse incapaz de funcionar na Scripps. Na verdade, o questionário geral é realizado *on-line,* e os organizadores têm muito orgulho dos quase 100% de participação. E as reuniões presenciais também são importantes no Google. Lembre-se que, às vezes, as conversas que começam no Google Ideas entram na pauta de uma discussão maior durante a TGIF, a reunião geral semanal do Google, organizada pela direção. O importante é que os líderes de ambas as empresas contextualizam suas soluções nas circunstâncias especiais de cada organização e criam programas confortáveis e intuitivos para os colaboradores ao mesmo tempo em que capitalizam a oportunidade de construir a cultura e promover resultados.

A segunda coisa importante que você deve lembrar sobre as melhores práticas é que elas conquistam esse *status* quando fortalecem os relacionamentos entre as pessoas e a organização. Os relacionamentos em si (confiança, orgulho e camaradagem) são relativamente consistentes entre as diversas organizações, mas as *pessoas* nesses relacionamentos são diferentes. As pessoas têm habilidades e necessidades únicas; e as necessidades e habilidades do seu pessoal provavelmente são diferentes daquelas do pessoal em uma organização que talvez o inspire.

O resumo da história é que como as práticas são criadas em resposta a um conjunto de circunstâncias especiais e atendem a um conjunto de necessidades especiais dos colaboradores, elas quase nunca podem ser reproduzidas totalmente com sucesso. Elas podem, entretanto, serem usadas como ponto de partida para a sua jornada. Para incorporar a sabedoria das melhores práticas em sua própria organização, considere os fatores a seguir:

- Qual o objetivo da prática? Em outras palavras, que problema ela resolve ou que oportunidade ajuda a concretizar? Quais as diferenças e semelhanças entre essas circunstâncias e as nossas?
- Quais dos nossos recursos poderiam aumentar a probabilidade de sucesso da prática? Às vezes, os recursos são tangíveis, como fundos

ou equipamento. Outras vezes, são intangíveis, como tempo ou proximidade. Reflita sobre que elementos atuais do ambiente de trabalho poderiam apoiar a prática.
- Que desafios encontraríamos para implementar essa prática? Pense nos desafios tangíveis e intangíveis para o sucesso. Seria possível superá-los no futuro imediato? Caso contrário, talvez a prática precise de modificações significativas para se adaptar à organização.
- Finalmente, levando tudo isso em conta, como seria essa prática na nossa organização? Poderíamos contar com algum recurso? Precisaríamos resolver algum desafio antes? Alguma prática diferente, mais apropriada, produziria um nível parecido de confiança, orgulho ou camaradagem?

A ideia dessas perguntas é ajudá-lo a determinar quais aspectos da prática funcionariam na sua organização e quais precisariam ser alterados ou modificados. Depois que você entende as semelhanças e diferenças entre as melhores práticas e suas próprias circunstâncias especiais, você está pronto para usar a sabedoria das melhores práticas na hora de planejar suas ações.

Planejamento de ações

Os planos de ação começam com informações. Criar um excelente local de trabalho não é diferente. Você precisa entender a qualidade dos relacionamentos do ponto de vista dos colaboradores. Nas nossas consultorias, usamos questionários e grupos focais com colaboradores para coletar informações sobre confiança, orgulho e camaradagem. Independente de como você coleta as informações, sugerimos que as use de um modo diferente daquela que pode ser usado no passado.

Uma maneira diferente de usar essas informações é perceber que todas as suas ações baseadas em dados servem para o desenvolvimento cultural do grupo de trabalho, não apenas para o seu próprio desenvolvimento pessoal em termos de liderança. É importante entender a diferença. Na hora de criar um plano de ação pessoal, você pode determinar como melhorar a maneira de dar *feedback* à equipe ou de agradecer aos colaboradores. Na hora de determinar como pretende melhorar a cultura do grupo de trabalho, você faz todas essas coisas, mas ainda dá mais um passo. Você precisa agir de um modo que construa uma *cultura* do grupo de trabalho na qual ninguém hesita em buscar e oferecer *feedback*. É preciso criar uma *cultura* de apreciação na qual as pessoas reconheçam, formal e informalmente, os pontos fortes uns dos outros.

Sua função é modelar os comportamentos que vai desenvolver pessoalmente no processo, mas para mudar uma cultura de verdade, também é preciso permitir que os outros mudem seus comportamentos.

Nossa outra sugestão é um tanto contraintuitiva: foque nos pontos fortes tanto quanto, se não mais que, as oportunidades. A maioria das diretrizes de planejamento, sejam elas para desenvolvimento pessoal ou organizacional, sugere que você enfoque as áreas de oportunidade e crie ações que ajudem a transformá-las em áreas fortes. Adotar essa abordagem pode ajudá-lo a pensar em opções e a estabelecer prazos pessoais, mas isso não é tudo. Os melhores lugares para trabalhar crescem com base em seus pontos fortes; neles, o ponto de partida é os recursos que já têm e ações que já sabem executar. É apenas normal se concentrar nas áreas em que você não está alcançando os padrões que estabeleceu para si mesmo, ou mesmo nos novos padrões estabelecidos para a cultura organizacional. Quando recebemos um boletim, a tendência é nos concentrarmos na única nota 6 quando todas as outras são 10, sem considerar todas as coisas maravilhosas que podemos fazer por causa daquelas notas 10.

Depois de identificar seus pontos fortes e oportunidades, faça uma avaliação crítica sobre a natureza de cada um antes de prosseguir. Em primeiro lugar, considere como seus pontos fortes podem ser usados para ajudar a desenvolver as áreas de oportunidade. Por exemplo, digamos que você ache que precisa incentivar o equilíbrio entre vida e trabalho entre os colaboradores. Você pode criar um plano de ação do zero para fortalecer as ideias sobre o equilíbrio. Mas você também pode considerar quais aspectos que estão funcionando poderiam ajudar nessa área. Por exemplo, talvez alocar e coordenar indivíduos seja um ponto forte. Então, você poderia utilizar essas habilidades para dar mais flexibilidade aos colaboradores. Ou talvez o ponto forte do grupo seja o sentimento de comunidade entre os membros. Nesse caso, talvez eles respondessem melhor ao estímulo e apoio mútuo na busca por um equilíbrio saudável entre vida e trabalho. Os pontos fortes orientam quais táticas têm maior probabilidade de sucesso em relação às áreas de oportunidade.

Segundo, muitas vezes as áreas de oportunidade dependem, pelo menos em parte, do setor ou idade da organização. Com o passar dos anos, nossas listas reconheceram centenas de empresas, mas nunca encontramos uma perfeita. Todas têm pontos fortes e áreas de oportunidade. As melhores empresas não ignoram suas áreas de oportunidade, mas elas não as expandem além do nível que os ambientes operacionais permitem. E elas adotam um foco redobrado na expansão dos pontos fortes até que esses se tornem a base da cultura e parte da vantagem competitiva da organização em termos de talento.

Pense no exemplo da Ernst & Young. Seu período mais ativo abrange os meses entre janeiro e abril, a temporada de declaração de impostos. A organização nunca vai eliminar completamente o estresse dos colaboradores nesse período, mas ela faz todo o possível para facilitar suas vidas, muitas vezes usando os pontos fortes que têm em outras áreas. Por exemplo, a Ernst & Young possui programas familiares abrangentes, incluindo subsídios para adoção e grupos de apoio para pais de crianças com necessidades especiais. E, além dos serviços regulares de babás, a empresa possui o "programa de babás para sábados e alta temporada". As demandas da "alta temporada" tradicional das várias práticas da empresa significam que algumas pessoas precisam fazer hora extra, muitas vezes nos fins de semana. O programa permite que os pais recuperem as despesas adicionais causadas pelas horas extras. Nesse caso, a área de oportunidade (cargas de trabalho estressantes durante a alta temporada) é difícil de resolver, se não impossível. Mas o ponto forte do auxílio familiar pode ser expandido apesar da área de oportunidade, ao mesmo tempo em que dá alívio aos colaboradores durante um período estressante.

Finalmente, quando você começa a planejar as ações em uma área específica, é preciso usar seu *senso crítico* e refletir sobre seus pontos fortes nessa área. Talvez você ache que não tem pontos fortes se os identificar como uma área de oportunidade! Mas nunca encontramos uma organização na qual *nada* estava dando certo. Mesmo que os pontos fortes pareçam pequenos, tentar entender seu próprio ponto de partida ajuda a calcular o próximo passo e a garantir que ele seja algo que líderes, colegas e colaboradores estejam dispostos a aceitar. Se você tentar ir longe demais, o resultado será resistência, na melhor das hipóteses, ou uma quebra de confiança, na pior. Por exemplo, você pode querer que as pessoas fiquem mais confortáveis com uma política de portas abertas ou em pedir a palavra durante as reuniões. Mas por ora elas não podem fazer mais do que oferecer comentários em uma pesquisa anônima. Um próximo passo razoável pode ser buscar *feedback* anônimo, mas permitir que as pessoas façam sugestões a qualquer momento. Um passo maior que a perna seria alocar várias horas a um fórum aberto na próxima reunião. O sistema de sugestões anônimas parte de uma base preexistente, mas não força ninguém a se aventurar por um território desconhecido.

Às vezes, é necessário dar alguns empurrõezinhos para motivar a equipe, mas lembre-se que, depois de desenvolver confiança, a equipe vai oferecer menos resistência. Nos primeiros momentos da jornada, é importante dar pequenos passos razoáveis em vez de grandes saltos. Mudanças bem-sucedidas são como colher uma maçã madura do pé. Se você colher cedo demais, além de ser mais difícil arrancar do galho, a maçã terá um sabor azedo.

Dados esses princípios básicos, nós estamos apresentando um guia simples de como usar as melhores práticas, o modelo Great Place to Work e seus novos *insights* sobre liderança no planejamento de ações.

Guia passo a passo

1. Escolha áreas de foco. Uma área de foco é uma categoria ou grupo correlato de categorias ao qual você dará mais atenção durante os próximos meses. Lembre-se que áreas de foco *não* são planos de ação. São áreas que merecem sua atenção. Você pode ter uma melhor prática inspiradora em cada uma, como, por exemplo, a regra de sempre responder a *e-mails* e telefonemas dos colaboradores no mesmo dia, para enfocar a acessibilidade. Ou você pode considerar um sinal de maior confiança, orgulho ou camaradagem que gostaria de integrar na área de foco. Por exemplo, você poderia tornar-se tão acessível que os membros da equipe nunca ficariam desconfortáveis com a ideia de procurá-lo no escritório.

Escolha duas ou três áreas para enfocar. Você talvez gostaria de enfocar muito mais áreas, mas esse caminho corre o risco de deixá-lo muito disperso. É melhor realizar uma mudança sólida em algumas áreas do que uma insustentável em várias. Além disso, você vai descobrir que enfocar apenas duas ou três áreas cruciais pode levar a melhorias indiretas em outras.

Tente aproximar-se ao máximo da causa raiz da confiança. Lembre-se que a comunicação de duas vias sustenta o modelo Great Place to Work. É muito mais provável que a comunicação de duas vias seja uma área de oportunidade do que, por exemplo, a isenção.

2. Faça inventário. Depois de escolher suas áreas de foco, determine dois fatores. Primeiro, que pontos fortes poderiam ajudá-lo em cada área? Por exemplo, se você espera uma maior hospitalidade para colaboradores recém-contratados, talvez este seja o momento de repensar suas próprias práticas de contratação. Se você aprende muito sobre os candidatos durante as entrevistas, utilize essas informações para customizar o processo de ambientação. Por outro lado, você pode achar que o sentimento de família já é forte dentro do seu grupo de trabalho. Como envolver os colaboradores no processo de acolhida?

Segundo, faça inventário do que já está dando certo em cada área. Esse é o alicerce de todos os planos de ação que você vai criar. Para desenvolver confiança aos poucos, sem que o tiro saia pela culatra, é preciso entender de onde você está começando. No exemplo anterior, você poderia achar que o primeiro dia de trabalho de qualquer colaborador é uma experiência emocionante, mas que a energia vai desaparecendo nos dias e semanas subsequentes. Entender o ponto de partida permite que você escolha ações apropriadas no futuro.

3. Mapeie a lacuna. O próximo passo é analisar a lacuna entre a melhor prática inspiradora e o resultado desejado e determinar os primeiros dois a três passos que o aproximam do ponto em que *quer* chegar. Talvez seja necessário dar muitos passos adicionais, mas, além desses primeiros, é difícil prever o que será apropriado. É por isso que não recomendamos a criação de um plano completo. Você vai remapear a lacuna depois de dar os primeiros passos. Por exemplo, no caso anterior, um próximo passo razoável seria pedir ao grupo de trabalho para planejar os almoços pelo resto da primeira semana ou planejar uma festa para comemorar o aniversário de um mês do novo colaborador com base em suas contribuições especiais à equipe. O sucesso (ou fracasso) dessas ações determina os próximos passos.

Também é preciso ser realista quanto aos obstáculos que podem surgir no ambiente de trabalho quando se trata de desenvolver as melhores práticas que escolheu. Se você respondeu as perguntas sobre as melhores práticas escolhidas, então já tem algumas ideias sobre quais são. Lembre-se que pode ser impossível preencher a lacuna até eliminar esses obstáculos. Por exemplo, se a empresa não tem dinheiro para organizar almoços diários durante a primeira semana, pode ser preciso planejar um almoço com marmitas. Ou se os membros do grupo de trabalho são tão ocupados que a orientação dos recém-contratados acaba se perdendo na confusão, pode ser melhor escolher um mentor formal ou transformar a acolhida de novos colaboradores em parte dos padrões de desempenho.

Os primeiros passos são os mais difíceis, pois quase sempre parecem lentos e trabalhosos. É como empurrar um carro atolado: é preciso muito esforço para que ele comece a se mexer. Mas, depois que ganhar força, você pode correr cada vez mais rápido em direção ao resultado ou prática desejada, pois acumulou mais confiança junto ao pessoal e se tornou um defensor mais forte da mudança.

4. Verifique o próprio raciocínio. Antes de decidir ações específicas nas áreas de foco, converse com as pessoas do seu grupo de trabalho. Compartilhe sua análise dos pontos fortes, recursos e oportunidades para descobrir se sua abordagem está correta. Conversas desse tipo criam mais confiança, especialmente em termos de comunicação de duas vias, de colaboração e de tratar as pessoas como membros integrais do grupo de trabalho. Além disso, em muitas mudanças de comportamento, você pode acabar dependendo dos membros do grupo de trabalho para ajustar ou apoiar as mudanças.

Toda conversa vai avançar de um jeito diferente. Se você se descobrir em uma situação com déficit de confiança, talvez queira promover algumas mudanças comportamentais prioritárias antes de se reunir com o pessoal. Ou talvez o primeiro passo seja ter algumas conversas privadas. A seguir, listamos algumas perguntas que você pode fazer. Use seu bom senso para imaginar como o grupo vai reagir:

- Qual sua experiência com nosso grupo de trabalho? Quais elementos você realmente gosta? Há elementos que você considera obstáculos para criar a um excelente local de trabalho? O que eu, enquanto líder, estou fazendo quando cada um desses elementos ocorre?
- Qual sua opinião sobre meu foco nessas duas ou três áreas pelos próximos meses? Como o seu comportamento precisaria mudar, caso eu dê esses passos? Sua experiência será melhor, caso tenhamos sucesso nessas áreas?
- Alguma ideia específica de como ter ainda mais sucesso com minhas ações?

5. Dê o primeiro passo. Você ficaria surpreso com o quanto isso pode ser difícil! Os gerentes tendem a querer esperar até as condições estarem perfeitas e só então agirem. Eles querem que a correria passe, que as avaliações de desempenho estejam concluídas, que o orçamento do ano esteja finalizado. Nunca é a hora "errada" de aprofundar o relacionamento de confiança. Se alguma das condições que o impedem está presente, pense em como avançar dentro dessas limitações, mesmo que isso signifique alterar o plano de ação. Se você está no meio de uma correria, como os recém-contratados podem aprender dessa correria? Se está realizando avaliações de desempenho, como mostrar aos recém-contratados quais as expectativas em relação ao seu desempenho, mesmo que não passem por um processo de avaliação formal?

Mesmo se os gerentes derem o primeiro passo, às vezes é difícil sustentar o processo até que todos vivenciem uma mudança real no ambiente de trabalho. Quando os gerentes fazem as mudanças, mesmo que essas melhorem o ambiente, as pessoas precisam de tempo para se ajustar e reagir da maneira adequada. Se você não enxergar uma mudança imediata, não se preocupe, pois isso não é sinal de que nada está funcionando. Criar confiança é um processo demorado. Você precisa garantir que tem o apoio de seus líderes e mentores para continuar a avançar, mesmo frente ao ceticismo ou confusão dos colaboradores.

6. Expanda o inventário e remapeie a lacuna. Depois de executar os primeiros passos em cada área de foco, é importante refazer o inventário e, então, remapear a lacuna antes de gerar mais ações. Muitas vezes, o progresso em uma área produz benefícios adicionais. No processo de agir, você pode acabar fortalecendo outras áreas ou, então, desenvolvendo recursos que possam ser usados para continuar a jornada. Recomendamos que você reserve algum tempo para reflexão a cada quatro ou seis meses enquanto trabalha para melhorar o local de trabalho. Como os líderes das melhores empresas não hesitariam em dizer, o processo nunca termina. Sempre há espaço para melhorar ou modificar a cultura à medida que o ambiente de negócios, o mercado e a população de colaboradores evoluem.

Um excelente local de trabalho não se materializa da noite para o dia, mas ele *vai* se transformar em realidade quando pessoas como você se comprometerem com as mudanças. Você sabe que o sucesso da organização depende da saúde da cultura. A experiência das pessoas no local de trabalho influencia a experiência dos clientes e ajuda a equipe a cumprir estratégias e objetivos organizacionais.

Gostaríamos de deixá-lo com uma última citação, esta de Danny Wegman, da Wegmans Food Market. Danny dá palestras em faculdades de administração do nordeste dos Estados Unidos e tenta convencer a plateia que as empresas são um empreendimento humano. "É isso que é uma organização: um organismo vivo, algo que tem a ver com todas as pessoas ao seu redor e seus valores. Quando colocamos nossos valores no papel, eles não são aspirações, eles são realidade. Não estávamos descrevendo o que gostaríamos de ser, estávamos descrevendo o que acreditamos. É assim que a maioria do pessoal entra para a empresa. Eles visitam a loja e dizem: 'Gostei disso. Quero fazer parte disso'. E essa é a parte maravilhosa da coisa toda, não importa se você tem 14 ou 80 anos. E você quer saber de onde isso saiu? Acho que de sempre termos um compromisso com fazer a coisa certa. E o sucesso só reforça esse compromisso".

Construir um excelente local de trabalho significa construir os relacionamentos que as pessoas têm com seus líderes, com seu trabalho e com seus colegas. Para você e seus colaboradores, desejamos mais confiança, mais orgulho e mais camaradagem. E desejamos que você seja sempre parte de um excelente local de trabalho.

Anexo

Casos brasileiros

Laboratório Sabin: gestão participativa, aberta e alegre

RESUMO
- Atividade: serviços de saúde
- Estado do Brasil em que atua: Distrito Federal
- Faturamento em 2008: R$ 91,3 milhões
- Matriz: Brasil
- Início das atividades: 1984
- Colaboradores no Brasil: 1.070

Festejar e comemorar as conquistas alcançadas é uma prática contínua no Laboratório Sabin e envolve aspectos sociais, de autoestima e autorrealização. Para o Sabin, alegrias e sucessos devem sempre ser compartilhados e essa celebração, permanentemente incentivada, garante uma equipe sinérgica e coesa.

O diferencial competitivo está diretamente condicionado à capacidade dos integrantes da empresa de celebrar as alegrias, as vitórias e os talentos uns dos outros, seja pela entrada na faculdade, compra da primeira casa, nascimento de um filho, casamento ou por uma promoção.

A empresa considera o capital humano um de seus maiores ativos. Segundo a dra. Janete Ana Ribeiro Vaz, diretora-executiva do Sabin, o grande desafio é chegar a um modelo de gestão que combine a formação e o desenvolvimento de pessoas talentosas com um ambiente propício para o alcance da visão e das metas por parte do laboratório e dos funcionários. "A política de gestão de pessoas se baseia em cinco princípios fundamentais, que são desenvolver, desafiar, reconhecer, recompensar e celebrar, e tem contribuído para a disseminação dos valores da empresa e do respeito à vida, com indicadores de satisfação em excelente patamar", destaca a dra. Janete.

Acreditar no potencial dos colaboradores é uma rotina incorporada à cultura da Sabin e, graças a essa visão, a empresa capacita seus líderes ou potenciais gestores para a compreensão plena de si e de seu papel transformador. Incentiva a formação contínua de todos os colaboradores por meio de cursos presenciais e *on-line*, *workshops*, congressos e seminários. A empresa dá oportunidade a todos os funcionários de receber bolsas de estudo em cursos regulares.

A estrutura de educação corporativa tem como base o mapeamento das competências que atendem às necessidades da organização. Com um total de 1.070 colaboradores, com idade média de 29 anos, o Sabin oferece a 213 colaboradores uma bolsa-educação que custeia até 80% dos estudos de ensino médio, graduação, pós-graduação/MBA, mestrado e doutorado. Além disso, foram realizadas 74.550 horas de treinamento em 2011.

O bom funcionamento do sistema de gestão de pessoas do Sabin está fundamentado na certifcação SA 8000, de responsabilidade social. O desenvolvimento foi notado por meio de diversas ações de melhoria implementadas pela área de recursos humanos, como saúde e segurança, exercendo hoje um papel fundamental no dia a dia da empresa. O laboratório foi certificado em 2003, tornando-se o primeiro do segmento no mundo a contar com esse diferencial. Vale destacar que todos que assumem compromisso com a norma SA 8000 devem tornar pública a sua responsabilidade social.

Aprendizagem

Todas as manhãs, a área de Gestão de Pessoas encaminha uma mensagem para todos os funcionários do laboratório. Nela são apresentados temas para reflexão, motivação e otimismo, bem como a lista de aniversariantes do dia.

Na "comemoração", a empresa descobriu uma forma especial de criar laços de amizade. A cultura de comemorar os aniversários, festejar uma gravidez, um casamento ou a aprovação no vestibular cria um ambiente agradável e uma relação com vínculo familiar. "Nossas celebrações fortalecem a integração dos funcionários e o clima de gratidão para com a empresa. Recebemos muitas manifestações que demonstram a importância do Sabin para a realização dos sonhos profissionais e pessoais de nossos colaboradores", afirma dra. Janete.

Para o laboratório, há muitas razões para comemorar: *SabiAnos em Festa* (aniversariantes do mês); *No Stress* (momento de relaxamento e interação); *Talento Infantil* (promovido para filhos de funcionários); festa junina; confraternização de final de ano; comemorações diversas como o Dia do Médico, do Enfermeiro, do Bioquímico, da Secretária, das Crianças, etc.; integração de novos funcionários; prêmios diversos; metas atingidas ou superadas (PPR); aniversário da empresa; inaugurações de novas unidades de negócios; aquisições; fusões; além de outros motivos.

Além da satisfação e disposição de todos em trabalhar, a prática possibilita observar o resultado positivo na produtividade e na qualidade do trabalho de cada colaborador. Como o Sabin é uma empresa de serviços, a postura dos funcionários reflete-se diretamente na satisfação dos clientes. As pesquisas realizadas periodicamente destacam o nível de atendimento humanizado e cordial oferecido pelo laboratório e identificam elogios e qualidade dos serviços prestados.

A prática também vem contribuindo para o alcance das metas da empresa. "A liderança se preocupa em manter um clima amistoso, familiar, no qual alcançar resultados deve ser prazeroso e não sofrido. As comemorações têm como objetivo compartilhar as vitórias do laboratório e das pessoas, já que o trabalho também precisa contribuir para o crescimento de ambos", afirma dra. Janete.

Nesse caminho, o Sabin criou há sete anos o programa *Bem Viver*, como forma de abrir novos espaços de relacionamento entre os gestores e colaboradores, objetivando a melhoria constante no ambiente de trabalho, a possibilidade de partilha dos lucros e apoios variados para qualificação profissional. Em 2008, os investimentos da empresa em programas de benefícios e capacitação de colaboradores somaram R$ 3,5 milhões.

Resultados

Os resultados, em curva crescente, estão intimamente ligados à gestão participativa, aberta e alegre em todos os níveis hierárquicos – desde a alta gestão ao funcionário em início de carreira. Além disso, a empresa possui uma cultura mais feminina – as mulheres representam 74% do quadro de funcionários, dominando 76% dos cargos de chefia – e geralmente são as que geram maior integração, tentando sempre manter a família unida.

Ao aliar tecnologia de ponta, projetos de responsabilidade social, respeito aos clientes e investimento em seus colaboradores, o Sabin se transformou na maior empresa de análises clínicas da região Centro-Oeste com 56 unidades, mais de 90 mil clientes atendidos por mês e 800 mil exames realizados no mesmo período. Os projetos sociais, por sua vez, têm reforçado a imagem e gerado ainda mais respeito e reputação aos serviços prestados. Nos últimos três anos houve um aumento de 100% nos pedidos de realização de exames nas diversas unidades do laboratório.

Recomendações para replicação da prática

Para a alta liderança do Sabin, o importante é celebrar. Para isso, não há uma regra única, pois existem várias maneiras. Procure sempre relacionar desenvolvimento, comunicação e a disseminação da filosofia da empresa durante as comemorações.

As ações devem ser genuínas, estabelecendo datas e ocasiões propícias para celebração e agradecimentos aos colaboradores. Como todo projeto, deve estar aberto a possíveis mudanças e adaptações em benefício da prática. Nunca associar a celebração somente aos eventos corporativos, mas ao dia a dia, no universo do trabalho e no plano pessoal. Celebrar é um ato contínuo!

Práticas relacionadas

Praticamente todas as práticas que envolvem a área de gestão de pessoas estão relacionadas às comemorações. Atreladas aos valores da empresa, proporcionam um clima de satisfação na medida certa. O ato de celebrar faz os funcionários se sentirem agradecidos e reconhecidos pelo esforço diário, além de contemplar o sentimento de pertencer.

Mapfre: a amplitude da comunicação faz a diferença

Resumo

- Atividade: serviços financeiros e seguros
- Estados do Brasil em que atua: todos, com exceção de Acre, Amapá, Sergipe e Roraima
- Faturamento em 2011: R$ 9,6 bilhões
- Início das atividades: 1955
- Colaboradores no Brasil: 4.973

Desenvolver canais para uma boa comunicação que repercutam no ambiente de trabalho tem sido o norte da Mapfre. Os canais funcionam como diferenciais no dia a dia, mantendo os colaboradores integrados e atualizados sobre os objetivos da empresa, as ações implementadas, as conquistas e as mudanças, além de permitir que os colaboradores interajam e se posicionem frente à companhia e seus líderes.

Para manter um contato constante e direto com todas as suas unidades e colaboradores, a empresa dispõe de uma família de produtos de comunicação – *Papo Aberto Mapfre* (PAM), intranet, mural, informativos, jornais, revistas, e-mail PAM e *Rádio Mapfre* – que proporcionam dinamismo à comunicação interna. Também para contribuir para a propagação das informações, a companhia criou a personagem *Pamela*, mais conhecida como *Pam*, que está presente em todo o material divulgado.

Como a comunicação ocupa um lugar de destaque no desenvolvimento da organização, todos os veículos possibilitam agilidade na divulgação de processos, descentralizando as informações para a tomada de decisão.

Motivação

Disseminar conceitos e priorizar o clima organizacional da Mapfre por meio de ações de comunicação integrada e qualidade de vida, proporcionando um melhor ambiente de trabalho e o aumento da satisfação dos colaboradores.

Aprendizagem

A Mapfre atribui à comunicação uma importância estratégica ímpar na melhoria do padrão do serviço prestado. O direcionamento da comunicação interna e o nível da informação vêm propiciando subsídios para que todos na empresa entendam e se sintam incluídos nas diversas ações praticadas.

Os colaboradores diariamente têm à disposição informações relevantes na internet, seja em sua *home* ou no espaço PAM, que difundem assuntos importantes na consolidação dos objetivos da empresa. Com a mesma periodicidade, também são encaminhados *e-mails* e informativos eletrônicos com *links* com o objetivo de fornecer informações sobre diversos assuntos relacionados às pessoas; códigos de conduta; missão, visão e valores; competências; convênios; benefícios; cursos; confraternizações; ações sociais; programa de qualidade de vida; campanhas; concursos, entre outros.

Também os veículos impressos – *Mural* e *Negócios Mapfre* (informativos); *Tudo em família* e *El Mundo Mapfre* (revistas); e os relatórios *Anual* e *Balanço Social* – são de interesse pessoal e profissional, com dicas de economia, negócios Mapfre, saúde, qualidade de vida, lazer, cultura e entretenimento, além de notícias publicadas sobre a empresa na mídia. O conteúdo para o público interno é gerado pela área de *endomarketing*.

Resultados

A empresa faz anualmente a *Pesquisa de Sinergia* que aponta a evolução e os resultados cada vez melhores das iniciativas adotadas em comunicação interna, com a participação efetiva dos colaboradores. A comunicação desenvolvida de forma ampla na estrutura organizacional tem feito a diferença. Os profissionais são influenciados de forma positiva pelas informações e contribuem para equilibrar suas performances e, por consequência, as relações pessoais.

As práticas também proporcionam engajamento e comprometimento com os objetivos da companhia e para a manutenção de um clima interno saudável, o que se traduz em retorno financeiro admirável.

Recomendações para replicação da prática

Primeiro, é preciso saber se este tipo de prática é condizente com a cultura e visão da empresa. Segundo, perseverar na busca de objetivos empresariais depende de colaboradores comprometidos com os objetivos. A tarefa das áreas de recursos humanos e de comunicação é atuar como facilitadoras e propulsoras da estratégia de negócio da empresa, contemplando a transparência, o reconhecimento, um ambiente de trabalho superior e a alta performance.

O maior desafio das empresas está em compreender que o investimento em algo "intangível" como a comunicação devolve benefícios que, embora não possam ser medidos em parâmetros quantitativos, ajudam a construir as percepções dos públicos interno e externo sobre as ações.

Práticas relacionadas

A preservação e difusão dos valores, missão e visão da empresa contribuem para a cultura organizacional e o foco nos negócios. O cuidado com a comunidade em que está inserida é prerrogativa fundamental da Mapfre mundialmente, também difundida no Brasil. A difusão de valores relacionados ao cuidado com o meio ambiente e a responsabilidade social fazem parte do dia a dia da empresa e ajudam a formar cidadãos conscientes.

Caterpillar: comunicação estratégica, a chave para o envolvimento dos funcionários

Resumo
- Atividade: metalúrgica
- Estados do Brasil em que atua: São Paulo, Distrito Federal e Rio de Janeiro
- Faturamento em 2008: R$ 4,5 bilhões
- Matriz: Estados Unidos
- Início das atividades: 1954
- Colaboradores no Brasil: 4.631

A comunicação interna das organizações tem função estratégica e multidisciplinar vital para as empresas. Quando essa comunicação é realizada de modo competente, proporciona boas relações entre os funcionários e integra-os ao cotidiano de trabalho ao divulgar com transparência e credibilidade as decisões e objetivos da empresa.

A prática vem sendo, desde a última década, o ponto de partida para estabelecer vínculos de confiança e aceitação entre os públicos envolvidos na organização. Também assume cada vez mais importância global, compelindo o público interno a gerar e a repassar informações para os diversos setores com os quais a empresa se relaciona, a começar pela própria comunidade interna – os colaboradores –, depois imprensa, clientes e demais parceiros da cadeia produtiva.

A comunicação interna é extremamente valorizada na Caterpillar. Essa prática é considerada um instrumento estratégico, pois é por meio de 17 veículos de comunicação que a empresa envolve seus funcionários nos negócios, desperta paixão pelo trabalho, e vai além, criando um ambiente no qual todos sintam a companhia como sua segunda casa e criem um espírito empreendedor, comportando-se como donos de suas atividades e resultados.

A empresa acredita que investir constantemente em informação e no aperfeiçoamento de seus recursos humanos é a melhor maneira de manter um ambiente organizacional saudável e motivador e, com isso, exceder as expectativas dos clientes.

Em 2009, o processo de comunicação teve papel preponderante, com a criação da nova estratégia da companhia denominada *Novo Tempo — Empreender para Evoluir*, no compartilhamento e na compreensão dos novos horizontes que a Caterpillar Brasil pretende trilhar, principalmente no estabelecimento de uma nova cultura, que busque disseminar o empreendedorismo entre os funcionários. "A qualidade da comunicação interna aliada à gestão de pessoas são fatores de extrema importância para o sucesso da empresa diante de uma concorrência cada vez mais ágil e agressiva", avalia Rosa Morais, da divisão de Assuntos Governamentais e Institucionais da Caterpillar.

A comunicação da empresa está bem estruturada, em processo de duas vias, dinâmico e proativo, capaz de disseminar o fluxo de informações que a organização compartilha e que o colaborador precisa saber. Esse relacionamento intenso, vivo e permanente com os funcionários e seus familiares permite que a comunicação interna realize a primeira de suas funções estratégicas: a difusão da visão, missão e valores corporativos.

Além disso, amplia e harmoniza o diálogo entre todos, equalizando interesses, integrando equipes e valorizando o conhecimento e a produção.

A sinergia entre as áreas faz da prática um processo verdadeiramente servidor, capaz de explicar o negócio da empresa ao funcionário e, de forma sistêmica, ajudá-lo a atingir os resultados projetados, levando-o a entender como cada um pode fazer a sua parte e como a parte de cada um se integra ao todo para o alcance das metas.

Motivação

A crise mundial afetou profundamente as empresas exportadoras de bens de capital. Em função disso a Caterpillar intensificou seus canais de comunicação para compartilhar com os funcionários fatos e ações necessários para se ajustar ao momento econômico. O compartilhamento de informações é uma constante na empresa, que preza pelo diálogo aberto e por manter o ambiente transparente, motivador e de alta credibilidade.

Aprendizagem

Para atingir seus 6 mil funcionários, a Caterpillar dispõe de uma comunicação interna forte e desafiadora que passa pelas mídias impressa, *online* e eletrônica. A comunicação ágil e transparente contribui como mais uma ferramenta de estratégia em tempos de crise. Todos os veículos internos trazem informações sobre o rumo dos negócios e orientações sobre o que a Caterpillar espera de cada um dos funcionários. O resultado se traduz em uma equipe unida, consciente e preparada para superar qualquer crise.

As pautas mais impactantes dos veículos são feitas em conjunto com as lideranças e os funcionários. Para difusão da estratégia e da cultura da empresa, é editada mensalmente a revista *Em Ação*, com 50 anos de existência. O texto aborda as iniciativas da companhia e dos grupos de trabalho e sempre traz uma entrevista especial, que apresenta uma reflexão importante aos funcionários.

O campeão de audiência é o boletim diário *Primeira Linha*. Sua distribuição é *online*, pela intranet, e também em versão multimídia, por *digital signage* – painel informativo em telas de LCD instaladas no espaço do jornal mural e nos espaços de comunicação —, localizado em pontos estratégicos e com grande fluxo de funcionários.

Para os gestores, a Caterpillar dispõe do boletim eletrônico *Algo Mais*, quinzenal, que municia seus executivos com informações específicas para que estejam devidamente preparados a responder aos colaboradores e a compartilhar boa parte dessas informações com seus times. O *Algo Mais* participa da estratégia de comunicação interna em cascata, ou seja, consiste em fazer os líderes serem os primeiros responsáveis a transmitir as informações da companhia aos seus subordinados imediatos, o que assegura a qualidade da comunicação. No início de 2009, em virtude da crise, o boletim passou a ser semanal, demonstrando a preocupação da empresa em alimentar com credibilidade e transparência o fluxo de informações, fortalecendo a imagem do gestor. O impacto positivo dessa ação pode ser observado no índice de favorabilidade em relação à liderança, que se mantém elevado, em 88%, na pesquisa de clima organizacional aplicada anualmente.

É produzido também um videojornal bimestral, o *Momento Caterpillar*, com 20 minutos de duração, que foi remodelado em 2009 com o intuito de deixá-lo mais informal e jovial, atendendo às expectativas dos funcionários, acostumados com a onda crescente de tecnologias. Dentro da linguagem multimídia e para atingir a geração Y, a empresa dispõe do *Bola da Vez*, que apresenta vídeos no estilo You Tube, nos quais os funcionários conduzem a apresentação e mostram visões empreendedoras sobre o envolvimento de cada um na estratégia da empresa. Mensalmente, também é editada uma *Mensagem do Presidente*, que trata de assuntos sensíveis e de grande relevância.

Além dos veículos formais, a empresa possuiu outros, interativos e específicos para a difusão da estratégia. O mais importante deles é o Encontro de Comunicação e Orientação (ECO), que mobiliza todas as equipes da fábrica e da administração por vários dias, uma vez por ano, geralmente no mês de março. O objetivo é discutir abertamente a estratégia da companhia, ouvir os funcionários, analisar os resultados obtidos e o que é esperado de cada um no futuro. Nesse evento, os funcionários são divididos em grupos no auditório da empresa e todos têm a oportunidade de ouvir e falar com o presidente e com os diretores, esclarecendo dúvidas, dando sugestões ou manifestando-se livremente sobre algum tema. Há a possibilidade de participação por escrito, e as dúvidas não esclarecidas durante as sessões devido ao tempo são posteriormente publicadas no boletim *Primeira Linha*.

Todos os veículos são avaliados anualmente e, quando necessário, renovados ou substituídos.

Resultados

Esse esforço de comunicação tem resultado no comprometimento dos funcionários em relação à estratégia da empresa, e trouxe um avanço significativo nos indicadores de engajamento, da ordem de 98%. Raras são as organizações capazes de manter por tantos anos e com tamanha constância um conjunto de meios de comunicação tão sofisticados e precisos.

O impacto positivo da prática é confirmado pelos resultados da pesquisa de opinião realizada em 2009, na qual 99% dos colaboradores declararam entender a sua contribuição para o sucesso da empresa e estar dispostos a ajudar o grupo de trabalho a ser bem sucedido. Esses pontos são ainda coroados pelo índice geral de satisfação com a estratégia da empresa, também de 98%. São números que, ano a ano, têm chamado a atenção da companhia para a qualidade excepcional do clima organizacional da empresa.

Recomendações para replicação da prática

É necessário verificar se a prática condiz com a visão e a cultura da empresa. Os líderes devem estar totalmente envolvidos e dispostos a participar. Deve haver uma relação de companheirismo entre os colaboradores, o que permite um ambiente organizacional saudável e motivador. Também é recomendável realizar um estudo sobre a eficácia do veículo de comunicação que aponte sua aceitação, direcionamento de conteúdo, nível de conhecimento e compreensão dos assuntos abordados.

Práticas relacionadas

Embora comum a diversas empresas, os *Cafés com o Presidente* na Caterpillar são mais uma ocasião privilegiada, pois nessas reuniões há uma discussão aberta dos destinos e desafios estratégicos da companhia. Além do esquema já tradicional em que funcionários se inscrevem para participar, há encontros com o presidente promovidos para os supervisores.

Para atender questões específicas, são promovidos os Fóruns de RH, que visam esclarecer pontos de dúvida ou apresentar novidades na gestão de pessoas da empresa. Os gestores também contam com veículos interativos, como a *Reunião de Comunicadores*, que divulga os resultados e outros assuntos relevantes de interesse do grupo, como segurança, *6 Sigma*, além de palestras especiais com visitantes internacionais da corporação.

Nas áreas de trabalho, há diariamente o Diálogo PQVC (pessoas, qualidade, velocidade e custo), realizado no início de cada turno. Nessas reuniões, os gestores abordam os quatro itens básicos da estratégia da empresa (PQVC), dão ênfase à segurança, discutem as mensagens do *Boletim do Gestor* e esclarecem dúvidas de qualquer natureza. Outra forma de diálogo é a *Ferramenta Foco CPS*, que se traduz em observações dos gestores nas áreas de produção para realizar uma abordagem de segurança, enfatizando a percepção de riscos e os comportamentos seguros.

Losango: "TV Losango – é a cara da gente!"

Resumo

- Atividade: comércio varejista
- Estados do Brasil em que atua: todos, seja por meio de filiais ou de parceiros lojistas ou de EP.
- Faturamento em 2010: R$ 261,3 milhões
- Matriz: Rio de Janeiro
- Início das atividades: 1971
- Colaboradores no Brasil: 1.150 funcionários, 90 estagiários, 110 jovens aprendizes e mais de 1 mil prestadores de serviço

Na Losango, a comunicação institucional é ponto forte, considerada uma ferramenta essencial para a disseminação de conhecimento, informação e resultados. Essa percepção vem não somente do líder da empresa, o CEO Hilgo Gonçalves, que considera a comunicação fundamental na condução da estratégia do negócio, mas especialmente dos colaboradores, como constado em pesquisas internas e externas, como a do próprio Great Place to Work. Ágil e transparente, a comunicação institucional funciona como uma via de mão dupla eficiente que facilita a abertura, informando aos colaboradores em primeira mão sobre tudo que pode afetar sua vida, tornando-os "embaixadores" da organização, multiplicadores dos valores, atividades e produtos da Losango.

Por essa razão, a empresa investe em uma diversidade de canais de comunicação. A promotora de vendas do Grupo HSBC, marca mais valiosa do mundo (*The Banker*), possui mais de 10 canais à disposição do negócio e dos "guerreiros", como os colaboradores da Losango são chamados.

Na Losango a comunicação não é vista apenas como transferência de informações. Sua função principal é fazer as pessoas sentirem-se integradas, estimulando as equipes a trabalharem de forma coesa e produtiva. A imagem que os funcionários têm da própria organização é a base da imagem externa da empresa. Logo, é de extrema importância que eles conheçam a estratégia e como ele se encaixa neste contexto.

Desde 2007, a Losango utiliza um sistema de TV como carro-chefe de sua comunicação interna. Com o *slogan* "TV Losango – é a cara da gente!", o canal proporciona interatividade e atratividade no ambiente corporativo, conseguindo reter a atenção dos funcionários. "A TV é um canal ágil e que humaniza as relações, diferenciado-se também por transmitir a estratégia de maneira clara, rápida e didática. Na TV são divulgadas mensagens do presidente, a estratégia corporativa, reportagens sobre projetos em andamento, programas de desenvolvimento, qualidade de vida, responsabilidade social, etc.

"Com a nossa TV conseguimos chegar hoje aos 2.100 municípios em que a Losango atua", ressalta Rosângela Villa-Real, gerente de Comunicação Institucional da Losango.

Transmitido via satélite, em canal privativo do grupo, o programa dura cerca de 30 minutos e vai ao ar toda primeira segunda-feira do mês, com reprise quinzenal. Tem formato de revista eletrônica e possibilita a disseminação de informações estratégicas, treinamento sobre produtos, resultados e ações de sustentabilidade, além de dar suporte ao processo de tomada de decisão e atuar como força motriz na motivação dos colaboradores.

O conteúdo da TV é composto por assuntos relevantes ao negócio e à valorização das pessoas. A transmissão acontece por aparelho de TV exposto nas unidades ou pela intranet. "Os colaboradores assistem juntos em suas unidades, organizam cafés da manhã, dão dicas de melhoria, opiniões sobre o que está bom, enfim, o veículo tem uma imensa adesão e funciona de maneira interativa. Todos gostam de se ver e ver os amigos nas matérias", afirma Rosângela.

Motivação

A prática visa a garantir e reforçar a comunicação, principalmente no segmento varejo, disseminando os objetivos e dando foco ao planejamento estratégico. A TV garante a exatidão e a unificação de informações, chegando a todos os funcionários. Também mostra a organização sob diversos ângulos e procura humanizar, sensibilizar e aproximar os colaboradores, independente de níveis e áreas. A TV auxilia ainda nas ações de reconhecimento, sendo grande difusora da cultura, sempre incentivando os funcionários.

Aprendizagem

Comunicar estrategicamente, envolvendo os colaboradores, foi um grande desafio para a equipe de Comunicação Institucional da Losango quando implementou a TV, em dezembro de 2006. A pesquisa realizada com os colaboradores da empresa apontou a televisão como o veículo necessário para suprir as necessidades e impulsionar ainda mais os negócios no varejo, atingindo resultados e metas.

Outro ponto importante encarado pela área foi entender qual a melhor forma de apresentação e o conteúdo ideal do programa. "Nosso maior desafio foi compreender o processo e como produzir um programa de TV que tivesse a cara do funcionário, trazendo sempre novidades, suprindo suas expectativas e conquistando credibilidade", relata Rosângela.

Para chegar lá, a área de Comunicação Institucional implementou processos e mobilizou os funcionários de diversas áreas e unidades da Losango na criação do Comitê de Pautas. Situados na cadeia de negócios da empresa, esses funcionários, além das atividades pertinentes a sua função, passaram a acumular a tarefa de pontos focais de comunicação.

A cada reunião do comitê são apresentadas, em média, 20 sugestões de pauta, das quais costuma-se escolher oito ou nove, sempre em comum acordo com o grupo. A partir daí, os programas são elaborados pela área de Comunicação Institucional, com o apoio de uma produtora externa, que possui infraestrutura para a captação de imagens externas, ilhas de edição e pós-produção.

Em paralelo a esse comitê, a área de Comunicação Institucional criou o Programa Colaborador Correspondente, ou seja, grupos focais de comunicação atuando na ponta do negócio, com participação preponderante na realização e no êxito da divulgação dos comunicados e programas internos. Eles sugerem pautas, opinam, criticam e direcionam as matérias para a TV e para outros canais, como o *Jornal Mural*.

Na Losango, os colaboradores participam o tempo todo da construção da comunicação e dos quadros interativos da TV: o *Faça Você Mesmo*, vídeos caseiros de ações realizadas nas unidades; o *Fazer e Acontecer*, ações realizadas por funcionários fora do ambiente de trabalho; o *Repórter por Um Dia*, em que os próprios colaboradores produzem as reportagens com total apoio da produção; e outros quadros que contemplam qualidade de vida, responsabilidade social, missão e valores da empresa e sua estratégia. Os programas são gravados em um cenário que permite inserir fotos enviadas pelos colaboradores, renovadas todo mês, em sintonia com o *slogan* do canal: TV Losango – é a cara da gente!

Resultados

São realizadas periodicamente pesquisas de avaliação da prática, com o intuito de identificar possíveis correções e melhorias. Na última pesquisa, a TV teve aceitação de 89% dos funcionários.

"A TV é considerada um agente de inovação e motivação. Foi avaliada pelos próprios colaboradores como o canal mais eficaz, além de propiciar o envolvimento e o desenvolvimento de cada funcionário com a Losango", diz Rosângela.

Recomendações para replicação da prática

Primeiro, é preciso identificar se este tipo de prática é aplicável na cultura e nos valores da empresa. A alta liderança, bem como a área de recursos humanos, também deve estar envolvida e engajada na participação. Naturalmente, é preciso ouvir os colaboradores, pois são eles os principais envolvidos. "O *feedback* dos funcionários é nosso maior "termômetro". A partir do momento em que eles entendem e estão dispostos a participar, a empatia cresce e as chances de a comunicação ser um sucesso são imensas", afirma Rosângela.

Na implementação de uma TV também é importante realizar um estudo detalhado da tecnologia empregada, definir o tempo do programa, sua periodicidade e conteúdo, e deixar claro para os funcionários a importância do acompanhamento e da participação nos programas, pois suas atividades diárias dependem dessas informações.

Práticas relacionadas

O *mix* de comunicação da Losango envolve diversos canais, como a Rádio Estação Losango, implementada para complementação da TV e que utiliza o mesmo canal (satélite) para sua transmissão. Trata-se de uma rádio institucional de 10 minutos semanais, transmitida via satélite para todas as unidades da Losango, divulgando nossa comunicação para motivar e informar um público sempre ávido por informações. É um meio de comunicação ágil, com a velocidade que o varejo necessita. O programa vai ao ar todas as quartas-feiras e é apresentado pelos próprios funcionários. Além disso, há o *Losango em Foco*, os *e-mails marketing*, *Informe Compliance*, *Jornal de Qualidade* e *Guerreiro Informado*, *Negócio Fechado* (jornais *on-line*) e o *Jornal Mural*, *Informe de Bem com a Vida*, *Painéis de Fotos, etc.* (impressos); *Bate-papo com o Hilgo* (ação em que o presidente visita todas as unidades e também disponibiliza um *e-mail* para que todos os colaboradores se comuniquem com ele). Na Losango há também um coral formado pelos funcionários, o *Family Day*, em que os filhos dos colaboradores são convidados a visitar a empresa; o *Panorama Losango*, reunião quadrimestral do presidente com a liderança para alinhamento de estratégia; e o *Guerreiro do Mês*, campanha baseada no *Performance Scorecard*, que reconhece a contribuição dos colaboradores nos negócios da empresa e as Campanhas de Vendas, de Motivação e de Voluntariado. Tudo isso somado à TV Losango contribui de forma consistente para a maior competitividade da empresa, que hoje é líder no segmento de financiamento ao varejo.

Referências e recursos

Edelman Trust Barometer 2010. Edelman Worldwide, 2010.

Edmans, A. *Does the Stock Market Fully Value Intangibles? Employee Satisfaction and Equity Prices.* Philadelphia: University of Pennsylvania, Wharton School, 2010.

Levering, R. L. *A Great Place to Work: What Makes Some Employers So Good — And Most So Bad.* New York: Random House, 1988.

Levering, R. L., & Moskowitz, M. *The 100 Best Companies to Work for in America.* Reading, MA: Addison Wesley, 1984.

Parella, T. *Fractured to Fortune.* Southlake, TX: Everythings Jake Publishing, 2008.

Ventrice, C. *Make Their Day! Employee Recognition That Works.* San Francisco: Berrett-Koehler, 2009.

Recursos *on-line* (em inglês)

Site deste livro: http://www.thegreatworkplaceonline.com

Site do Great Place to Work: http://www.greatplacetowork.com

Site do pacote de treinamento *The Great Workplace* (*A Great Place to Work: Building Trust and Driving Performance*): http://www.pfeiffer.com

Histórias e melhores práticas adicionais que não couberam neste livro: http://www.thegreatworkplaceonline.com/stories

Informações adicionais sobre caso de negócios: http://www.thegreatworkplaceonline.com/resources

Recomendações de livros e outros *links* úteis: http://www.thegreatworkplaceonline.com/links

Sites dos autores: http://www.michaelburchell.com e http://www.jenniferrobin.net

Acompanhe no Twitter (@TheGreatWorkP): http://www.twitter.com

Brasil (em português)

http://www.greatplacetowork.com.br

Twitter: @gptw_brasil

Índice

&samhoud, 163
100 Best Companies to Work for in America (Levering e Moskowitz), 3

A
Abbenhuijs, Frank, 155
Accenture, 140-141
ACUITY, 5
Adobe, 30
Aflac, 128-129, 138
Agilent, 108
Agindo: equilibrando responsabilidade e humildade, 169-170; possibilitando paixão e paciência, 171-172; perspectiva dos líderes sobre, 168-169; criando planos de ação, 176-182; dando o primeiro passo, 181-182; por onde começar, 167-168. *Ver também* Planos de ação
Alston & Bird, 27
Ambientes de trabalho: expressando respeito pelos colaboradores, 64-65; filosofia de Gore sobre, 125; apoiando a cultura corporativa, 111-112
American Arbitration Association (AAA), 95
American Express, 93-97
American Fidelity Assurance, 83-84
Analytical Graphics, 119-120
Apoio: reconhecendo esforços individuais, 58-60; lista de comportamentos, 72; ao valor profissional dos colaboradores, 53-58; cotidiano dos colaboradores na General Mills, 73-75; às comunicações dos gerentes da Microsoft, 27; modos de manifestar, 52-53
Aprendendo com erros, 74
Arnold & Porter LLP, 118
Atendimento ao cliente, 123
Autonomia dos colaboradores: importância da, 104, 107-108; como a Reaktor Innovations produz, 158-159; para apoiar a comunidade, 123, 125-126; métodos da Wegmans de produzir, 104

B
Bain & Company, 116-117
Baird, Robert W., 62, 81
Baptist Health Care, 61
Becton Dickinson Canada Inc., 164
Benefícios: expressando respeito corporativo com, 68-69; oferecendo planos de saúde corporativos, 67; SAS, 20-21; colaborador da SC Johnson, 77-78
Benioff, Marc, 117
Bingham McCutchen LLP, 118
Boston Consulting Group, 5-6, 26-27, 62, 84, 86, 135
Bright Horizon, 88
Brin, Sergey, 25

Brummel, Lisa, 148, 170
Bryson, Elizabeth, 146-147
Burton, Rob, 70, 169-170
Buzachero, Vic, 99-100, 171, 174-175

C
Camaradagem: criando ideia de comunidade, 137-141; estudos de caso de, 145-150; lista, 143-144; cultivo da, na Danone, 164; desenvolvendo na Piscines Ideales, 157-158; divertindo-se com outros colaboradores, 133-134; no modelo Great Place to Work, 4; hospitalidade e, 133-138; importância da, 127-129; intimidade e, 130-133; oferecendo ajuda financeira a colaboradores em momentos de crise, 131, 142
Camden Properties, 116
Camden Property Trust: estudo de caso da, 145-147; comprometimento com os colaboradores, 173; Mentor Program, 142, 146-147; cultura forte na, 169-170
Campo, Ric, 146
Card, Bob, 101-102
CarMax, 59
Center for Connected Government (CCG), 31-32
CH2M HILL: estudo de caso em imparcialidade, 101-103; valores da empresa na, 85; cooperação na, 140; livrinho amarelo, 88, 102; aquisições corporativas de sucesso por parte da, 136-137
Charmel, Patrick, 39
Cisco, 156
Colaboração, 60-63; fazendo perguntas a colaboradores, 63; enquanto aspecto do respeito, 52-53; lista de comportamentos, 72; reuniões de liderança para, 61-62; apoiando organizações sem fronteiras, 120; esforço da equipe para completar o trabalho, 112-114; modos de as empresas incentivarem, 62-63
Colaboradores: permitindo organizações sem fronteiras, 120; apelando de decisões injustas, 93-95; apreciando a perspectiva dos, 70; fazendo perguntas a, 63; cuidando dos, 71-72; crença na competência do líder, 31; felizes, e sucesso de negócios, 3, 12; camaradagem entre, 9; preocupação com, 69, 70, 72; bolsas de desafio para, 68-69; colaborando com, 60-63; orgulho da empresa entre, 114-119; decisões sobre compensação tomadas por, 83-84; cultivando a confiança dos, 14; desenvolvendo, 55-56; programas de desenvolvimento para, 18; diversidade incentivada entre, 79; realizando trabalho com significado, 33-34; dando autonomia a, 104, 107-108, 123, 125-126; incentivando inovação entre, 57; garantindo a satisfação do cliente, 35; salários com equidade, 82-85; coletando *feedback* de, 174-175; esforço extra para completar o trabalho, 112-114; implementando sugestões de, 32-33; aumentando a confiança na corporação, 9-10; comunicações informativas para, 25-28; inspirando lealdade entre, 32; intimidade e camaradagem entre, 130-133; acessibilidade do líder aos, 28-32; programas de desenvolvimento pessoal para, 57-58; desempenho de longo prazo das ações e satisfação dos, 11; fazendo a diferença na organização, 106-108; equidade de participação entre, 85-87; respeito mútuo entre os líderes, 69-70; oferecendo auxílio financeiro em crises, 131, 142; orgulho do local de trabalho por, 104-105; participação nos lucros e propriedade de empresas por parte de, 84-85; promovendo equilíbrio entre vida e trabalho, 66-67; colocando em primeiro lugar na corporação, 52-53; recebendo elogios da liderança, 119-120; reconhecendo esforços individuais, 58-60; aposentando, 100; abordagem da SAS a, 20, 21; destacando os talentos não profissionais de, 132-133; patrocinando treinamento linguístico para, 91, 93; apoio a, 52, 53-58; executando planos de ação, 178-179; tratamento imparcial de, 91-93; confiança em organizações, 6; equipes de baixo desempenho, 13; compreendendo o valor dos resultados e, 172-174; recebendo novos, 134-138; o que consideram apoiador, 53. *Ver também* Autonomia dos colaboradores; Recebendo novos colaboradores

Colaboradores prestes a se aposentar, 100
Competência, 31-36; lista de comportamentos, 43; supervisão e, 33-34; visão e, 34-36
Comunicações: acessíveis, 28-32; desafios em grandes organizações, 30-32; frequência e estilo das, 27-28; filosofia da Gore sobre, 125; de duas vias, importância das, 24-25, 42-43; informando colaboradores, 25-28; de duas vias, líderes demonstrando, 41; oferecendo críticas construtivas, 62; inclusivas, utilizando, 142
Comunicações informativas, 25-27
Comunidade: lista, 144; responsabilidade social e contribuições para, 116-119, 122-123; corporativa, desenvolvendo, 138-141; contribuições dos colaboradores para, 118-119. *Ver também* Responsabilidade social
Condolências, 130, 131
Confiabilidade, 37-38
Confiança: credibilidade e, 22-24; definindo um bom local de trabalho com, 157; executando planos de ação de uma posição de, 179; entre a alta liderança, 40; ajudando os líderes a desenvolve-rem, 18; corporativa, como avaliar a, 15-16; no local de trabalho, importância da, 6-8; melhorando o local de trabalho, 9-10; papel dos líderes em cultivar, 14, 143; desempenho de empresas com altos níveis de, 11; papel da imparcialidade em, 79-80; dos colaboradores, defendendo a, 38-39
Container Store, 125, 142
Contratação: considerando adaptação cultural na, 125, 142; diretrizes do Google para, 48; função das redes sociais em, 141; transparência em decisões, 80. *Ver também* Rotatividade de pessoal
Conversas, 30-31
Cook, Beth, 30
Cooperação: na CH2M HILL, 140; modelando, 142; fortalecedora de confiança, 7. *Ver também* Colaboração
Corporações. *Ver* Cultura corporativa; Empresas
Corporações globais: aplicando o modelo a multinacionais, 154-156; equilibrando a estratégia corporativa com costumes locais, 156; diversidade cultural e inclusão em, 160-162; dando autonomia aos colaboradores da Reaktor Innovations, 157-159; garantindo uma experiência essencial, 154-156; enquanto excelentes lugares para trabalhar, 151-152; aplicação internacional do modelo, 162-164; usando o modelo em empresas menores, 157-159
Credibilidade, 22-49; sobre, 7; aplicando princípios na Holanda, 163; lista de comportamentos, 42-43; garantindo o estabelecimento da, 40-41; estabelecendo competência, 31-36; dos líderes, avaliando a, 23; no modelo Great Place to Work, 4; integridade e, 36-39; persistindo na demonstração da, 40; colocando a função antes da forma, 39; previsibilidade apoiando, 42; confiança e, 22-24, 40; comunicação de duas vias e, 24-25, 41-43; corporativa, defendendo a, 8
Criatividade: local, equilibrando consistência global com, 165; em programas de benefícios, 21
Cultura corporativa: desenvolvendo, 124-125; que se preocupa, desenvolvendo uma, 76-78; divertindo-se com outros colaboradores, 133-134; garantindo uma experiência essencial, 154-156; promovendo uma cultura de inclusão, 91, 100-101; intimidade e camaradagem entre os colaboradores, 130-133; desenvolvendo planos de ação para, 176-182; mentoramento como parte da, 142-142, 146-147; paciência no desenvolvimento, 171-172; usando Culture Audits, 5-6; recebendo novos colaboradores, 134-138. *Ver também* Contratação; Rotatividade de pessoal; Recebendo novos colaboradores
Culture Audits, 5-6
CXtec, 135-136

D

Davis, Mike, 73-74, 173
Davis, Ray, 41

Deloitte, 134
Departamento de estatísticas do trabalho dos Estados Unidos, 11
DePeters, Jack, 69, 123
Desempenho: de sucesso, enfocando o, 58; excelente de colaboradores, reconhecendo o, 58-60; de colaboradores satisfeitos, 11
Diversão: criando camaradagem com, 128-129; noites de esquetes da Camden Property Trust, 145-146; divertindo-se com outros colaboradores, 133-134; criando espaço para, 145-147
Diversidade: apoio corporativo para, 92, 93; dos colaboradores, incentivando a, 79; promovendo uma cultura de inclusão, 90-91; corporações globais trabalhando, 160-162
DreamWorks Animation, 64

E
eBay, 31, 37-38, 111
Edelman Trust Barometer, 15
Edmans, Alex, 11
Edward Jones, 30, 34
Eficiência e satisfação dos colaboradores, 12
Eileen Fisher, 61
Elogios, 119-120
Empresas: permitindo organizações sem fronteiras, 120; equilibrando pessoas e resultados, 172-174; dando significado ao trabalho dos colaboradores, 108-110; cultura de preocupação em, 76-78; desafios de comunicação em grandes, 30-32; demonstrando isenção, 89-90; propriedade dos colaboradores, 84-85; estimulando orgulho em, 121; liderança exemplar em, 120-121; enfocando pontos fortes, 177-179; estimulando inovação, 57; interesse global no modelo Great Place to Work, 4; orientando colaboradores em recursos, 93-95; colaboradores felizes e saúde das, 3, 12; ter orgulho das, 114-119; como avaliar a confiança em, 15-16; intolerância à parcialidade, 96; modelando cooperação em, 142; necessidade de camaradagem em, 127-129; oferecendo auxílio financeiro em crises, 131, 142; transmitir a visão aos colaboradores, 108-109; credibilidade persistente das, 39-40; orgulho da responsabilidade social, 116-119; reconhecendo colaboradores, 58-60; respeito enquanto valor essencial, 50, 52-53; sucesso relativo ao orgulho em, 105, 106; apoiando colaboradores, 52-53, 58; usando as melhores práticas da organização, 166; recebendo novos colaboradores, 134-138. *Ver também* Cultura corporativa; Responsabilidade social; Corporações globais
EOG Resources, 139
Equidade, 82-87; entre membros, 85-87; lista, 98; definição, 82; salários com, 82-85
Equilíbrio entre vida e trabalho: promovendo para os colaboradores, 66-67; apoio da Quicken Loans ao, 57-58
Equipes: camaradagem animando, 145-146; lista, 121; envolvimento comunitário por, 118-119; desenvolvendo propósito compartilhado entre, 138-139; estimulando orgulho entre, 110-114; esforço extra para completar o trabalho, 112-114; compartilhando visão com, 35-36
Erickson Retirement Communities, 87
Ernst & Young, 178
Erros, 74
Estudos de caso: Camden Property Trust, 145-147; CH2M HILL, 101-103; General Mills, 73-75; Google, 47-49; aplicação internacional do modelo, 162-164; Microsoft, 148-150; PricewaterhouseCoopers, 44-46; SAS, 20-21; SC Johnson, 76-78; Scripps Health, 99-101; Wegmans Food Markets, 122-123; W.L. Gore & Associates, 124-126
Excelente lugar para trabalhar, Um (Levering), 3-4

F
FedEx, 52-53
Feedback: dos colaboradores, coletando, 174-175; elogiando como, 119; desempenho, 58
Fenlon, Michael, 18
Feriados, 146
Fiat, 71-72

Foco: para planos de ação, 179-180; em relacionamentos e negócios, 16-17; corporativo, retendo colaboradores com, 159
Folliard, Tom, 59
Fracasso: aprendendo com, 120; da liderança, má comunicação e, 31

G
Gates, Bill, 154-155
Genentech, 115
General Mills: atraindo colaboradores mais jovens, 141; estudo de caso da, 73-75; mantendo o lado humano em mente, 173; recrutando novos colaboradores entre amigos, 91-92
Genzyme, 60, 65
Georgens, Tom, 136
Gerentes de grupos de trabalho, 26
Gestão baseada em responsabilidade (RBM), 34
Gestores: responsabilidade pelo tratamento injusto de colaboradores, 96; cientes do colaborador enquanto indivíduo, 71-72; preocupação com colaboradores, 64, 67-69, 70, 72; combinando habilidades profissionais e pessoais para, 52-53; excelentes, exemplos de, 73-75; ajudando colaboradores a terem sucesso, 53-58; anfitriões de almoços de desenvolvimento de carreira, 55; buscando as melhores ideias, 61; apoiando o desenvolvimento de colaboradores, 74-75; usando programas de reconhecimento, 58-60
Goodnight, Jim, 1, 12, 21
Google: sendo você mesmo no, 160; estudo de caso do, 47-49; colaboração incentivada no, 62-63; desenvolvimento de colaboradores no, 57; incentivando a diversidade entre os colaboradores, 79; coletando *feedback* dos colaboradores, 174-175; comunicações informativas no, 25-26; fazendo contribuições pessoais no, 107
Gore. *Ver* W.L. Gore & Associates
Granite Construction, 95-95
Gratidão, 73-74, 146-147

Great Place to Work Institute: Culture Audits realizadas por, 5-6; medidas internacionais dos melhores locais de trabalho, 153; origens do, 2, 4-5; Trust Index criado por, 4-5
Green Mountain Coffee Roasters, 68
Griffin Hospital, 38-39

H
Habilidades de coordenação dos líderes, 32-33
Hoar Construction, 34, 71, 116, 117, 133-134
Holder, Thomas, 171-172
Holder Construction, 171-172
Honestidade: corporativa, desafios da, 38-39; contribuição para integridade corporativa, 38-39; avaliando comunicações do líder em termos de, 29-30
Hospitalidade, 133-138; lista de comportamentos, 143-144; definição, 133; prazer de outros colaboradores, 133-134; recebendo novos colaboradores, 134-138
Hotéis Four Seasons 52, 86
Howland, Jim, 102
Humildade, 169-170

I
IKEA, 59
Imparcialidade, 87-90, 96-98
Imparcialidade, 79-103; sobre, 79-82; apelos à, 93-95; exemplos canadenses de, 164; estudo de caso CH2M HILL, 101-103; lista de, 97-98; equidade e, 82-87; no modelo Great Place to Work, 4; isenção e, 87-90; do líder, importância da, 7; justiça e, 90-95; responsabilidade da liderança pela, 95-97; em corporações, cultivando, 8; estudo de caso Scripps Health na, 99-101; apoiando a diversidade corporativa, 92, 93. *Ver também* Diversidade; Inclusão
Inclusão: em corporações globais, trabalhando, 160-162; em comunicações, usando, 142; desenvol-vendo uma mentalidade inclusiva, 165; promovendo uma cultura de, 90-91, 100-101; da PricewaterhouseCooper, filosofia de, 45-46

Indivíduo como um todo: benefícios de saúde adaptados ao, 67-68; gerentes que cuidam do, 71-72
Inovação: estrutura corporativa que apoia, 107-108; incentivando, 57
Integridade: lista de comportamentos, 43; definição, 36-37; contribuições da honestidade para, 38-39; confiabilidade como parte da, 37-38
Intimidade: camaradagem e, 130-133; lista de comportamentos para, 143
Intuit, 120
Inventários: de forças, 177-179; revisando e remapeando lacunas, 182

J
J.M. Smucker Company, 34-35, 109-110
JM Family Enterprises, 25, 131-132
Johnson, Claire, 47
Johnson, Fisk, 76
Johnson, Sam, 76
Juniper Networks, 117-118
Justiça, 90-95; lista, 98; definição, 90; tratando colaboradores com imparcialidade, 90-93

K
Kelly, Terri, 13, 22, 124, 169
Kosterman, Gayle, 76-77
KPMG, 132

L
Lacunas em planos de ação, 179-180, 182
Lauronen, Vesa, 159
Lealdade: cultivando, com atenção às necessidades dos colaboradores, 76; inspirando entre os colaboradores, 32
Levering, Robert, 2-4, 6
Líderes: acessibilidade dos, 28-29; responsabilidade por práticas injustas, 96; distribuindo trabalho com significado, 33-34; equilibrando necessidades globais e locais, 165; cientes do colaborador enquanto indivíduo completo, 71-72; produzindo imparcialidade, 7, 81, 95-97; defendendo mentalidade inclusiva, 165; comunicações ligadas a fracassos como, 31; "ligando os pontos" para os colaboradores, 108-109; considerações para comunicações por, 27-28; consultando outros sobre planos de ação, 180-181; contribuições à camaradagem, 127-128; habilidades de coordenação de, 32-33; criando planos de ação, 176-182; credibilidade dos, 23; cultivando confiança, 7, 14, 143; demonstrando competência, 36; desenvolvendo o valor profissional dos colaboradores, 53-58; direcionando efeitos a pessoas ou resultados, 172-174; crença dos colaboradores na competência dos, 31; estimulando orgulho do lugar de trabalho, 119-120; garantindo compensação imparcial para colaboradores, 83-84; avaliando melhores práticas para mudança, 175-176; expressando interesse sincero, 67-68; enfocando relacionamentos e negócios, 16-17; promovendo relacionamentos fortes entre colaboradores, 131-133; contratando pessoas por adaptação cultural, 125, 142; isenção para, 88; implementando sugestões de colaboradores, 32-33; importância da previsibilidade em, 42; aprendendo com fracassos, 120; modelando cooperação, 142; respeito mútuo com, 7, 51-52, 69-70; perspectiva para agir, 168-169; *pipeline* na General Mills, 75; receptividade a colaboradores jovens, 149-150; reconhecendo esforços individuais, 58-60; responsabilidade e humildade em, 169-170; enquanto modelos de comportamento, 58, 72; dando o tom em orgulho da empresa, 120; planejamento de sucessão para, 88-89; apoiando organizações sem fronteiras, 120; assumindo a perspectiva dos colaboradores, 71; comunicações de duas vias com, 41; usando melhores práticas, 166; tetos salariais de, 83-84. *Ver também* Gestores
Lincoln Industries, 67-68
Lista de comportamentos de respeito, 72-72
Lista *FORTUNE 100 Best Companies to Work For*, 4, 11
Livrinho amarelo (Howland), 88-89, 102
Locais de trabalho. *Ver* Ambientes de trabalho; *e empresas específicas*

Locais de trabalho. *Ver* Melhores locais de trabalho
Lyman, Amy, 3, 60

M
Mackey, John, 83-84
Make Their Day! (Ventrice), 60
Mann, Jennifer, 21
Marriott International, 91
Mattel, 111-112
Mayo Clinic, 132-133
McIntire, Lee, 103
McLean, Margaret, 85
Medtronic, 109, 164
Melhores locais de trabalho: lista anual da *Fortune*, 4, 11; importância da confiança em, 6-8; pesquisa realizada sobre, 2-6; desempenho e confiança em, 11; compreendendo o valor dos, 1-2. *Ver* Estudos de caso; modelo Great Place to Work; Ambientes de trabalho
Melhores práticas, 166, 174-176
Memorandos de saída, 132-132
Men's Warehouse, 131
Microsoft: equilibrando responsabilidade e humildade na, 170; acreditando que você faz a diferença na, 107; desenvolvendo o valor profissional dos colaboradores, 54; encorajando inovações na, 57; garantindo uma experiência essencial, 154-156; competição myStory na, 111-112; refletindo respeito no ambiente de trabalho, 64, 65; apoio para comunicações gerenciais na, 27; *pipeline* de talentos para, 16; recebendo novos colaborado-res, 148-150
Milliken, 33, 57
MITRE Corporation, 31
Modelo 1/1/1, 117
Modelo Great Place to Work: sobre, 4; aplicando a multinacionais, 154-156, 166; benefícios globais do, 152-154; aplicação internacional do, 162-164; orgulho do, 4, 8; usando em empresas menores, 157-159; visto de uma perspectiva global, 151-152
Modelos de comportamento: enfocando o sucesso enquanto, 58; líderes enquanto, 72

Moran, Frank, 8
Moritz, Bob, 44, 45, 172
Moskowitz, Milton, 2-4, 6
Multinacionais. *Ver* Corporações globais

N
NetApp, 136
New York Times, 3
Nike, 38
Nordstrom, 23, 52
Novartis, 156
Nugget Market, 86-87

O
O'Brien, Patrick, 63, 171
Oden, Keith, 142, 146-147, 169
OhioHealth, 136
Orgulho, 104-126; sobre, 104-105; construção, 119-120; lista de comportamentos, 121; da empresa, 114-119; cultivando na Medtronic, 164; pessoal, desenvolvendo, 106-110; no modelo Great Place to Work, 4, 8-9; das conquistas da equipe, 110-114
Orgulho do emprego: lista de comportamentos para incentivar, 121; realizar trabalho com valor, 107-110; fazendo a diferença na organização, 106-108

P
Page, Larry, 25
Parella, Tony, 9, 81-82
Participação nos lucros por colaboradores, 84-85
Perkins Coie, 92, 134
Pesquisa sobre excelentes locais de trabalho, 2-6
Pfeffer, Jeffrey, 12
Pipeline de talento: planejamento de sucessão na Bright Horizon, 88-89; da Microsoft e da SAS, 16; PricewaterhouseCoopers LLP, 92-93
Piscines Ideales, 157-158
Pitasky, Scott, 149-150
Planos de ação, 176-182; escolhendo o foco de, 179-180; consultando outros sobre,

180-181; pensamento crítico necessário para, 178-179; enfocando pontos fortes, 177-179; inventários para, 179; mapeando lacunas em, 180; reinventariar e remapear, 182; dando passos em, 181-182
Plante & Moran, 7-8, 131-132
Powell, Kendall, 74
Preocupação com os colaboradores, 64-69; sobre, 64; lista de comportamentos de, 72; exemplificado, na SC Johnson, 76-78; expressando respeito com, 52-53; promovendo intimidade entre os colaboradores, 130-133; gerentes que, 64, 67-70, 72; promovendo equilíbrio entre vida e trabalho, 66-67; ambiente de trabalho que expressa, 64-65
PricewaterhouseCoopers LLP, 18; equilibrando paixão e paciência, 172; estudo de caso da, 44-46; inclusão na, 160-161; desenvolvimento de talentos para, 92-93
Principal Financial Group, 108-109
Programas de ambientação. Ver Recebendo novos colaboradores
Programas de orientação: da Camden, 142, 146-147; orientando novos colaboradores, 134-136, 148-150
Programas de reconhecimento: da Pricewaterhouse Cooper, 45-46; reconhecendo esforços individuais, 58-60; apoiando equidade com, 86-87
Promoções: estimulando colaboradores, 55-56; isenção e imparcialidade em, 89-90, 96-97
Publix Super Markets, 84, 89, 116

Q
Qliktech, 156
QUALCOMM: defendendo a imparcialidade, 95-96; promovendo inovação, 62-63; esforços em equipe na, 111-112; recebendo colaboradores adquiridos, 137
Quicken Loans, 29, 57-58
QuikTrip, 97

R
Reaktor Innovations, 157-159
Recebendo novos colaboradores: programa de mentoramento da Camden, 146-147; esforços da Microsoft, 148-150; orientando novos colaboradores, 134-137, 148-150; recebendo colaboradores adquiridos, 136-137
Recompensando colaboradores, 59-60, 164
Recrutamento de colaboradores com diversidade, 92-93
Recursos, 93-95
REI (Recreation Equipment Inc.): bolsas de desafio para colaboradores, 68-69; responsabilidade social da, 116-117; orgulho dos colaboradores na, 8-9
Relacionamentos: de trabalho, comportamentos para construir, 19; camaradagem em, 9-10, 127-128; fortes entre os colaboradores, promovendo, 131-133; importância dos, 6, 15-17; de uma equipe com baixo desempenho, melhorando, 13; com colaboradores, gerentes cultivando, 64, 67-70, 72; orgulho e, 8; apoiando orgulho por meio do trabalho dos colaboradores, 106; confiança no local de trabalho, 6-8; compreendendo melhores práticas e, 175-176. *Ver também* Camaradagem
Respeito, 50-78; reconhecendo esforços individuais, 58-60; modelando comportamentos de, 72; benefícios que expressam, 68-69; estudos de caso em, 73-78; lista de comportamentos, 72-72; colaborando com colaboradores, 60-63; definição, 50; mútuo, demonstrando, 7, 69-70; desenvolvendo o valor profissional dos colaboradores, 53-58, 163-164; incentivando inovação entre colaboradores, 57; expressando interesse sincero, 67-68; apoio cotidiano aos colaboradores na General Mills, 73-75; no modelo Great Place to Work, 4; entendimento do local de trabalho por parte dos líderes, 51-52; manifestando apoio aos colaboradores, 52-53; cultivando, em uma corporação, 8; promovendo equilíbrio entre vida e trabalho, 66-67; apoiando esforços individuais, 58-60; ambiente de trabalho enquanto expressão de, 64-65
Responsabilidade, 169-170
Responsabilidade social: eventos do dia da Terra da Cisco, 157; da empresa, orgulho da, 116-

119; contribuições para a comunidade da Wegmans, 122-123
Retenção. *Ver* Rotatividade de pessoal
Rohman, Jessica Cross, 147
Rotatividade de pessoal: camaradagem para contrabalançar, 148; orgulho da empresa reduz, 116-117; memorandos de saída, 131-132; missão desacelera, 159; orgulho do trabalho reduz, 105-106; confiança e menores índices de, 15
Russell Investment Group, 10

S

Salários: decisões tomadas pelos colaboradores sobre, 83-84; com equidade, 82-85; revisões, 97
Salesforce.com, 117, 141
Salzmann, Ben, 5
SAS: estudo de caso da, 20-21; pesar pela morte de colaboradores, 131; promovendo equilíbrio entre vida e trabalho, 66-67; refletindo respeito no ambiente de trabalho, 65; respeito pelos colaboradores na, 50; *pipeline* de talento para a, 16; tratando as pessoas direito na, 12
SC Johnson: atitude quanto à parcialidade, 96; estudo de caso da, 75-78; estimulando colaboração, 63; expressando interesse pelos colaboradores, 68; esforço extra para completar o trabalho, 112-113; integrando novos colaboradores à, 38; apoio dos líderes para camaradagem entre colaboradores, 131; unindo pessoas e estratégias, 171
Scharringhausen, Cindy, 173
Scripps Health: tornando-se um excelente local de trabalho, 9-10; estudo de caso em imparcialidade, 99-101; desenvolvendo o valor profissional dos colaboradores, 54-55; possibilitando a mudança na, 169-170; coletando *feedback* dos colaboradores, 174-175; cronogramas de rondas na, 139, 174-175; compreendendo a ligação das estratégias às pessoas, 171; visões sobre pessoas e resultados, 173-174
Semrau, Kelly, 76, 78

Shared Technologies, 10, 81-82
Stanbrook, Steven, 96
Starbucks, 9, 38, 142
Stavridis, Stelios, 157, 158
Stew Leonard's, 35
Sucesso financeiro: camaradagem levando a, 147; satisfação dos colaboradores e, 10-11; relação com orgulho da empresa, 105, 106
Sun Microsystems, 129
Supervisão, 33-34

T

TDIndustries, 84, 88-89, 93
Telefonica O2 UK Ltd, 161-162
Tindell, Kip, 142
T-Mobile, 83-84
Tomada de decisões: decisões tomadas pelos colaboradores sobre compensação, 83-84; envolvendo os colaboradores com, 52-53; imparcialidade na, 80-81; isenção na, 88-90; transparência na, 80; princípios da W.L. Gore & Associates para, 62-63
Treinamento: incentivando desenvolvimento de carreira com, 53-55; na General Mills, 75; linguístico, 91, 93; fundacional, apoiando a equidade com, 86
Trust Index, 5, 67, 80

U

U.S. Green Building Council, 65
Umpqua Bank, 41, 89-90

V

Valero Energy Corporation, 84, 137
Valores essenciais: apreciando o local de trabalho, 1-2; da empresa, cultivando imparcialidade com os, 88-89; publicados da CH2M HILL, 102; em corporações globais, garantindo, 154-156; avaliando projetos em termos de, 125-126; declarações de missão de imparcialidade, 88-89; da empresa, orgulho dos, 114-115; respeito aos, 50
Van Gorder, Chris, 10, 169-170, 173-174
Ventrice, Cindy, 60

Visão: enquanto aspecto da competência, 34-36; inspirando colaboradores, 108-109

W

W. L. Gore & Associates: colaborando com colaboradores, 62-63; desenvolvimento de colaboradores na, 55-56; cultura inovadora na, 124-126; orgulho da equipe na, 110; renovando o espírito empreendedor na, 16; sinais de credibilidade na, 22; orientação da cultura na, 169; apoio à diversidade na, 93; interesse pelos colaboradores, 67; desenvolvimento da equipe na, 13

Weddle, Jim, 30, 34

Wegman, Bob, 69

Wegman, Colleen, 122

Wegman, Danny, 13, 122, 123, 182-182

Wegmans Food Markets: camaradagem na, 129; fazendo a coisa certa na, 13; orgulho dos colaboradores na, 113-114; dando autonomia às pessoas na, 104; imparcialidade na, 97; importância dos valores na, 182; comunicações "reuniões em uma caixa", 27; interesse pelos colaboradores, 67

Whole Foods Market: desenvolvendo comunidade entre os membros da equipe, 138-139; decisões de contratação na, 80; compartilhando visão com equipes na, 35-36; relatório "declaração dos salários", 83-84; Whole Planet Foundation do, 118-119

Z

Zappos.com, 32